JN312560

現代社会を読む経営学 ②

グローバリゼーションと経営学

21世紀におけるBRICsの台頭

Akahane Shintaro　Natsume Keiji　Hidaka Kappei
赤羽新太郎・夏目啓二・日髙克平 編著

ミネルヴァ書房

「現代社会を読む経営学」刊行にあたって

　未曾有の経済的危機のなかで「現代社会を読む経営学」（全15巻）は刊行されます。今般の危機が20世紀後半以降の世界の経済を圧倒した新自由主義的な経済・金融政策の破綻の結果であることは何人も否定できないでしょう。

　しかし，新自由主義的な経済・金融政策の破綻は，今般の経済危機以前にも科学的に予測されたことであり，今世紀以降の歴史的事実としてもエンロンやワールドコム，ライブドアや村上ファンドなどの事件（経済・企業犯罪）に象徴されるように，すでに社会・経済・企業・経営の分野では明白であったといえます。とりわけ，近年における労働・雇用分野における規制緩和は深刻な矛盾を顕在化させ，さまざまな格差を拡大し，ワーキング・プアに象徴される相対的・絶対的な貧困を社会現象化させています。今回の「恐慌」ともたとえられる経済危機は，直接的にはアメリカ発の金融危機が契機ではありますが，本質的には20世紀後半以降の資本主義のあり方の必然的な帰結であるといえます。

　しかし他方では，この間の矛盾の深刻化に対応して，企業と社会の関係の再検討，企業の社会的責任（CSR）論や企業倫理のブーム化，社会的起業家への関心，NPOや社会的企業の台頭，若者のユニオンへの再結集などという現象も生み出されています。とりわけ，今般の危機の中における非正規労働者を中心とした労働・社会運動の高揚には労働者・市民の連帯の力と意義を再認識させるものがあります。

　このような現代の企業，経営，労働を取り巻く状況は，経営学に新たな課題を数多く提起すると同時に，その解明の必要性・緊急性が強く認識されています。現実の変化を社会の進歩，民主主義の発展という視点から把握し，変革の課題と方途について英知を結集することが経営学研究に携わる者の焦眉の課題であるでしょう。

　しかも，今日，私たちが取り組まなければならない大きな課題は，現代社会の労働と生活の場において生起している企業・経営・労働・雇用・環境などをめぐる深刻な諸問題の本質をどのように理解し，どのように対処すべきかを，そこで働き生活し学ぶ多くの労働者，市民，学生が理解できる内容と表現で問いかけることであるといえます。従来の研究成果を批判的に再検討すると同時に，最新の研究成果を吸収し，斬新な問題提起を行いながら，しかも現代社会の広範な人々に説得力をもつ経営学の構築が強く求められています。「現代社会を読む経営学」の企画の趣旨，刊行の意義はここにあります。

「現代社会を読む経営学」編者一同

はしがき

　今，未曾有の規模の金融危機と経済不況が世界を襲っている。2007年に表面化したアメリカの不動産バブルとサブプライムローンの破綻による金融危機は，瞬く間に日本，ヨーロッパなど先進諸国やBRICs（ブラジル，ロシア，インド，中国）など新興経済諸国に飛び火し，文字通り世界的な規模の金融危機と同時不況へとつながった。この世界的規模の金融危機と同時不況は，社会的な不安定さも深刻にした。世界各国に拡がる経済的格差，地域間格差，所得の格差，雇用不安と社会不安を深刻にしている。とりわけ，世界各国の失業率が急速に悪化したばかりか，非正規雇用の労働者に派遣切りや雇い止めが押し寄せ，ワーキングプアの増大に結びつき，社会不安を増している。

　世界的な規模で起きている金融危機と同時不況は，20世紀末にグローバルに拡がった新自由主義と市場原理主義の破綻を示した。1980年代のアメリカとイギリスに始まった規制緩和と緊縮財政という新自由主義と市場原理主義のグローバリゼーションが破綻したのである。その帰結は，すでに，反グローバリズムの運動や台頭，社会的企業，NPO（非営利組織），国際NGO（非政府組織）の登場や反貧困の運動となって現れていた。2008年11月，世界各国の中央銀行総裁・財務大臣が集まったG20の国際会議が，世界的な金融危機と同時不況に対処しようとしたのもこの現れである。

　本書の関心もまさにここにある。すなわち，20世紀末，グローバルに拡がった新自由主義と市場原理主義が，世界の経済構造とグローバルな企業経営にどのような影響を及ぼし，どのような結果をもたらしたのか，にある。本書は，21世紀のグローバル経済におけるBRICsをはじめとした新興経済諸国の台頭と先進国の多国籍企業の活動に注目している。この点の解明は，序章で論じられており，21世紀のグローバリゼーションに対する企業経営と社会にとっての展望は，終章で論じられる。そこで，ここでは，本書の構成と成り立

ちを紹介しよう。

　本書は，大きくわけて3部を構成している。第Ⅰ部は，「21世紀多国籍企業の経営戦略」のタイトルのもとに第1章から第4章を構成している。第Ⅰ部は，新自由主義のグローバリゼーションが進展する中，米欧日の多国籍企業がどのように国際展開したかに焦点をあてて分析している。第Ⅱ部は，「BRICsの台頭とグローバル経営」のタイトルのもとに第5章から第8章を構成している。第Ⅱ部は，21世紀の世界資本主義の大きな構造変化をBRICsはじめ新興経済諸国の台頭に見いだし，これら諸国の経済・産業発展と多国籍企業との関連を企業経営の観点から分析している。第Ⅲ部は，「反グローバリズムの潮流」のタイトルのもとに第9章から第12章を構成している。第Ⅲ部は，新自由主義のグローバリゼーションがもたらした結果とそれに対する対応が，環境，労働，文化，国際関係の領域において試みられていることを解明している。

　最後に，本書の成り立ちを紹介しよう。本書は，「現代社会を読む経営学」全15巻の第2巻として編まれた。本シリーズの刊行趣旨にも示されているとおり，経営学のそれぞれの領域の第一線で活躍する研究者，若手研究者が執筆している。しかも，経営学が現代社会で考え，答えなければならない問題を市民，学生にわかりやすく説明することを課題とした。この課題に応えるべく，本書は，2008年3月に執筆者による研究会を開催し，議論を深めてきた。各章は，いずれも優れた論文であり，本書の趣旨は共有されている。しかし，各章の問題意識は，執筆者に委ねられている。本書の課題が達成できたかどうかは，読者のご批評に待つほかない。また，最後に編者とともに編集の労を精力的にとっていただいたミネルヴァ書房の梶谷修氏に心より感謝したい。

2009年3月

編　者

グローバリゼーションと経営学
——21世紀におけるBRICsの台頭——

目　次

はしがき

序　章　21世紀のグローバリゼーションのゆくえと課題
　　　　　　　　　　　　　　　　　　　　　　　　　　　赤羽新太郎…1
　　1　グローバリゼーションとは …………………………………………1
　　2　パラダイムシフト？ ……………………………………………………4
　　3　BRICsの台頭と成長 ……………………………………………………7
　　4　グローバリゼーションの課題 ………………………………………11

第Ⅰ部　21世紀多国籍企業の経営戦略

第1章　グローバル企業のITサービス・ネットワーク
　　　　　　　　　　　　　　　　　　　　　　　　　　　夏目啓二…17
　　1　「フラット化する世界」とは ………………………………………17
　　2　グローバル企業の世紀 ………………………………………………19
　　3　グローバルなITサービス・ネットワーク ………………………23
　　4　グローバル企業のITサービス・ネットワーク …………………27
　　5　グローバル企業のインド進出とインド系IT企業の台頭 ………30

第2章　独英情報通信産業のグローバルな活動展開 ……齋藤　敦…38
　　1　独英情報通信産業のグローバル性 …………………………………38
　　2　独英通信機器産業の状況と政策展開 ………………………………39
　　3　独英両国の高度情報通信ネットワークの展開とその利用 ……44
　　4　独英両国におけるソフトウェア・サービス産業の展開 ………48
　　5　独英情報通信産業のグローバルな展開と課題 ……………………50

第3章　日本多国籍企業のアジア戦略 ……………………林　尚毅…54
　　　　　――アジアの三角貿易構造――
　　1　東アジアにおける貿易と直接投資 …………………………………54

目次

  2 日本企業の多国籍化と東アジア諸国の発展 …………………*55*
  3 生産ネットワークの特徴 ……………………………………*62*
  4 一体化する東アジアと多国籍企業 …………………………*66*

第4章 イノベーションと多国籍企業 …………………儀俄壮一郎…*72*
  1 多国籍企業と戦争・戦時経済の諸関係 ……………………*72*
  2 産業構造の国内的・国際的変化と多国籍企業 ……………*82*
  3 多国籍製薬企業の現状と問題点 ……………………………*92*

第Ⅱ部 BRICsの台頭とグローバル経営

第5章 中国のWTO加盟と自動車産業の発展 …………孫　榮振…*105*
  ――北京現代汽車社と産業集積の発展経路――
  1 中国自動車産業における多国籍企業の役割 ………………*105*
  2 中国自動車メーカーと多国籍企業間の合併事業 …………*109*
  3 北京現代汽車のリージョナル生産ネットワークの形成と産業
    集積地の形成 ………………………………………………*115*
  4 多国籍企業の中国への進出と中国産業への影響 …………*119*

第6章 グローバル化とインドIT-BPO産業の発展 ……石上悦朗…*122*
  1 インドの産業発展とグローバル化 …………………………*122*
  2 インドIT-BPO産業の発展とその特徴 ……………………*128*
  3 インドIT産業の発展をみる視点：課題と展望 ……………*138*

第7章 ロシア企業の多国籍化 ……………………………加藤志津子…*144*
  1 ロシア企業の多国籍化 ………………………………………*144*
  2 発展途上諸国・移行諸国発の多国籍企業 …………………*146*
  3 ロシア多国籍企業上位25社 …………………………………*150*
  4 ロシア多国籍企業の競争優位，戦略，本国経済への影響 ………*152*

  5 ロシア企業の多国籍化の問題点 …………………………………… *159*
  6 ロシア企業多国籍化の光と影 …………………………………… *161*

第8章 BRICsブラジルの自動車産業の構造転換 ……田中祐二… *165*
  1 ブラジルの自動車産業の発展過程の概要と問題の所在 ……… *165*
  2 ブラジル自動車産業の変化と直接投資理論 …………………… *166*
  3 ブラジル自動車産業の生産様式の変化 ………………………… *174*
  4 ブラジル自動車産業のサプライチェーン・マネジメント …… *180*

第Ⅲ部 反グローバリズムの潮流

第9章 グローバリゼーションと市場問題 ……………青木俊昭… *191*
  1 グローバリゼーションは何をもたらすか ……………………… *191*
  2 グローバリゼーションと「市場問題」：新自由主義か管理主義か… *192*
  3 グローバリゼーションをめぐる諸見解 ………………………… *196*
  4 アメリカ企業のグローバル化の諸相 …………………………… *206*
  5 グローバリゼーションのゆくえを考える ……………………… *212*

第10章 グローバリゼーションと異文化経営 …………櫻井秀子… *216*
  1 グローバル市場における経営と文化 …………………………… *216*
  2 反グローバリズムとイスラーム ………………………………… *220*
  3 イスラームの存在論から導かれるビジネス …………………… *224*
  4 反グローバリズムとしての経営 ………………………………… *230*

第11章 グローバリゼーションと人権，労働，格差問題
    ………………………………………………………杉本良雄… *234*
  1 経済のグローバリゼーション …………………………………… *234*
  2 多国籍企業による人権侵害 ……………………………………… *236*
  3 グローバリゼーションの労働市場への影響 …………………… *239*

4　グローバリゼーションと格差の拡大 ……………………… *242*

第**12**章　グローバリゼーションとグローバル・コンパクト
　　　　　　………………………………井上善博・根岸可奈子… *251*
　　1　グローバル・コンパクトとは何か ………………………… *251*
　　2　GC発足の経緯 ……………………………………………… *256*
　　3　GCとグローバル・ガバナンス …………………………… *259*
　　4　組織間ネットワークと相補性 ……………………………… *262*
　　5　GCの課題と今後の展望 …………………………………… *263*

終　章　グローバリゼーションと21世紀企業のビジネスモデル
　　　　　　………………………………………………日高克平… *269*
　　1　グローバリゼーション ……………………………………… *269*
　　2　対話と共生：グローバリゼーションのプラスの側面を引き出す
　　　ための条件 …………………………………………………… *272*
　　3　ダイムラー・ベンツ社の共生型ビジネスモデル ………… *275*
　　4　遺伝子組み換えビジネスは共生型ビジネスか …………… *277*
　　5　共生社会に向けて …………………………………………… *279*

索　引……*283*

序章

21世紀のグローバリゼーションのゆくえと課題

　21世紀のグローバリゼーションをグローバル資本主義とサイバー資本主義の二大特徴から現代資本主義のパラダイム転換と捉え，位置づけながら，その転換を世界上位にランクづけられるグローバル企業の分析からみて取ります。また，新興国の経済成長として BRICs に注目しグローバリゼーションのゆくえに日米欧中心の世界から本格的転換を指し示し，それに伴う変化による課題の重要性をグローバル経営の問題として位置づけます。

1　グローバリゼーションとは

　グローバリゼーションとは何か。戦後60数年を振り返ってみると近年の経済記事のキーワードは，「グローバル」に象徴されるそうである。2008年7月日本自動車産業のアメリカでの自動車販売が初めてアメリカ自動車産業の販売量を月間基準で超えた。トヨタ自動車の販売台数が GM の販売台数を抜いた。昨年から今年にかけて NHK スペシャル「ワーキングプア Ⅰ，Ⅱ，Ⅲ」ではグローバル化に伴う「非正規雇用」の増大による，アメリカ，韓国，イギリスのショッキングな状況が放映された。そして，2008年8月ベトナムでの政府開発援助（ODA）をめぐる贈賄事件で大手コンサルタント PCI（パシフィックコンサルタンツインターナショナル）の関係者が不正競争防止法の容疑で逮捕された。そこでは，こうした贈賄工作は，「必要悪」「氷山の一角」「インターナショナル・ビジネスとして正当」などと囁かれていた。中国農薬混入毒入り「餃子」等に言及するまでもなく，われわれの身近に「グローバル」「インターナショナル」なグローバリゼーション現象が深く入り組み，絡み合っている。

　21世紀のグローバリゼーションは，21世紀の妖怪である。20世紀のリヴァイアサンは，多国籍企業であった。真の意味でのグローバリゼーションは，21

世紀を待たなければならなかった。ICT の飛躍的進歩に支えられたグローバル市場を瞬時に駆けめぐるグローバル資本主義の誕生である。21 世紀のグローバリゼーションの特徴は 2 つある。第一に，サイバー資本主義である。情報のグローバルで瞬時のコミュニケーションである。これは，金融をグローバル化し，技術革新を促進し，それが相互に経済のグローバルな統合をもたらす。文化の領域でも同様である。完全にグローバル統合が起こるわけではないが，共通の部分が多くなり，共通な部分を統合する規則や規範や基準のようなものを創ろうという方向性が生まれてくる。例えば，グローバル・コンパクトや OECD 多国籍企業行動指針など。第二に，グローバル資本主義である。グローバルな規模で同時に生起し，消滅，生成，発展を同時に促進する。経済，技術，金融，生活，そして文化でも容赦ない。19 世紀と 20 世紀では国家主権を単位とする国民経済的統合が主要な現象であったが，21 世紀ではグローバル規模における経済統合が主要な現象となった。グローバルな経済統合は国民経済的な統合を崩し，合理的にグローバル統合をしようとする。文化でも特徴的な国民文化というよりも，グローバル文化と国民文化が融合して，多様な融合文化を創り出す。一方でグローバル統合，他方で国家単位，地域単位によるさまざまな融合現象が生じる（D. ヘルド編／猪口孝訳〔2007〕『論争グローバリゼーション』岩波書店，235-241 頁参照）。

　21 世紀のグローバリゼーションは，ショッキングであり，不確実であり，不安定である。2005 年 5 月に BMW は 1994 年におよそ 10 億ポンドで取得したイギリスの自動車会社ローバーを 1 億分の 1 の価格 10 ポンドで「フェニックス」グループに売却することにした。1998 年のクライスラーとダイムラー・ベンツによる「世紀の合併」ダイムラー・クライスラーは，2007 年 5 月相乗効果を上げることなくアメリカ投資ファンド「サーベランス・キャピタル・マネジメント」に 55 億ユーロ（1998 年の買収価格はおよそ 360 億ドル）で売却されることになった。2005 年 4 月ミタル・スチールは，インターナショ

ICT：Information and Communication Technology の略で，情報（information）や通信（communication）に関する技術の総称。総務省の「IT 政策大綱」が 2004 年から「ICT 政策大綱」に名称を変更されるなど，IT に代わってこの用語が定着しつつある。　→第 7 章 23 頁も参照

ナル・スチール・グループ（ISG）を買収し，世界最大手の鉄鋼メーカーになった。ラクシュミ・ミタル氏は，インド生まれで，1976年にインドネシアに小さな製鉄所を設立した創業者であるが，2006年6月世界第2位の鉄鋼メーカーであったアルセロールを269億ユーロで買収し，アルセロール・ミタルの今日を築いている。アルセロール・ミタルは，M&Aや戦略的提携を繰り返して世界最大手の鉄鋼会社となっている（『日本経済新聞』2005年4月9日，4月14日および2007年5月15日付）。

　グローバリゼーションとは，**資本の集積・集中**のグローバルな展開であるとともに，そのグローバルな相互依存関係の緊密化をいう。グローバリゼーションの典型は，多国籍企業（transnational corporation）であり，国際トラストであり，国際コンツェルンである。21世紀のグローバリゼーションの特徴は，巨大多国籍企業だけでなく，小・中規模のミニ多国籍企業が展開していることである。さらに，そのグローバリゼーション効果が，大企業の競争だけでなく，中小，中堅企業にも及ぶ時代である。

　多国籍企業のCEOは21世紀の国際経営管理をどのように考えているのだろうか。それは，ハネウェルの会長兼CEO，マイケル・ボンシニョーレがダイムラー・クライスラーの合併についていった言葉に的確に表現される。「まさに今の時代の核心を突く事件だったと思います。ボーイングとマクドネル・ダグラス，エクソンとモービル——こういう組み合わせを目にして，誰もがこう思ったのです。『何てことだ，全く考えられない』と。今までの常識ではありえないことが起こっているのです。私は114年の歴史を持つ会社の責務について考えはじめました。『100億ドルの会社がこれから10年生き残れるだろうか？』」と。ボンシニョーレの不安は彼の会社に大きな変化をもたらした。1999年末に，ハネウェルはアライド・シグナルと合併して，新会社ハネウェル・インターナショナルとなり，これにより販売額は「旧」ハネウェルの3倍となると見込まれたが，2000年を通じて株式市場価値は30%以上引き下げられた。

資本の集積・集中：資本の自己増殖を集積といい，資本の合併・買収による増殖を集中というが，その意味で資本の集中は資本の集積を前提にしながら，資本の集積をし，増殖する。資本の集中が展開すると企業集団を形成することになる。

2000年10月ボンシニョーレは再び大型合併を進め今度は会社をGEの傘下に入れた。これにより規模は拡大したが，それと引き換えにハネウェルはその存在を失った（J. ガーテン／鈴木主税訳〔2001〕『世界企業のカリスマたち――CEOの未来戦略』日本経済新聞社，95-96頁）。他方で世界最大の小売業ウォルマート・ストアーズが注目する，北関東スーパーセンター「ベイシア」がある。売上高販管比率がウォルマートと同程度の17％という点に注目し，ウォルマートの幹部がよく視察に来るという（日本経済新聞社編〔2005〕『新会社論――変わる「ニッポン株式会社」』日本経済新聞社，47-49頁）。

巨大多国籍企業が，日本の一ローカル企業に注視するほどにグローバル競争が徹底しているとみることができよう。

2　パラダイムシフト？

現代のグローバリゼーションを典型的に示す言葉として，24/7（twenty-four seven）という何気ない言葉がある。これはグローバリゼーションが進展した結果，企業活動が24時間7日休みなく継続して，間断なく不眠不休になり，シームレスになっていることを意味している。ICTとグローバリゼーションの結合の結果として，地球規模の活動としては眠らない，休みなき企業の活動を意味する。

2007年3月30日のFTグローバル500社の世界の時価総額上位25社に中国企業が3社入っている。9位中国工商銀行2247.9億ドル，16位チャイナモバイル1818.0億ドル，23位中国銀行1655.1億ドルである。それに対して，日本企業は7位トヨタ自動車2308.3億ドルの1社だけである。ちなみに，上位5社はアメリカ企業で，1位エクソンモービル4295.7億ドル，2位ゼネラル・エレクトリック3636.1億ドル，3位マイクロソフト2729.1億ドル，4位シティグループ2528.6億ドル，5位AT&T 2462.1億ドルである。アメリカ多国籍企業は，上位25社中15社を占めている（http：//www.ft.com/cms/s/0/ad 53 b 3 b 2-2586-11 dc-b 338-000 b 5 df 10621,dwp_uuid=95 d 63 dfa-257 b-11 dc-b 338-000 b 5 df 10621.html?nclick_check=1　2008年8月1日アクセス）。さらに新しいデータによ

表序-1　世界株式時価総額ランキング

(単位：億ドル，カッコ内は2008年末比増減)

順位 (2008年)	企業名	国	時価総額	昨年末増減
1 (2)	エクソンモービル	アメリカ	4,668	▲528
2 (1)	ペトロチャイナ	中　国	3,788	▲3,418
3 (7)	ガスプロム	ロシア	3,418	83
4 (3)	ゼネラル・エレクトリック	アメリカ	2,910	▲836
5 (12)	ペトロブラス	ブラジル	2,751	341
6 (6)	マイクロソフト	アメリカ	2,725	▲612
7 (4)	チャイナモバイル	中　国	2,689	▲851
8 (9)	ロイヤル・ダッチ・シェル	英　蘭	2,508	▲152
9 (5)	中国工商銀行	中　国	2,422	▲967
10 (25)	ウォルマート・ストアーズ	アメリカ	2,340	407

(注)　2008年6月13日終値。
(出所)　『日本経済新聞』2008年6月23日付(朝刊)より作成。

ると，2008年6月13日の世界時価総額ランキング上位10位では，その地殻変動が如実にみて取れる。1位エクソンモービル4668億ドル，2位ペトロチャイナ3788億ドル，3位ガスプロム3418億ドル，4位ゼネラル・エレクトリック2910億ドル，5位ペトロブラス2751億ドルで上位5社に，中国企業，ロシア企業，ブラジル企業が顔を出している（『日本経済新聞』2008年6月23日付朝刊）。(**表序-1**)

　BRICs企業の著しい躍進の一端をみて取ることができる。2007年7月『フォーチュン』誌が売上高をもとにして世界上位グローバル企業500社をランクづけしている。その上位10社でみると，アメリカ企業が5社を占め，1位ウォルマート・ストアーズ3511.4億ドル，2位エクソン・モービル3472.5億ドル，5位ゼネラル・モーターズ2073.5億ドル，7位シェブロン2005.7億ドル，9位コノコフィリップス1724.5億ドルの5社である。日本企業ではトヨタ自動車が2047.5億ドルの売上高で6位に位置している。国別の500社企業をみると，アメリカ162社，日本67社，フランス38社，ドイツ37社，イギリス33社，中国24社，韓国14社，インド6社，ロシア4社である(http://memorva.jp/ranking/forbes/fortune_200707_global500_world.php　2008年8月2日アクセス)。ここにも，BRICsの台頭と躍進をみて取ることができる。中国の自動車市場

表序-2 フォーチュン誌グローバル500社売上高ランキング（2007年）

(単位：100万ドル)

世界順位	企業名	業　種	国　名	利　益	売　上
1	Wal-Mart Stores（ウォルマート・ストアーズ）	小売	アメリカ	11,284.0	351,139.0
2	Exxon Mobil（エクソン・モービル）	石油	アメリカ	39,500.0	347,254.0
3	Royal Dutch Shell（ロイヤル・ダッチ・シェル）	石油	オランダ	25,442.0	318,845.0
4	BP（ビーピー）	石油	イギリス	22,000.0	274,316.0
5	General Motors（ゼネラル・モーターズ）	自動車	アメリカ	12,077.8	207,349.0
6	Toyota Motor（トヨタ自動車）	自動車	日本	14,055.8	204,746.4
7	Chevron（シェブロン）	石油	アメリカ	17,138.0	200,567.0
8	DaimlerChrysler（ダイムラー・クライスラー）	自動車	ドイツ	4,048.8	190,191.4
9	ConocoPhillips（コノコフィリップス）	石油	アメリカ	15,550.0	172,451.0
10	Total（トタル）	石油	フランス	14,764.7	168,356.7

表序-3 フォーチュン誌グローバル500社国別数（2007年）

(単位：社)

アメリカ	162
日　本	67
フランス	38
ドイツ	37
イギリス	33
中　国	24
韓　国	14
インド	6
ロシア	4

は2008年1000万台を超えることが確実となっているし，2007年の自動車生産は888万台を記録し，いずれもアメリカに次いで2位である。1992年社会主義市場経済をめざし，2001年WTOに加盟した中国が，2008年8月北京オリンピックを開催し，交通渋滞を抱えるまでにモータリゼーションが進展することを現実に予測しえたであろうか（『日本経済新聞』2008年8月3日付朝刊）。まさに，パラダイムシフトが進行しつつあるのでないか。(**表序-2，表序-3**)

　IBMで32年過ごし，その後ヒューズ・エレクトロニクスのCEOを務め，1997年からAT&Tの会長兼CEOのC. M. アームストロングは，「AT&Tにきてからコミュニケーションの世界全体が飛躍的に進歩しています。いいですか。ラジオが5000万人に普及するのに50年かかったのです。テレビが5000万人

に普及するのに13年。しかしインターネットはその半分——6年かそこらで，1億人に普及しました。世界中に張りめぐらされたファーバー網は1日ごとに倍増し，インターネットの混雑度は100日ごとに倍増しています。国境は意味を失いつつあります。この流れはもう止まらないでしょう。関税の壁も通貨の壁も，政治的な壁も民族的な壁も，すべて崩壊しつつあるのです」と主張する（ガーテン／鈴木訳〔2001〕38-41頁）。21世紀のグローバリゼーションは，新しい現象である。21世紀の多国籍企業のCEOは，グローバルな市場競争とは異なった課題に直面せざるをえない。グローバリゼーションに伴う厄介な問題，政治的，経済的，社会的な問題に関与せざるをえない。2000年9月世界銀行総裁J.ウォルフェンソンがプラハでの年次総会でこの状況に言及している。「何かがおかしい。上位20の富裕国の平均収入は，下位20カ国の平均の37倍にもなっている——この両者のギャップはこの40年で倍以上にも開いた。何かがおかしいからこそ，12億人がまだ1日1ドル以下で生活し，28億人がまだ2ドル以下で生活しているのだ」。数年前ならば，この種の不平等は無視され，ごまかすことができたかもしれないが，世界が分刻みで相互依存するようになった現在，豊かなすべての国も，特定のグローバル企業のCEOもこうした問題に向き合わなければならなくなってきている（ガーテン／鈴木訳〔2001〕36-38頁）。

3 BRICsの台頭と成長

グローバリゼーションの根源は，国際経営論の泰斗**フェアウェザー**が（主著『国際経営論』1969年）紀元前数千年のフェニキア人の交易や海外進出に遡るといっている。多国籍企業のルーツは，有名なハーヴァード多国籍企業プロジェクトの一成果（『多国籍企業の史的展開』1973年）であるM. ウィルキンズの経営史研究によれば，19世紀末に確認できる。その典型は，シンガー社である。

J.フェアウェザー（1922-2005）：1959年設立の国際ビジネス学会（AIB）の初代会長で，ニューヨーク大学経営大学院の教授であった。経営資源移転論を基礎に国際経営の理論化と研究の進展に貢献した国際的著名な碩学である。

しかし，経営学研究の対象としての多国籍企業や世界企業は，1960年前後である。多国籍企業の用語としては，華麗な経歴をもつ国際投資銀行会長のD. リリエンソールがカーネギーメロン大学のシンポジウムで1960年最初に使用したといわれる。学術論文ではG. H. クリー＝A. D. シピオが，1959年のHBRで世界企業のワールド・マネジメントを説いたのが嚆矢であろう（赤羽新太郎〔2005〕『国際企業経営者論』文眞堂，9-16，76-78頁）。

個別企業やグループ企業のCEOにとってグローバリゼーションの問題のコアは，G. H. クリー＝A. D. シピオが要約したことに依然として尽きる。

1) 世界のどこで最も成長率が高く，利益ある売上高成長率を確保できるように，生産物を販売できるか。
2) 世界のどこで世界に存在している技術諸能力を適正費用で使用するR&Dを行うべきか。
3) アメリカを含むすべての主要な市場で競争するには世界のどこで生産物を生産するべきか（G. H. Clee and A. D. Scipio〔1959〕"Creating A World Enterprise", *Harvard Business Review*, Vol.37, No.6）。

以上の3点の問題の意思決定をすることがグローバリゼーションに関わるCEOに課された国際経営のコアである。これが，今日アメリカ企業だけでなく，日本企業，EUの企業，アジアの企業，南アメリカの企業等のCEOの意思決定に課されているのである。

アメリカで国際経営の典型的テキストとして使用されている，C. ヒルの『*International Business : Competing in The Global Marketplace*』の第6版から主要問題を摘出しよう。2004年の世界産出と世界輸出に占める主要先進国と中国の比率をみると，中国の世界産出のシェアが13.2%でアメリカの20.9%に次いで2位である。日本の世界産出の比率が6.9%，ドイツ4.3%，カナダ3.5%，イギリス3.1%，フランス3.1%，イタリア2.9%である。世界輸出のアメリカの比率が，10.4%，次いでドイツ9.5%，中国5.9%，日本5.7%，フランス4.8%，イギリス4.7%，イタリア3.8%，カナダ3.4%の順である。世界の生産基地といわれる中国が大きなプレゼンスを占めている（C. W. Hill 6th ed. 〔2007〕*International Business : Competing in the Global Marketplace*, p.19）。(**表序－4**)

序　章　21世紀のグローバリゼーションのゆくえと課題

表序－4　世界産出と輸出の変化パターン

(単位：%)

国	世界産出シェア (1963年)	世界産出シェア (2004年)	世界輸出シェア (2004年)
アメリカ	40.3	20.9	10.4
ドイツ	9.7	4.3	9.5
フランス	6.3	3.1	4.8
イギリス	6.5	3.1	4.7
日　本	5.5	6.9	5.7
イタリア	3.4	2.9	3.8
カナダ	3.0	3.5	3.4
中　国	NA	13.2	5.9

(出所)　Hill〔2007〕p.19.

　こうした認識を踏まえた21世紀のグローバリゼーションの最もホットな課題の1つは，BRICs経済の台頭と成長である。世界を単一市場と捉え飽くなき企業成長を追求する多国籍企業にとってBRICsの経済成長は，自己の資本集中を促進し，競争力を強化する絶好の機会である。しかも，BRICsの成長は，20世紀の世界経済の枠組みを根本から変化させるパラダイム転換を孕んでいる。そこで，ゴールドマン・サックスのBRICsレポートによってそれを捉えてみよう。すでに指摘したように，世界の企業ランキングにBRICsの企業が欧米や日本の企業を抑えて企業評価されているが，BRICsレポートの予測によれば2039年にはBRICsのGDPは，G6であるアメリカ，日本，イギリス，フランス，ドイツ，イタリアのGDPを超えると予測している。しかも，2041年中国GDPは28兆30億ドルとなり，アメリカのGDP27兆9290億ドルを超える。2016年の中国GDPは，5兆1560億ドルとなり，アメリカ以外のG5のGDPを超える経済大国になる。これは予測であるが，比較的控えめな予測のように思える。2006年のGDP国際統計によると，すでに中国GDP10兆480億ドルでアメリカのGDP13兆2018億ドルに次いで世界2位の経済大国である。さらに，BRICsは，インド3位，ブラジル9位，ロシア10位のGDP

BRICs：ブラジル，ロシア，インド，中国の略で，経済成長著しい経済新興国をさす。2003年のゴールドマン・サックスの経済レポートで最初に使用された用語である。今後50年で最も成長する4カ国として注目されている。

表序-5 BRICs と G6 の GDP 予測 (単位：10億ドル)

年	BRICs				G6						BRICs	G6
	ブラジル	中国	インド	ロシア	フランス	ドイツ	イタリア	日本	イギリス	アメリカ	BRICs	G6
2000	752	1,078	469	391	1,311	1,875	1,078	4,176	1,437	9,825	2,700	19,702
2005	468	1,724	604	534	1,489	2,011	1,236	4,427	1,688	11,697	3,330	22,548
2010	668	2,998	929	847	1,622	2,212	1,337	4,601	1,876	13,271	5,441	24,919
2015	952	4,754	1,411	1,232	1,767	2,386	1,447	4,858	2,089	14,786	8,349	27,332
2020	1,333	7,070	2,104	1,741	1,930	2,524	1,563	5,221	2,285	16,415	12,248	29,928
2025	1,695	10,213	3,174	2,264	2,095	2,604	1,625	5,567	2,456	18,340	17,345	32,687
2030	2,189	14,312	4,935	2,980	2,267	2,697	1,671	5,810	2,649	20,833	24,415	35,927
2035	2,871	19,605	7,854	3,734	2,445	2,903	1,708	5,882	2,901	23,828	34,064	39,668
2039	3,554	24,949	11,322	4,321	2,625	3,100	1,767	5,998	3,144	26,542	44,147	43,175
2040	3,740	26,439	12,367	4,467	2,668	3,147	1,788	6,039	3,201	27,929	47,013	44,072
2041	3,932	28,003	13,490	4,613	2,711	3,192	1,810	6,086	3,258	27,929	50,038	44,987
2045	4,794	34,799	18,847	5,156	2,898	3,381	1,912	6,297	3,496	30,956	63,596	48,940
2050	6,074	44,453	27,803	5,870	3,148	3,603	2,061	6,673	3,782	35,165	84,201	54,433

（出所）Dreaming with BRICs: The Path to 2050, Goldman Sacks, 2003.

表序-6 国別 PPP GDP と GDP の比較 (単位：億ドル)

	PPP GDP 2006			GDP 2006	
1	アメリカ	132,018	1	アメリカ	132,018
2	中国	100,480	2	日本	43,401
3	インド	42,473	3	ドイツ	29,066
4	日本	41,311	4	中国	26,680
5	ドイツ	26,160	5	イギリス	23,450
6	イギリス	21,115	6	フランス	22,307
7	フランス	20,361	7	イタリア	18,447
8	イタリア	17,954	8	カナダ	12,514
9	ブラジル	17,084	9	スペイン	12,239
10	ロシア	17,047	10	ブラジル	10,679
11	スペイン	12,434	11	ロシア	9,869
12	メキシコ	12,018	12	インド	9,062
13	韓国	11,523	13	韓国	8,880
14	カナダ	11,404	14	メキシコ	8,391
15	インドネシア	9,212	15	オーストラリア	7,681

（出所）World Development Indicators database, World Bank, 14 September 2007.

ランキングにあるからである。このようなBRICsの企業の競争力と経済力の成長からみて，21世紀のグローバリゼーションはBRICsをコアに展開されると予測される（D. Wilson & R. Purushothaman〔2003〕"Dreaming With BRICs: The

▶▶ *Column* ◀◀

トヨタの資本の集積と集中により形成された企業集団

　グローバリゼーションを考えるとき，トヨタ自動車を日本のトップ企業としてだけでなく，世界の自動車産業のトップ企業として考えられます。トヨタ自動車は，トヨタグループの中核企業です。トヨタグループは，豊田自動織機を母体とするトヨタ自動車を中核とした企業集団です。トヨタグループは，豊田佐吉が創業した豊田商店を系譜とするグループ13社，ジェイテクト，豊田自動織機，トヨタ自動車，愛知製鋼，豊田車体，関東自動車工業，豊田通商，アイシン精機，豊田合成，デンソー，トヨタ紡織，東和不動産，豊田中央研究所で構成されています。トヨタグループは，系列，連結という視点からトヨタ自動車を中心にみることができます。トヨタ自動車は単独で資本金3970億円，従業員6万7650人，売上高11兆5718億円（2006年度），当期利益1兆601億円でありますが，連結で考えますと，連結子会社522社，従業員数29万9394人（2007年3月），売上高23兆9480億円，当期純利益1兆6440億円，研究開発費8907億円です。三大コンツェルン三井，三菱，住友との関係では，独立系企業集団に位置づけられますが，三井グループの二木会に加盟しています。グローバリゼーションの進展の中で派遣取締役などを通じて三菱グループとの関係の緊密化もみられます。2007年のトヨタグループのグローバル生産は，949万台（国内生産512万台，海外生産437万台）で，グローバル販売は936万台（国内販売226万台，海外販売710万台）です。トヨタ自動車単体では，グローバル生産は，853万台（国内生産422万台，海外生産431万台）で，グローバル販売は842万台（国内販売158万台，海外販売684万台）です。トヨタ自動車の生産・販売ともに海外生産・販売が50％を超えています。とりわけ，グローバル販売は，海外販売に大きく依存しています。

　その意味で，トヨタ自動車は，日本企業というよりもグローバル企業といえます。

Path to 2050," *Global Economics Paper*, No.99)。

4　グローバリゼーションの課題

　2008年9月に破綻したリーマン・ブラザーズ証券に始まる金融危機は，現代グローバリゼーションの本質のヤヌス的一面であり，負の側面である。サブプライム住宅ローンや金融デリバティブ **CDS**（credit default swap）などの金

融商品によって支えられた金融・証券・保険の高成長もそのグローバリゼーションによるものであり，それが有する本質的不確実性によるものであったといえよう。その背後にはGMに代表されるようなアメリカ経済の競争力の相対的低下とBRICsなどの新興国経済の成長というグローバリゼーションの展開とパラダイム・シフトの展開があるといえるだろう。

　21世紀のグローバリゼーションは，BRICsをコアに展開されるとすると，しかもG6（2003年にGDP1兆ドル超の経済力）の相対的後退を伴うとなれば，世界経済の基本構造変化，パラダイムシフトが進行することになる。そこには，そうしたパラダイムシフトに伴う経済的，政治的，社会的諸問題が矛盾として起こるであろう。典型的にはボーダレスでグローバルな企業間競争に伴う諸矛盾がそれに直面するローカルな問題とグローバルな問題として現象する。それはすでに，地球環境問題，貧困・格差問題，児童労働，デジタル・デバイド，AIDsの世紀などと警鐘を鳴らされている。その中で特に，グローバリゼーションの問題として企業倫理が大きな位置を占めてきている。その基盤を提供するのが，**世界人権宣言**，ILOの就業基本原則と権利に関する宣言，環境と開発に関するリオ宣言などを背景に有する，人権，労働，環境および腐敗防止に関する原則としての**グローバル・コンパクト**であるだろう（http://www.unic.or.jp/globalcomp/glo_01.htm　2008年8月13日アクセス；http://www.unglobalcompact.org/AboutTheGC/TheTenPrinciples/humanRights.html　2008年8月13日アクセス）。

CDS：企業の破綻や債務不履行に伴う損失から投資家を守る金融派生商品。投資家が事前に保証料を支払えば，投資先の破綻や債務不履行などに際して補償を受けられるシステム。

世界人権宣言（Universal Declaration of Human Rights, UDHR）：国連憲章とともにグローバル・コンパクトを支える根幹をなす人間の自由と平等を国際的に確認した画期的な，30条からなる宣言である。

グローバル・コンパクト：1999年に開かれた世界経済フォーラムの席上，K. アナン国連事務総長が提唱し，その後国連決議を経て人権，労働，環境および腐敗防止の企業行動に関する10原則として成立。今日，世界の1300以上の企業，国際労働団体，市民社会の組織がGCに参加している。
　→第12章第1節参照

> 序　章　21世紀のグローバリゼーションのゆくえと課題

推薦図書

J. ガーテン／鈴木主税訳（2001）『世界企業のカリスマたち――CEOの未来戦略』日本経済新聞社
　グローバル企業のCEOがどのような経営思想をもっているか，イェール大学経営学部長のガーテンのインタビューから身近に感じ取れる。

日本経済新聞社編（2005）『新会社論――変わる「ニッポン株式会社」』日本経済新聞社
　激変する企業環境にCEOがどのようにチャレンジしてきたか，その一端をリアルに知ることができる。

榊原英資（2007）『経済の世界勢力図』文藝春秋
　21世紀のグローバリゼーションを考える上で欠かせない為替や原油高の情勢の基本知識が得られる。「ミスター円」の異名をもつ著者の世界経済観を知ることができる。

設問

1．21世紀のグローバリゼーションはどのような特徴をもっているか，整理してみよう。
2．BRICsの経済成長が21世紀の世界とグローバル経営に与える影響を考えてみよう。

　　　　　　　　　　　　　　　　　　　　　　　　　　　（赤羽新太郎）

第Ⅰ部

21世紀多国籍企業の経営戦略

第1章
グローバル企業のITサービス・ネットワーク

　皆さんは，グローバリゼーションの時代に生きているといわれます。日常生活の話題でアメリカ，EU，中国，インド，アジアなど世界の各国・地域の名前が登場しない日はありません。世界は身近になりました。アメリカのジャーナリストは，世界はフラット化した（平たくなった）といいますが，皆さんはどう思いますか？　また，フラット化した世界で中国やインドという新興経済国の企業が急速に台頭しています。これらの国や地域の企業の台頭は，先進諸国とその企業にどんな影響を及ぼすのでしょうか？

1　「フラット化する世界」とは

　21世紀に生きるわれわれの世界は，「フラット化する世界」であるといわれている（トーマス・フリードマン／伏見威蕃訳〔2008〕『フラット化する世界［増補改訂版］』日本経済新聞出版社）。しかし，世界は本当にフラット化しているのだろうか。フラット化しているのは，グローバル化した世界で活動する企業や人々の競争環境ではないだろうか。20世紀末の社会主義体制の資本主義への転換を機に，WTO（世界貿易機関）を舞台にした世界の貿易と投資，サービス，交通の自由化と制度化が急速に進んだ。市場原理主義と新自由主義の思想がグローバリゼーションを推進したからである。こうした結果，21世紀の初頭までに世界各国の産業における競争条件や参入障壁は，急速にフラット化したのである。

　この意味で今日，各国のナショナルな産業は，同時にグローバルな産業となり，ナショナルな企業は，同時にグローバル企業となった。本章が研究対象とするのは，この**グローバル企業**である。さらに，IT革命が同時に進行して世界のどこからでも，いつでも情報の交換と共有が，瞬時により安価にできるよ

うになった。世界を舞台に活動する企業や人々にとって世界はフラット化することになった。特に，IT革命の進化と人々の移動が容易化することにより，各国の労働市場の競争条件が急速にフラット化し，各国のナショナルな労働市場は，同時にグローバルな労働市場となった。

しかしながら，こうした各国の産業の競争条件がフラット化することは，グローバル企業間の競争を激しくした。この激しい企業間競争を通じてグローバルなM&A（企業合併と買収）が行われ，少数の大企業が寡占的な産業構造を形成するようになった。グローバルな産業における**寡占的構造**の形成である。この中でグローバルなIT企業が推進するITサービスを媒介にした金融・流通・製造業のグローバル企業との寡占的な結合関係，新しい寡占的構造が形成されるようになった。これは，グローバル企業とIT企業との新たなITサービス・ネットワークといえる。また，このグローバル企業のITサービス・ネットワークにもブラジル，ロシア，インド，中国（BRICs）など新興工業国のIT企業が台頭している。21世紀になってグローバリゼーションとIT革命が進展する中，少数の大企業による新しいタイプの寡占的構造が出現している。この意味において，グローバル企業の世界はフラットではない。

一方で，このグローバリゼーションは，世界的規模で環境問題，各国の所得格差問題，それに伴う地域紛争や社会的不安定，人権問題，先進国における雇用不安，など地球規模で解決が求められる諸問題をもたらした。アメリカのサブプライム問題に端を発した金融危機も**グローバルな金融危機**と景気後退をもたらした。フラット化する世界で活動するグローバル企業と金融機関の規模は多様で，社会は矛盾に満ちた世界である。

グローバル企業：21世紀の初頭までに世界各国の産業における競争条件や参入障壁は，急速にフラット化した。この意味で今日，各国のナショナルな産業は，同時にグローバルな産業となり，ナショナルな企業は，同時にグローバル企業となった。
寡占的構造：少数の大企業による産業の寡占的構造は，企業間競争をなくすことはできないが，競争を歪めたり，不正な取引を競争企業や消費者に強制することにもつながることから，各国の規制当局から監視を受ける対象となってきた。
グローバルな金融危機：2007年，アメリカで起きたサブプライムローンの焦げつき問題が，アメリカの金融不安を招いたが，さらに2008年，リーマン・ブラザーズ証券会社の破綻と世界の金融機関の破綻へと連鎖し，信用不安を招いた。

本章では，こうした「フラット化する世界」で形成されたグローバル企業の寡占的構造を明らかにし，そこで形成されるグローバル企業とIT企業とのITサービス・ネットワークの新しい結合関係，また，その中で現れた欧米系のITサービス企業とインドのITサービス企業との関係を明らかにすることを課題とした。

2　グローバル企業の世紀

1　グローバル企業の競争と寡占

そこでまず，フラット化する世界で活動する企業が，どれくらいの規模で，どこに本社があり，どのような産業で活動しているのか，その全体像をみよう。アメリカの著名な経済誌『フォーチュン』の2008年7月号は，グローバル化する世界で活動する企業は，巨大企業であり，その多くは先進諸国に本社を置く企業であること，しかしながら，BRICsに本社を置く企業が台頭している，ということを示した。

表1-1のように，グローバルな大企業数を本社のある国籍別にみると，アメリカが153社で最も多く，ついで日本の64社，フランス39社，ドイツ37社，イギリス34社など先進諸国が続いている。このように，グローバルな大企業には，先進諸国の大企業が集中していることがわかる。しかしながら同時に，中国の29社をはじめ，インド7社，ロシア5社，ブラジル5社，メキシコ5社などBRICsはじめ新興経済諸国の大企業の台頭が著しい。

このことは，グローバルな産業における寡占的構造の変化にも現れている。グローバルな産業で競争条件や参入障壁がフラット化する中で，少数の大企業がグローバルな産業における生産額や売上高を集中してきた。これを，グローバルな産業における寡占的構造という。少数の大企業がグローバルな産業における寡占的構造を形成することにより，競争企業や消費者に対して競争上，取

『フォーチュン』誌：同誌は，毎年7月，世界で活動するグローバル企業の規模を売上高という基準でランキングして特集。本章は，この2008年度「グローバル企業500社」の売上高ランキングを利用してグローバル企業の規模を測定する。

表1-1 世界最大500社の本社所在国籍

順位	国籍	社数
1	アメリカ	153
2	日本	64
3	フランス	39
4	ドイツ	37
5	イギリス	34
6	中国	29
7	韓国	15
8	スイス	14
9	カナダ	14
10	オランダ	13
11	スペイン	11
12	イタリア	10
13	オーストラリア	8
14	インド	7
15	ロシア	5
16	ブラジル	5
17	メキシコ	5
合計		463

（注）世界最大500社のうち、5社以上の大企業本社のある国籍を抽出した。
（出所）*Fortune*, "Global 500," July 21, 2008, FortuneCNN.Com より作成。

引上，優位に立つことになる。21世紀のグローバル化する世界で，少数の大企業がグローバルな産業で寡占的構造を形成している姿をみておこう。2007年現在の売上高を基準に世界の産業ごとに大企業をランキングしたのが**表1-2**である。

2 グローバルな金融・証券・保険業における寡占的構造

銀行業は，グローバルな大銀行67行で3兆7937億ドルの総収入を集中していた。67行における1行平均の収入額は371億ドルであった。INGグループ（1位：オランダ）2015億ドル，FORTIS（2位：ベルギー／オランダ）1648億ドル，シティ・グループ（3位：アメリカ）1592億ドルなど上位3行で5255億ドルを集中していた。グローバルな銀行業上位15行は，すべて欧・米・日系銀行で占められていた。しかしながら，グローバルな銀行業においても，中国3

表1-2 グローバルな産業の寡占的構造（2007年）

	グローバルな産業	企業数（社）	総収入額（万ドル）
1	銀行：商業銀行・貯蓄銀行	67	379,371,900
2	石油精製	39	329,384,600
3	自動車および部品	33	207,540,500
4	保険：生命・健康（株式，相互）	27	120,960,300
5	食品及びドラッグストア	22	105,265,800
6	電気通信	22	105,131,800
7	エレクトロニクス・電気機器	17	91,527,000
8	保険：損害保険（株式，相互）	18	85,466,700
9	公益事業	19	73,669,500
10	総合小売	8	62,139,700
11	金属	13	54,901,600
12	医薬品	12	41,573,400
13	航空宇宙及び防衛	12	41,573,200
14	コンピュータ・事務機器	11	41,470,800
15	鉱業・原油生産	12	39,151,600

（注）世界最大500社が所属する48産業のうち，総収入額上位15位までの産業を集計した。
（出所）*Fortune*, July 21, 2008, F-23 より集計。

行，ブラジル3行，韓国3行，インド1行，ロシア1行が台頭している。

グローバルな銀行・証券・生命保険・損害保険・金融サービスの業界では，計112社（500社中22％）の大金融機関が寡占的構造を形成しており，グローバルな**金融業が肥大化**していることが理解できる。こうした中で米欧系企業，なかでも米系企業の圧倒的優位とそれに日系企業が続く寡占的構造が顕著である。しかしながら，銀行業と生命保険業では，BRICsと韓国の大金融機関の追随が始まっていた。こうした金融・証券・保険業における寡占的構造は，製造，流通，情報・通信業における寡占的構造の反映でもある。総収入規模が世界2番目のグローバルな石油精製業の寡占的構造をみることにしよう。

3　**グローバルな産業における寡占的構造**

グローバルな石油精製業はじめ石油生産・エネルギー産業では，55社の大

金融業の肥大化：1990年代末に進んだグローバルな金融と証券の制度改革の結果，証券と金融の信用膨張がグローバルに広がり，実体経済の成長をはるかに超えて肥大化していった。このことが，グローバルな金融危機の原因となった。

企業が寡占構造を形成し，集中度は，グローバルな金融・証券業と比較して高い。しかも，これらの産業では，欧米系企業が圧倒的な優位を占めながら日系企業がそれに続いている。しかしながら，これらの産業では日系企業以上にBRICsをはじめとした新興経済諸国の大企業の台頭が著しい。これらの産業のBRICsをはじめとした新興経済諸国の大企業が，グローバル経済への存在感を強める役割を果たしている。こうした傾向は，総収入規模が世界3番目のグローバルな自動車・同部品産業においてもみられる。

グローバルな自動車・同部品産業では，33社の大企業が総収入額2兆754億ドルを集中し，1社平均の収入額が346億ドルで金融・証券業と比較して高い集中度であった。しかも，トヨタ（1位：日），GM（2位：米），ダイムラー（3位：独）はじめ日米欧企業の上位7社が1兆1108億ドルとほぼ半数を集中しており，集中度の高い寡占的な構造であった。特に，日系企業11社の優位が際だっている。しかし，グローバルな石油精製・生産・エネルギー産業ほどではないが，BRICsなど新興経済諸国の大企業，韓国企業1社，中国企業2社，トルコ企業1社，が台頭している。このようにグローバルな自動車産業でも，日米欧の大企業が圧倒的な優位にある寡占構造であるが，しかし，韓国企業と中国企業，トルコ企業も無視できない存在になりつつある。

以上のように，グローバルな石油精製・生産・エネルギー産業および，自動車・部品産業では，程度の差こそあれ，日米欧の少数の巨大企業が売上高を集中し，寡占的構造を形成しながらも，同時にその中にBRICs初め新興経済諸国の大企業が台頭していたのである。これら上位3つのグローバル産業の総収入の集中度は高く，世界最大企業のうち40％に相当する200社が占める。これが，グローバリゼーションとIT革命が進行する21世紀初めのグローバルな産業の姿であり，金融はじめ**石油と自動車の世紀**であることを示している。こうしたグローバルな産業の寡占構造の傾向は，前掲表1-2で確認できよう。

石油と自動車の世紀：19世紀に普及した鉄道と石炭に代わって20世紀には，交通・運輸手段が自動車，航空機に，エネルギー源が石油に変わった。交通手段とエネルギーの革新が，20世紀の資本主義の生産や流通や生活の様式を大きく変えた。

3　グローバルな IT サービス・ネットワーク

1　グローバルな情報・通信産業における寡占的構造

　ところで，先述したグローバル企業は，IT 大企業との間の IT サービス契約で深く結びついている。これらのグローバル企業は，IT 大企業から IT サービスの提供を受けてグローバルな産業における競争優位を持続してきた。今日のグローバルな産業での少数の大企業よる寡占的構造は，IT 大企業との間の IT サービスと深く結びついているのである。そこで，まず，グローバルな**情報・通信（ICT）産業**における寡占構造（表 1 - 3）をみよう。

　グローバルな電気通信産業は，22 社の大企業が総収入額 1 兆 513 億ドルを集中し，1 社平均の収入額は，358 億ドルで自動車・同部品産業とほぼ同じ規模であった。ATT（1 位：米），ベライゾン・コミュニケーションズ（2 位：米），NTT（3 位：日）はじめ米日欧企業の上位 7 社が 6124 億ドルを集中していた。特にこの産業では米系企業の優位が際だっている。しかし，中国企業 2 社，メキシコ企業 2 社，韓国企業 1 社の通信企業も台頭している。また，グローバル

表 1 - 3　グローバルな情報通信技術（ICT）産業の寡占構造（2007 年）

	グローバルな産業	企業数（社）	総収入額（万ドル）
1	電気通信	22	105,131,800
2	エレクトロニクス・電気機器	17	91,527,000
3	コンピュータ・事務機器	11	41,470,800
4	ネットワーク・その他通信機器	5	19,386,000
5	情報技術サービス	3	14,237,400
6	半導体・その他	3	8,774,500
7	コンピュータ・ソフトウェア	2	6,911,800
	計	63	287,439,300

（注）　情報通信産業の定義は，アメリカ商務省（2003）『ディジタル・エコノミー』の定義による。
（出所）　*Fortune*, July 21, 2008, F-23 より作成。

情報・通信（ICT）産業：アメリカ商務省の定義によると，情報通信産業（ICT）産業は，通信・放送サービス産業，コンピュータのハードウェアとソフトウェア産業，IT サービス産業，民生用機器製造業，通信機器製造業の各産業を含む。

なエレクトロニクス・電気機器産業では，17社の大企業が総収入額9152億ドルを集中し，1社平均の収入額は，通信産業と同様の377億ドルであった。シーメンス（1位：独），サムソン・エレクトロニクス（2位：韓），日立（3位：日）はじめ上位6社が5497億ドルを集中した。特にこの産業では，ドイツ系，韓国系，日系企業の優位が際だった。ネットワーク・通信機器産業では，5社で総収入額1938億ドルを集中，1社平均の収入額は，349億ドルであった。この産業は，ノキア（1位：フィンランド），モトローラ（2位：米）はじめすべて欧米企業が占めた。

グローバルなコンピュータ・事務機器産業では，11社が総収入額4147億ドルを集中，1社平均の収入額は，240億ドルでこの産業では比較的に規模が小さかった。この産業では，ヒューレット・パッカード（1位：米），デル（2位：米），富士通（3位：日）の上位3社が2119億ドルを占めた。この産業では，日米企業が優位であるが，台湾企業2社，中国企業1社も台頭している。コンピュータ・ソフトウェア・半導体産業では，5社が総収入額1568億ドルを集中し，1社平均313億ドルであった。この産業では，マイクロソフト（1位：米），インテル（2位：米）2社で894億ドルを占める。また，ITサービス産業では，IBM（1位：米）1社が987億ドルを占め，米系企業3社で1423億ドルを占めるガリバー型寡占であった。

以上のようにグローバルな情報・通信産業を総体としてみると，63社が総収入額2兆8743億ドルを集中する寡占的構造であり，その収入総額は，石油精製・原油生産・エネルギー産業に匹敵する規模であった。しかし，グローバルな情報・通信産業の中でも**ITサービス産業**は，特に重要である。それは，米IBMのガリバー型寡占のように産業の集中度が高いという理由からだけではない。グローバルなITサービスという事業の戦略的性格にある。このITサービスは，グローバルな寡占的企業を結合する機能を果たしているからである。そこでまず，グローバルなIT産業におけるITサービスの定義と戦略的位置を

ITサービス：企業，金融機関，政府機関，非営利組織が行う様々な業務をコンピュータ，データベース，インターネットのIT技術を使って処理させるために行う，コンサルティングやソフトウェア開発やシステム構築などのサービス。

確認しよう。

2 グローバルな IT サービスの戦略的性格

　NASSCOM の統計によると，世界規模の IT 産業全体の総支出額は，1兆7000億ドルで，そのうち IT サービスが4950億ドル，**BPO** が4620億ドル，**パッケージ・ソフト**が2500億ドル，**ハードウェア**が4780億ドルであった。世界的規模の IT 産業に占める IT サービスと BPO の規模が大きく，両サービスが約6割を占める。この世界的規模の IT サービスの支出構造 (**表1-4**) をみると，**IT アウトソーシング**が1830億ドル，プロジェクト・ベースのサービスが1700億ドル，サポートと訓練が1430億ドルである。この IT サービスの中でもグローバル・ソーシングと呼ばれる IT サービスが戦略的である。グローバル・ソーシングとは，アプリケーション・マネジメント，カスタム・アプリケーション開発，IT コンサルティング，IS アウトソーシング，システム・インテグレー

NASSCOM：インド・ソフトウェア・サービス協会という業界団体で，インドと世界におけるソフトウェア・サービスの統計的データを集計している。NASSCOM は，National Association of Software and Services Companies の略である。

BPO：Business Process Outsorcing の略。企業や金融機関が行う直接業務である，製造，販売活動のみならず，人事，経理，調達，研究開発，マーケティング，システム管理，広報，企業法務，事務管理など間接業務の一部を請負企業に外部委託すること。

パッケージ・ソフト：個人や企業，金融機関が IT 技術を利用して業務を遂行する際に必要となるソフトウェアを，ソフトウェア・メーカーが標準化したソフトウェア (プログラム) として開発・販売する，出来合いのソフトウェアの総称。

ハードウェア：コンピュータを使用するのに必要なディスプレイ，処理装置，内部記憶装置，外部記憶装置，入力装置，プリンターなどの総称。

IT アウトソーシング：企業や金融機関，政府機関，非営利組織が IT 技術を活用して行う業務のうち，業務の開発，コンサルティング，ソフトウェア開発や情報システムの管理・運営を請負企業に外部委託すること。

アプリケーション・マネジメント：顧客である企業や金融機関，政府機関，非営利組織が IT 技術を活用して行う業務のうち，顧客向けに開発した新旧のカスタム・アプリケーションやパッケージ・ソフトを組み合わせて管理・運用すること。

カスタム・アプリケーション開発：企業や金融機関，政府機関，非営利組織が IT 技術を活用して業務を行うために，その特定の業務に合わせてソフトウェア (プログラム) を開発すること。そのソフトウェアをカスタム・アプリケーションという。

IT コンサルティング：企業や金融機関，政府機関，非営利組織が IT 技術を活用して業務を行うために，その特定の業務に合わせてソフトウェア開発をしたり，業務開発のためのコンサルティングをすること。その業務には企業戦略も含まれる。

第Ⅰ部　21世紀多国籍企業の経営戦略

表1-4　世界規模のITサービスの総支出額の内訳（2007年）

(単位：万ドル)

ITアウトソーシング	18,264,600
ISアウトソーシング	9,696,500
ネットワークとデスクトップ・アウトソーシング	3,553,800
アプリケーション・マネジメント	2,477,000
ホステッド・アプリケーション・マネジメント	355,300
ホスティング・インフラストラクチャ・サービス	2,182,000
プロジェクト・ベースのサービス	16,988,000
ITコンサルティング	2,706,700
システム・インテグレーション	8,498,200
ネットワーク・コンサルティングとインテグレーション	3,258,800
カスタム・アプリケーション開発	2,525,100
サポートおよび教育訓練	14,261,300
ハードウェア配置とサポート	5,601,300
ソフトウェア配置とサポート	6,326,500
IT教育と訓練	2,333,500
ITサービス計	49,514,900

（出所）　NASSCOM（2008），p.35より作成。

ションであった（NASSCOM〔2008〕*Strategic Perspective*, NASSCOM）。

　グローバル・ソーシングが，なぜ，戦略的か。グローバルな規模で競争する顧客企業は，自社事業の目標達成のために事業戦略や業務プロセスをIT資産の活用の観点から立案，開発，実施にわたってIT企業から支援サービスを受ける。他方で，ITサービス企業は，顧客企業の事業戦略の立案や業務プロセス改革をITインフラストラクチャの利用という視点からまた，顧客企業の事業目標の達成という視点から支援サービスを提供する。ITサービス企業は，顧客企業のグローバルな産業での競争力に影響を及ぼし，顧客企業の競争優位を左右する。この意味でグローバル・ソーシングは，戦略的である。

ISアウトソーシング：企業や金融機関，政府機関，非営利組織が業務遂行のために活用している情報システム（Information System=IS）の管理・運営を請負企業に外部委託すること。
システム・インテグレーション（SI）：顧客企業や金融機関，政府機関，非営利組織が遂行する業務を，IT技術を活用して効率化するために，ソフトウェア開発に合わせて情報システムを統合し，構築すること。情報システムを統合し，構築する企業をシステム・インテグレーターという。
ITインフラストラクチャ：コンピュータ，ネットワーク，データベース，インターネットなどIT技術を活用するために必要なハードウェア，ソフトウェアなどの技術基盤の総体を指す。

特に，ITインフラストラクチャがクローズドな**アーキテクチャ**からオープンなアーキテクチャとなったこと，またITの技術革新のスピードが速くなっているため，顧客企業の戦略立案と業務改革にとってグローバル・ソーシングは，不可欠なサービスとなった。これが，顧客企業であるグローバル企業とIT企業とのITサービス契約を通じた新たな結合の内容である。この意味で，フラット化する世界では，少数の欧米系IT企業が，ITサービス契約を媒介に，グローバルな銀行・金融・証券・保険業，流通業や製造業で活動する少数のグローバル企業とともに，寡占的な結合を形成しているのである。本章は，これをグローバル企業のITサービス・ネットワークと定義する。

4 グローバル企業のITサービス・ネットワーク

1 IBMのグローバルなITサービス・ネットワーク

そこで，グローバル企業のITサービス・ネットワークの事例を分析しよう。ITサービスを提供する企業は，サービス・プロバイダ（SP）とかサービス・ベンダーと呼ばれているが，ここでは，これらITサービスを提供する企業をITサービス企業と呼ぶ。グローバルなITサービス企業であるIBMを事例に分析しよう。IBMは，先にみたようにグローバルなITサービス産業において1社で市場シェアの約70%を占めるガリバー型寡占企業である。それゆえ，IBMの事例分析は，グローバルなITサービスの構造を示すことになる。IBMの提供するITサービス（**表1-5**）をみると，ITサービスには大きく分けてグローバル・テクノロジー・サービス（GTS）とグローバル・ビジネス・サービス（GBS）がある（IBM〔2007〕*Annual Report*）。

GTSは，戦略的アウトソーシング，**ビジネス変革・アウトソーシング**，**統合技術サービス**，メインテナンスのサービスを顧客企業に提供する。GTSは，主にITインフラストラクチャ・サービスやビジネス・プロセス・サービス，

アーキテクチャ：コンピュータ，ネットワーク，データベース，インターネットなどIT技術の基本設計思想。例えば，コンピュータは，ハードウェア，ソフトウェア，周辺装置などから構成されるが，アーキテクチャは，その全体構造の基本設計思想を指す。

表1-5　IBMが提供するサービスと製品群（2007年現在）

（単位：百万ドル）

ITサービス	54,144
グローバル・テクノロジー・サービス（GTS）	36,103
・戦略的アウトソーシング	18,701
・ビジネス変革・アウトソーシング	2,298
・統合技術サービス	8,438
・メインテナンス	6,670
グローバル・ビジネス・サービス（GBS）	18,041
・コンサルティングとシステム・インテグレーション	―
・アプリケーション・マネジメント・サービス	―
ソフトウェア	19,982
・ウェブ領域	15,505
・情報マネジメント	10,825
・チボリ	4,678
・ロータス	―
・ラショナル	―
・オペレーティング・システム	2,319
システムと融資	21,317
・サーバー	―
・ストーリッジ	―
・小売店ソリューション	―
・マイクロエレクトロニクス	―
・産業用向け融資	―
・顧客向け融資	―
合　計	98,786

（出所）　IBM, *Annual Report*, 2007, p. 9.により作成。

ビジネス変革・アウトソーシング：標準化されたプロセシング・プラットフォームとビジネス・プロセス・アウトソーシングから提供される一連の提供である。それは，顧客のビジネス・プロセス，アプリケーションおよびインフラストラクチャの戦略的な変更ないし運営を通して顧客の事業実績を改善するような企業変革の提供である。
統合技術サービス：顧客企業が，顧客の技術インフラストラクチャにアクセスし，管理し，サポートするのを支援するサービス提供である。スキルのある経営資源，ソフトウェアおよびIBMのビジネス・プロセスに関する知識を結びつけることによりサービス提供される。
メインテナンス：顧客企業のITインフラストラクチャの稼働率を維持し，向上するためにソリューション支援を通じて，製品のメインテナンスから生じる多数の支援サービスのことである。

IBMのグローバル規模での価値提供，標準化とオートメーション化の技術を顧客企業に提供する。GTSは，戦略的アウトソーシングが示すように，プロセスと活動のアウトソーシングを通じて顧客企業のコストを削減し，生産性を向上するために，顧客企業と協働してビジネスの洞察が統合されるような包括的なITサービスなのである。

　GBSは，主として専門的サービスと**アプリケーション・アウトソーシング・サービス**であり，産業やビジネスのプロセスに関する専門性を生かしたソリューションを通して顧客企業にビジネス価値とイノベーションを提供する。GBSのうち，コンサルティングとシステム・インテグレーションは，顧客関係管理，財務管理，人的資源管理，事業戦略，**サプライチェーン・マネジメント**に関するコンサルティング・サービスを通して顧客に価値を提供するのである。

2　グローバル企業のITサービス・ネットワーク

　このグローバル企業のITサービス・ネットワークは，2つの特徴をもつ。1つは，ITサービスは，すでに明らかなようにアウトソーシング契約であるということである。IT企業は，顧客企業に対して提供するサービスごとに1年未満から10年以上の期間で契約を結ぶ。この間のITサービスは，顧客企業の欧米大企業にとっては，ITサービスの委託であり，IT大企業にとっては，ITサービスの受託である。しかも，ITサービスは，そのサービスの提供を受ける顧客企業の所在地で実施される。しかし，今日のグローバルな大企業は，多国籍企業として複数国で製造，販売，物流，研究開発の拠点を展開している。

アプリケーション・アウトソーシング・サービス：パッケージ・ソフトウェア，特定用途向けアプリケーション，古いアプリケーションに関するアプリケーション開発，マネジメント，メインテナンス，サポート・サービスである。それは，IBMのグローバルな経営資源の能力，産業知識，アプリケーションの標準化とオートメーション化を通して提供している。

ソリューション：ソリューションは，問題解決という意味である。この意味で，企業や金融機関，政府組織が遂行する様々な業務にIT技術を活用していかに作業効率を向上するか，新しい製品・業務開発につなげるか，解決策をみつけること。

サプライチェーン・マネジメント：機械製造業界では，様々な部品や材料を加工，組立てを行うことで完成品を製造する。完成品メーカーが，これらの加工部品や材料を供給するサプライヤー（供給業者）の品質，納期，価格などの管理を行うこと。

また，彼らの供給企業は，複数国にまたがる。かくして，今日のITサービス契約は，グローバルなアウトソーシング契約となるのである。

グローバルなサービス・ネットワークのもう1つの特徴として，ITサービスは，知的労働，知識労働，専門的業務を遂行する労働過程＝業務プロセスそのものである。このため，ITサービス企業は，高い技術やスキル，専門的知識をもつ人材の階層を必要とする。しかも，1990年代末のICT革命の進化によりITサービスに必要な人材は，ITサービスの提供を受ける顧客企業の所在地にいる必要がなくなった。ITサービス企業は，ITサービスが実施される顧客企業の所在地へ**IT人材**が創造したサービスを供給するか，IT人材を短期に所在地へ出張させることで対応できる。

こうしたことを背景にグローバルに競争するIT企業は，グローバルなIT人材の活用戦略を展開するようになった。また，グローバルなIT産業では，高い質のITサービスを低いコストで提供する競争が繰り広げられるようになった。IBMの「グローバルに統合された企業」戦略は，こうした変化する競争環境における同社のグローバルな企業戦略であった（本章「コラム」参照）。IBMのようにグローバルに統合した企業戦略をとらないにしても，欧米系ITサービス企業は，BRICsはじめ新興経済諸国へ拠点を積極的に展開している。特に，欧米系ITサービス企業は，BRICsの中でもインドへ拠点を積極的に展開している。今日のグローバルな欧米系ITサービス企業にとってインドは，BRICsの中でも傑出した進出先国に浮上している。

5 グローバル企業のインド進出とインド系IT企業の台頭

1 なぜ欧米系企業はインドへ進出するのか

欧米系ITサービス企業は，なぜ，BRICsはじめ新興経済諸国へ拠点を積極的に展開するのか。その理由としてT. フリードマンは，10の要因を指摘して

IT人材：IT技術の開発や販売やサービスに必要な労働者，技術者，管理者，企業家，ベンチャー・キャピタリストのこと。IT技術は，コンピュータ，ネットワーク，データベースのハードウェア，ソフトウェアの技術を含む。

いるが，国連貿易開発会議の研究（UNCTAD〔2004〕*World Investment Report*）を踏まえると，4つの環境要因が重要である。第一は，ICT（情報通信技術）革命の影響であり，第二は，90年代のグローバリゼーションの進展である。第三は，これらの地域や開発途上国では低賃金労働力が豊富であること，それ以上に重要な要素は，高い技能をもった専門家や技術者が育成されていることであり，第四は，IT産業がグローバルに構造転換したことである。

1980年代のパソコン（PC）産業と**ワークステーション（WS）**産業の成立とともに，コンピュータ業界では，PCやWSのアーキテクチャをもとにその特定の部品や周辺装置の開発や製造や組み立て，マーケティングや販売の特定の機能にそれぞれ特定の企業が特化するようになった。1990年代にこの構造がグローバルに拡散したことである。それを推進したのが，アメリカから台湾，中国，インドなど新興経済諸国へのIT人材の帰国者たちであり，**IT人材の国際移動**であった（夏目啓二〔2007〕「グローバリゼーションとオフショア・アウトソーシング」『社会科学研究所年報』）。

このようにグローバル企業が新興経済諸国へ進出する条件が整備されるにしても，グローバル企業は，なぜ，インドを重視するのか。D. ファレルは，グローバル企業がオフショアリングをする可能性のある進出地域の特性を評価している。ファレルによると，グローバル企業が国外へ進出するに際して関心をもつのは，労働コスト，現地のサービス・ベンダーの質，現地の市場としての可能性，現地に固有なリスク，現地のインフラストラクチャの質，ビジネス環境であった。これらの評価基準をもとにオフショアリングの立地として様々な国の強みと弱みを指数化したものが，立地コスト指数である（**表1-6**）。この立地コスト指数に基づくと，グローバル企業の進出にとって最も魅力的な国は，インドであり，続いて中国などBRICs諸国である。

ワークステーション（WS）：情報技術がネットワークの時代を迎えた1990年代にPCをネットワークに接続する役割を果たした高性能コンピュータのこと。今日のサーバー・システムの先駆けとなったコンピュータでもある。

IT人材の国際移動：アジア各国のIT産業の発展に貢献しているIT人材は，各国の教育機関や企業で育成されてきただけでなく，アメリカや日本への留学やビジネス経験をした帰国者が大きな役割をはたしている。「頭脳循環」という。

第Ⅰ部　21世紀多国籍企業の経営戦略

表1-6　オフショアリング立地としての魅力度

加重値	50%	10%	10%	10%	10%	10%	
	コスト	供給業者の集積	国内市場	リスクの有無	ビジネス環境	産業基盤の質	立地／コスト指数
インド	1.5	2.2	3.5	2.7	3.6	3.3	2.3
中　国	1.8	3.7	1.8	3.4	3.6	2.5	2.4
マレーシア	1.7	4.7	3.3	2.2	3.4	2.5	2.5
フィリピン	1.4	4.5	3.5	3.9	3.7	2.8	2.6
ブラジル	2.2	3.5	4.2	2.8	3.0	2.0	2.7
メキシコ	2.2	4.7	2.8	3.5	2.6	2.0	2.7
ハンガリー	2.6	4.7	3.3	2.3	2.8	2.8	2.9
チェコ共和国	2.6	4.7	3.5	2.2	3.0	3.0	2.9
ポーランド	2.7	4.0	3.3	2.7	3.1	3.0	3.0
アメリカ合衆国	4.4	1.0	2.7	1.7	1.3	1.5	3.0
カナダ	3.9	3.2	2.5	1.5	1.7	2.0	3.1
ロシア	3.0	4.5	2.8	3.5	3.3	3.3	3.2
イギリス	4.6	1.8	2.8	2.1	2.1	2.3	3.4
ドイツ	4.4	2.5	3.0	1.9	2.5	2.8	3.5
アイルランド	4.5	3.5	2.8	1.5	2.5	2.8	3.5
日　本	4.9	2.2	3.0	2.0	3.1	2.3	3.7

(注) 1 ：□は，最も魅力的であること，▨は，最も魅力がないことを示す。
　　 2 ：この基準は，アメリカ企業の視点からみた魅力度である。
(出所)　Diana Farrell eds.（2006）*Offshoring*, Harvard Business School, p.19.

　これらの評価基準の中で最も重要なものは，英語能力があり，優れた才能をもつ安価な技術者たちの存在である。この英語能力があり，優れた才能をもつ安価な技術者たちの豊富な存在こそが，グローバル企業にとってインドを重要な国にしているのである。ファレルによると，インドの技術者たちの賃金水準（時間給）でみると，アメリカ技術者の賃金水準を100とした場合，10分の1程度であった（Diana Farrell eds.〔2006〕*Offshoring*, Harvard Business School Press, pp.18-24）。

2　インド系IT企業の台頭と国際競争力

　一方，こうしたグローバルなIT企業がインドへ進出するための経営環境は，インド系IT企業にとっても有利な経営環境であった。さらに，インドの中央政府や地方政府がIT産業支援政策を展開し，また，インド系のIT人材が先進

国から帰国する中で,インド系 IT 企業が台頭し,急速にその国際競争力を高めてきた。インド系 IT 企業は,グローバルな IT 産業の中で大きな役割を果たすまでに至った(サクセニアン〔2008〕『最新・経済地理学』日経 BP 社;ジェトロ〔2008〕『インドオフショアリング』ジェトロ,153-189 頁)。

　NASSCOM の資料により,今日のインド系 IT 企業の競争力を確認しよう。第一に,インドの IT 企業は,その事業の中心が,IT アウトソーシングと BPO であり,両事業の総収入は,2004 年の 216 億ドルから 2008 年には 640 億ドルと 4 年間に 3 倍となり,インドの GDP(国内総生産)に占める割合も,3.6%から 5.5%へと増大しその役割が大きくなっている。また,この両事業は,輸出志向が強く,2008 年の総収入 640 億ドルのうち,約 3 分の 2 にあたる 408 億ドルが輸出からの収入であり,強力な輸出産業である。その構成をみると,IT サービスが 56.5%,BPO が 26.8%を占める。

　第二に,両事業の輸出先をみると,アメリカが 61.40%と最大で,イギリスが 17.80%を占め,インド系 IT 企業は,輸出先の 79.20%を米英市場に圧倒的に依存している。また,両事業の輸出先の市場セグメントをみると,銀行・金融・証券・保険業が 40.4%で,ハイテク・通信業が 19.1%,製造業が 15.0%と,この市場セグメントで 74.5%を占める。

　最後に,インド系 IT 企業の国際競争力を分析するために,輸出総額の 57%を占めていたインドの IT サービス構造を分析しよう。**表 1 − 7** によると,IT アウトソーシングでは,アプリケーション・マネジメントが 15.4%,IS アウトソーシングが 14.3%,その他のアウトソーシングが 10.4%を占めている。これらの IT アウトソーシングが 40%を占め,最も強力である。また,**プロジェクト・ベース・サービス**では,カスタム・アプリケーション開発が 43%を占め最も強力である。つまり,インド系 IT 企業のプロジェクト・ベース・サービスの国際競争力の内実は,カスタム・アプリケーション開発であった(NASSCOM〔2008〕*Strategic Perspective*, NASSCOM)。

プロジェクト・ベース・サービス:顧客である企業や金融機関,政府機関,非営利組織が遂行する企業戦略や業務プロセスに対して,IT サービス企業が IT 技術を活用してコンサルティング,ソフトウェア開発,システム統合・構築を行う受注案件のこと。

表1-7 インドのITサービス別輸出額の構造（2008年：推定値）
(単位：ドル)

ITアウトソーシング	97億	42.0%
ISアウトソーシング	33億	14.3%
ネットワークとデスクトップ・アウトソーシング	24億	10.4%
アプリケーション・マネジメント	36億	15.4%
ソフトウェア・テスティング	4億	1.7%
プロジェクト・ベースのサービス	115億	49.8%
ITコンサルティング	6億	2.8%
システム・インテグレーション	7億	3.0%
ネットワーク・コンサルティングとインテグレーション	3億	1.2%
カスタム・アプリケーション開発	99億	43.0%
サポート及び教育訓練	18億	7.8%
ハードウェア配置とサポート	1億	0.5%
ソフトウェア配置とサポート	14億	6.2%
IT教育と訓練	3億	1.3%
ITサービス計	231億	100%

（注）原資料から四捨五入で計算しているためITサービス合計額は一致しない。
（出所）NASSCOM（2008）p.54により作成。

こうしたインド系IT企業の国際競争力をどのように評価できるだろうか。インド系IT企業の国際競争力を評価するために欧米先進国のIT企業の国際競争力と比較してみよう。

3　欧米IT企業とインド系IT企業との競争と協調

すでにみたように，アメリカITサービス企業，IBMの事業構成をみると，ITサービス分野の中でも最も上流部門である，戦略的アウトソーシング，ビジネス変革・アウトソーシング，統合技術サービス，メインテナンスのサービスであり，コンサルティングとシステム・インテグレーションの収入が最も多くを占めたのであった。これらは，ITサービス分野の中でも高い付加価値を生み出す分野であった。これに対して，インド系IT企業の事業構成は，ITサービス分野の高い付加価値を生み出す上流部門の割合は，ITコンサルティングが2.8％，システム・インテグレーションが3.0％にすぎず，最大部門が，カスタム・アプリケーション開発43.0％と，アプリケーション・マネジメント15.4％とISアウトソーシング14.3％であった。

これは，インド系IT企業が，カスタム・アプリケーション開発やアプリケーション・マネジメント，ISアウトソーシングで国際競争力を強化しているにもかかわらず，ITサービスの戦略的部門であるITコンサルティングやシステム・インテグレーションではまだ，欧米系IT企業にキャッチアップできていないことを示している。これが，欧米系IT企業とインドのIT企業とのグローバルな競争関係の現段階である。しかし，インドのIT企業は，**グローバルなデリバリー・センター**を形成し，ITコンサルティングやシステム・インテグレーション市場への浸透を図っている。

　しかしながら，インドのITサービス企業が，このまま順調にグローバルなITサービス産業でマーケット・シェアを拡大していくことは，現段階では難しい。すでに2項で分析したように欧米系のITサービス企業は，欧米系のグローバル企業を顧客としてITサービスを提供し，グローバルな競争優位に寄与する関係を維持してきた。そして，欧米系ITサービス企業は，これらの顧客企業の囲い込みを図ってきた。これが，グローバル企業のITサービス・ネットワークであった。このITサービス・ネットワークのもとに欧米系ITサービス企業は，インドのITサービス企業と協調してかれらのカスタム・アプリケーション開発能力やアプリケーション・マネジメント，ISアウトソーシング能力を活用してきたのである。

4　グローバル企業と台頭するインド企業

　これまでみてきたように，新自由主義のもとでグローバリゼーションとIT革命が進化する中で，21世紀の世界はフラット化したといわれているが，フラット化したのは，世界で活動する企業や人々の競争条件や参入障壁であって，フラット化する世界の企業間競争の結果，世界のグローバル産業で少数のグローバル大企業が寡占的構造を形成していた。

　しかも，この中で金融・流通・製造業のグローバル企業とIT企業が提供す

グローバルなデリバリー・センター：外国の顧客企業からITサービスやBPOサービスを受注したITサービス企業が，外国の顧客企業にサービスの引き渡しの活動を行うこと，また，受注活動を行うことのための海外拠点のこと。

▶▶ *Column* ◀◀

IBMの「グローバルに統合された企業」戦略

　IBMの最高経営責任者（CEO）であるパルミサーノ会長（S. J. Palmisano）は，2007年度の営業報告書の中でこの「グローバルに統合された企業」戦略について次のように述べています。

　「わが社は，世界中のすべての諸国でIBMの拠点を形成しながら新興市場で大きな投資を行ってきた。同時に，わが社は，急速にIBMの活動をグローバルに統合し始め，IBMの仕事と役割を，適正なコスト，適正なスキル，適正なビジネス環境に基づいて機能するところへ配置してきた。この結果，わが社は，真にグローバルなサプライチェーンを展開するに至った。また，わが社は，グローバルにソフトウェアを開発している。わが社の研究所のネットワークは，世界中に広がっている。わが社は，比類のないほどグローバルな規模でサービスを提供している。わが社は，IBMをこの全く新しい会社のモデルへ変わるようにわが社のプロセスや機能を変革し続けている。わが社はその全く新しい会社のモデルを，グローバルに統合された企業，と呼んでいる。」

　この戦略の結果，IBMは，2007年現在，170カ国で活動することになりました。IBMのアメリカ合衆国外での活動は，IBM総収入の63％となり，地理的分布をみると，アメリカ地域43％，ヨーロッパ・中東・アフリカ地域36％，アジア太平洋地域21％でした。2007年度，IBMの収入は，ブラジル，ロシア，中国，インドなどBRICs諸国で26％増加しました。また，この戦略は，IBMのグローバルな企業組織を変えました。2007年，IBMの総従業員数は，前年と比較して3万792人増加し，38万6558人となりました。しかし，世界的規模でみると，アメリカの従業員数は，12万1000人で最大ですが，前年と比べてわずかながら減少したのです。IBMは，この間，新興経済市場，特に，BRICsに積極的に経営資源を投入し，雇用数はおよそ9万8000人に達しました。なかでもインドは最大の成長で，従業員は2万2000人増えて，2007年末には約7万4000人となったのです。

るITサービスを媒介にした寡占的な結合関係，新しい寡占的構造が形成されていた。これは，グローバル企業とIT企業との新たなITサービス・ネットワークという結合関係であった。また，このグローバル企業のITサービス・ネットワークにインドなどの新興工業国のITサービス企業が台頭している。21世紀になってグローバリゼーションとIT革命が進展するなか，少数の大企業による新しいタイプの寡占的構造が出現している。グローバル企業の世界は

フラットではない。

　しかしながら，インドなどの新興経済国のITサービス企業は，欧米系ITサービス企業とグローバルな競争関係にあり国際競争力を強めてきたが，現段階では，欧米系グローバル企業の高付加価値のITサービス分野でキャッチ・アップできておらず，彼らのITサービス・ネットワークのもとで競争を挑み，協力する関係にあるのである。

推薦図書

トーマス・フリードマン（2008）『フラット化する世界［増補改訂版］（上・下）』日本経済新聞出版社
　　インド，中国など新興経済国のIT産業の著しい発展が，先進国の人々の働き方，生活スタイル，ビジネス・モデルを大きく変える，という。

A. サクセニアン（2008）『最新・経済地理学——グローバル経済と地域の優位性』日経BP社
　　アメリカへの留学生やビジネス経験をもつIT人材が，その後，母国に帰国し，IT産業の発展に貢献した，という。ただ，この翻訳書には，誤訳が目立つ。

ジェトロ（2008）『インドオフショアリング——拡がる米国との協業』ジェトロ
　　アメリカ企業の対インドオフショアリングの実態分析，日本企業のオフショアリング活用の現状と課題が明らかにされている。

設問

1. ITサービス・ネットワークとはどのようなものでしょうか。
2. グローバル企業と台頭するインド系企業との関係はどのようなものでしょうか。

（夏目啓二）

第2章
独英情報通信産業のグローバルな活動展開

今日,世界的に通信分野と情報処理分野が融合し,高度情報通信ネットワークが形成されてきていますが,この高度情報通信ネットワークに携わる情報通信産業には,通信産業と情報通信機器産業,ソフトウェア・サービス産業,放送産業が含まれます。この情報通信産業は世界各国において,今日大きな発展をみせており,当該産業に属する個々の企業はグローバルな事業展開をみせています。この情報通信産業のグローバル性の中で,何か課題は生じないでしょうか。

1 独英情報通信産業のグローバル性

ヨーロッパでは,情報通信産業に関して,1980年代以降,日米に対する競争力向上のための主要な柱として,ESPRIT以降のヨーロッパの情報処理・通信技術開発計画が打ち立てられた。その中で独英両国の通信機器企業は様々な技術開発を行ってきた(電通総研編〔1993〕『EC統合とニューヨーロッパ』岩波書店)。

そしてさらに情報通信産業全体の発展的展開の条件整備として,ヨーロッパ各国での国営通信事業者の民営化と通信事業での自由化の動きが生じてくるのである(European Commission〔1995〕*PANORAMA of EU INDUSTRY 95-96*, European Commission)。つまり,EU域内市場の統合がなされる中で,通信事業の自由化によって,ヨーロッパの情報通信産業の競争力が向上し,グローバルな活動展開をすることが意図されたのである。

また,近年特定分野における関連産業,行政機関,大学などの関連機関等が地理的に集中し,競争・協調して地域全体の競争力を高めようとする**産業クラスター**が世界各国で形成されてきている。この産業クラスターは独英両国にも

みられる。これらの中で，情報通信分野は両国の産業クラスター構想においても主要なテーマになっている（齋藤敦〔2008〕「独英産業クラスターの展開と情報通信産業」『徳島文理大学紀要』第75号）。そして，この中で情報通信産業のグローバルな展開が生み出されてもいる。

そこで，本章では今日の情報通信産業が，独英産業クラスターとの関わりの中で，どのようなグローバルな発展（成果）をみせるのか，およびその発展の裏でどのような問題が生じているのかについて，イギリスのニート問題と関わらせながら検討する。

2　独英通信機器産業の状況と政策展開

［1］　ヨーロッパの情報処理・通信技術開発計画と自由化政策

ヨーロッパでは情報処理・通信技術開発計画として，これまでLSIやコンピュータに関するESPRIT，セラミックなどの素材に関するBRITE，情報処理など様々な分野に関するEUREKA，通信に関するRACEといった諸計画が打ち立てられた（科学技術庁編〔1994〕『科学技術白書　平成6年版』）。これら諸計画の特徴として，ヨーロッパではまず1980年代にLSIやコンピュータそのもののような情報処理分野に関する技術開発計画が立案され，その後高度情報通信ネットワークの時代に入っていく中で，1990年代に通信技術開発計画へと重点が移っていくのである。このとき，多くの計画で経費がヨーロッパ共同体（EC），ヨーロッパ連合（EU）と計画参加企業（域外企業も含まれる）の折半で出費されていて（Commission of the European Communities〔1986〕*Nineteenth General Report on the Activities of the European Communities 1985*, Commission of the European Communities 1986），EC，EUと企業とが協調体制をとっていた。

そのような情報処理・通信技術開発計画と平行して，ヨーロッパでは当該産業全体の発展的展開の条件整備として，ヨーロッパ各国での国営通信事業者の

産業クラスター：産業クラスターとは地域の企業が，大学，研究機関等のシーズを活用して，イノベーションが次々と創出されるような環境を整備することで，競争優位をもつ産業が核となって産業集積が進んでいる地域をいう。

民営化と通信事業での自由化の動きが生じてくるのである。まず1985年にEC委員会は『域内市場統合白書』で**単一ヨーロッパ市場の創設**を打ち出す。その後1993年にEC委員会はヨーロッパ各国における国内・国際の電話サービスの1998年までの自由化を決定したのであるが(European Commission〔1995〕*PANORAMA of EU INDUSTRY 95-96*, European Commission)、このような流れの中で、ドイツでは1995年にドイツ・テレコムが民営化されたのである(在日ドイツ商工会議所〔1996〕『ドイチャーマルクト』11月号、在日ドイツ商工会議所。英国の国営通信事業者であるブリティッシュ・テレコム〔BT〕の民営化〔1984年〕はこの流れとは関係ない。Marcells S. Snow〔1986〕*TELECOMMUNICATIONS REGULATION AND DEREGULATION IN INDUSTRIALISED DEMOCRACIES*, NORTH-HOLLAND)。

2 独英通信機器産業の状況

ドイツの通信機器産業では、1980年代まで通信機器だけではなく情報システムをも手がけるジーメンスやデジタル・テレビ・システムを通じてホーム・エレクトロニクス事業をも展開しているスタンダード・エレクトリック・ロレンツ(SEL)、移動通信部門を中心としていたボッシュ・テレコム、テカデ、ドイチェ・テレフォン・ウント・カーベルヴェルゲ、テレノルマ、バックナング・アルゲマイネ・ナーハリヒテンテヒニーク、AEGテレフンケンなどが事業活動を行ってきた。他方イギリスの当該産業では、1980年代まで通信機器に加えて電子オフィス機器をも手がけるGEC、デジタル交換機や無線中継システムを中心とするプレッシー、海底ケーブル海上無線などを提供するスタンダード・テレフォン・アンド・ケーブル、交換機を中心事業とするトルン・EMIなどが事業活動を行ってきている(Eli Noam〔1992〕*Telecommunications in Europe*, Oxford University Press)。

情報処理・通信技術開発計画にアメリカ企業などの域外企業とともに参加し

単一ヨーロッパ市場の創設：ヨーロッパは、1992年末までに、人、モノ、資本、サービスの自由移動を中心とする単一市場を形成するため、経済活動円滑化の観点から域内の様々な障壁撤廃・軽減、域内調和を進めている。

表2-1 独英通信機器貿易収支の年次別推移

(単位:百万米ドル)

	1989	1990	1991	1992	1993	1994	1995	1996	1997	1998	1999	2000	2001	2002	2003	2004
ドイツ	-	-	1,022	1,047	996	1,839	2,515	3,387	4,437	3,205	4,120	3,920	3,200	4,046	4,090	4,040
イギリス	999	-192	145	-130	-282	243	549	157	-29	2,671	1,035	1,190	5,091	7,277	1,167	-4,642

(出所) ITU, Yearbook of Statistics Telecommunication Services Chronological Time Series, ITU,各年版より作成。

てきた独英両国の通信機器企業にとって,このような国内の国営通信事業者の民営化とEU域内市場の統合は彼らの事業活動に影響を与えることになる。このとき,ドイツにはジーメンス (3位),ボッシュ・テレコム (7位) といった世界の通信機器メーカーの上位15位 (1990/1991年) まで入る企業が存在していたこともあり (OECD〔1993〕『1993年OECD通信白書』電気通信協会),表2-1にみられるように,特にドイツの通信機器企業の方が1991年以降ずっと国外への通信機器輸出を大きく超過させることができているのである。

ドイツでは1990年に旧東ドイツと旧西ドイツの国家統合が行われるが,双方の経済力を比較すると,旧西ドイツの方が旧東ドイツを上回っていた。このことから,統合後のドイツ全体の経済は旧西ドイツ時代より停滞することとなり,したがって,失業率を高い水準に押しとどめられ,1995年以降はイギリスよりも高い状況が維持されるのである (U.S. Department of Labor Bureau of Labor Statistics〔2007〕*Comparative Civilian Labor Force Statistics, Ten Countries, 1960-2006*, U.S. Department of Labor Bureau of Labor Statistics)。そのことから,ドイツの経済発展は国内総生産 (GDP) の成長率でみると,1990年代以降低迷することとなり,1993年以降はイギリスよりもその値は低くなっている (内閣府政策統括官室編〔2007〕『世界経済の潮流〈2007年春〉』)。

一方,イギリス経済の衰退は主に,第一次石油ショック後の1975年から1979年の労働党政権によるものだった。当時の不況とインフレが同時に進行するスタグフレーションを克服するために,労働党政府は労働組合の連合体であるTUC (労働組合会議) と社会契約を結んだ。これは政府が国有企業の労働者の雇用を守るかわりに,労働組合は賃上げの抑制に協力するというような内容だった。また同時に労働組合は頻繁にストを行い,製品の生産をストップさせ

表 2-2　アメリカ特許局から独英電子機器・部品産業に付与された特許件数の年次推移

	1980	1981	1982	1983	1984	1985	1986	1987	1988	1989	1990	1991	1992	1993	1994	1995	1996
ドイツ	377	465	442	403	425	574	503	696	736	803	624	684	565	551	604	608	634
イギリス	236	250	239	193	197	268	322	397	358	465	383	407	328	296	320	394	408

（出所）　OECD（1999）『OECD通信白書1999』国際通信経済研究所。

たことから，イギリス経済は大きく停滞してしまうのである。

　その後イギリスでは，サッチャー，メージャーの保守党政権によって**新自由主義政策**がとられ，上述のような通信を含む諸分野の民営化が実施されて，次第に経済状況は改善されていくが，反面経済格差は大きくなっていた。続いてブレア労働党政権が誕生すると，市場の効率性を重視しつつも国家の補完による公正の確保を指向するという「第三の道」と呼ばれる**社会民主主義路線**が掲げられる（A. カリニコス／中谷義和監訳，吉野浩司・柚木寛幸訳〔2003〕『第三の道を越えて』日本経済評論社）。その流れの中で，イギリスは失業率を低下させていき，1995年以降ドイツを下回る水準が維持されている。また，経済成長についてもイギリスは1993年以降ずっとドイツを上回っているのである。

　しかし前掲表2-1にみられるように，2001，2002年を除いて2004年まで，ドイツの通信機器貿易はイギリスを大きく上回る黒字を出している。そのような両国の当該産業での差が生じてしまうのは，**表2-2**にみられるように，ドイツの通信機器産業の方がイギリスの当該産業よりも通信分野の先進国アメリカにおいて1980，1990年代を通して多くの特許を取得しており，それだけドイツの通信機器産業の技術力が高かったからといえるだろう。つまり，ドイツにおける旧東ドイツ経済統合後の経済停滞や，イギリスにおける保守党政権の新自由主義経済政策，ブレア政権の社会民主主義路線での経済の好転があったにもかかわらず，ドイツの通信機器産業の方がイギリスの当該産業よりも1980

新自由主義政策：市場原理主義の経済思想に基づく，均衡財政・福祉および公共サービスの縮小・公営企業民営化・経済の対外開放・規制緩和による競争促進・情報公開・労働者保護廃止などをパッケージとした経済政策の体系のことである。

社会民主主義路線：市場経済を認め，議会政治を通した変革をめざし，自由や人権の遵守，友愛，連帯，政治・経済・社会的公正や平等をともに希求する思想であり，経済政策では，市場経済と政府の介入による経済政策を重視する点に特徴がある。

年代以降も競争力をもちえたのである。

3 独英両国における技術開発の展開と通信インフラの整備

　ドイツ（旧西ドイツ）では，1967年から3次にわたって情報処理技術の振興策がとられ，さらに1984年からは通信技術を含む情報技術開発計画が実施されて，高度情報通信ネットワーク構築が図られた（Stefan Weyhenmeyer〔1994〕*Integrierte Unternehmensstrukturen in der Telekommunikation und Staatliche Industriepolitik*, Nomos）。またこの時期ドイツの高度情報通信ネットワーク構築の実験としてなされたBIGFONやBERKOMなどのプロジェクトでは（Raymund Werle〔1990〕*Telekommunikation in der Bundesrepublik*, Campus），ユーザーに対して，2つのデジタル電話回線や，データ・文字サービス，24のステレオ音楽チャンネル，および映像電話サービスなどの実験がなされた（Vgl. H. Berger & E. Meinel (Hrsg.)〔1986〕*Der Ausbau der Fernmeldenetze aus der Sicht der Industrie*, R. v. Decker's Verlag G. Schenck）。すなわち，ドイツの通信機器産業はジーメンスなどの有力な総合電機企業を含んでおり，その技術力は他のヨーロッパ企業に引けを取らず，アナログ式の技術だけではなく高度情報通信ネットワークで必要とされるデジタル式の技術にも対応しうる技術的基盤をもっていた。したがって，ドイツでは，1980年代，世界的な流れであったコンピュータ関連の情報処理技術だけではなく，通信技術の振興策もとりえたのである（齋藤敦〔1998〕「ヨーロッパのエレクトロニクス・通信政策と電機産業」同志社大学大学院『商学論集』第33巻第1号）。またドイツではドイツ・テレコムの民営化が1995年に行われることからもわかるように，1980年代から1990年代前半までドイツの通信機器企業は余裕をもって技術開発に邁進できた。したがって，ドイツ通信機器企業の代表格ジーメンスは，ニクスドルフなど様々な域内外の企業を買収するなどのグローバルな事業活動を展開しえた。

　他方イギリスでは，上述のような国内の通信機器産業の状況から，国家レベルでは，次のような産業振興策がとられた。すなわち，情報処理技術開発の最も重要なプロジェクトとして1983年にAlvey計画（マイクロエレクトロニクスと第五世代コンピュータの開発計画で，費用負担は政府と参加企業の折半）が打ち

立てられたが（日本情報処理開発協会編〔1988〕『情報化白書　1988』コンピュータ・エージ社），1980年代においてドイツほど本格的な通信技術開発は積極的に推進されなかったのである（ヨーロッパレベルで通信技術開発が行われるのは上述のように1990年代に入ってからである）。他方イギリスではブリティッシュ・テレコム（BT）が民営化されるのは1984年であったので，1980年代においてイギリスの通信機器企業は，技術開発よりは民営化後に激化する競争への対応に専念しなければならなかった。したがって，イギリス通信機器企業の代表企業であるジェネラル・エレクトリック・カンパニー（GEC）は，レルテックなどの域内企業を買収したり，エリクソンに買収されるなどのグローバル競争の荒波の中でもがくことになる。

　これら独英両国の状況から，ドイツではもともと国内の通信機器産業の技術力・競争力が強く，ドイツ国内の通信インフラの整備は，1980年代以降すでにBTが民営化（1984年）されていたイギリスと遜色ない水準に達していたのである（齋藤敦〔2001〕「独英欧州通信事業者の事業展開と通信機器産業」情報通信総合研究所編『InfoCom REVIEW』第24号，情報通信総合研究所）。したがって，このことからドイツの主要通信事業者ドイツ・テレコムにとっては，民営化後の国内（旧西ドイツ地域）通信インフラの整備は，イギリスの主要通信事業者BTと比べて，相対的に早急の課題とはなりえず，通信新興地域の東ヨーロッパ中心にネットワークを拡大するグローバル戦略をとりえた。一方，BTはアメリカ中心にネットワークを拡大させるというグローバル戦略には制限が付されることになった。

3　独英両国の高度情報通信ネットワークの展開とその利用

　今日高度情報通信ネットワークが全世界的に構築・展開されてきているが，その基礎を築くこととなったのは**インターネット**である。このインターネット

インターネット：インターネットプロトコル技術を利用して相互接続されたコンピュータ・ネットワークで，インターネット上においては特定の集中した責任主体は存在せず，接続している組織が各ネットワークを管理することになっている。

の基となったのは，1993年にアメリカ副大統領アルバート・ゴア・Jr.が打ち出した**情報スーパーハイウェイ構想**である。これは，パーソナル・コンピュータというインテリジェントなデジタル端末を前提として，分散型のオープンでフラットなデジタル・ネットワークを構築することで，中央への機能集中の流れを解き，情報の流通を自由に行わせる構想であった（アルバート・ゴア・Jr.,他／浜野保樹監修，門馬淳子訳〔1994〕『情報スーパーハイウェイ』電通）。この情報スーパーハイウェイ構想に基づいて，官公庁，大学に設置されているコンピュータが結合されるネットワークが形成される。さらに1995年の**ウィンドウズ95**の発売などによって，素人でも扱えるネットワーク・システムが各家庭に普及し，上述のネットワークは家庭のコンピュータとも接続される一大情報ネットワークへと発展する。そしてその情報ネットワークは今日全世界的に展開されてきている。

　このインターネットが独英両国においてこれまでいかに普及してきたかについては，インターネット加入者総数でみれば，ドイツの方が1999年から2003年まで高い形になっているが，人口100人あたりの加入者数割合（インターネット普及率）ではイギリスの方がドイツを上回る水準となっている（OECD〔2006〕『OECD通信白書2005』国際通信経済研究所）。このようにインターネットの普及率に関してイギリスが高くなる理由としては，次のことが考えられる。つまり，イギリスでは独占的通信事業者であるBTがアメリカの企業と企業関係を構築することで，同国で誕生したインターネットを含む進んだ通信技術を取り入れた結果，イギリスでインターネットが普及したといえるだろう（齋藤敦〔2001〕）。

　従来の銅線による電話回線（**ナローバンド**）ではインターネットには容量と通信速度に限界があったが，その後容量を拡大し通信速度も高速化することが

情報スーパーハイウェイ構想：アメリカのすべてのコンピュータを光ケーブルなどによる高速通信回線で結ぶという構想である。かつて全米に張り巡らされた高速道路網が物流革命をもたらしたことにあやかって，高速の通信回線の結合による情報通信革命を起こそうという考え方である。

ウィンドウズ95：マイクロソフトが1995年に出したオペレーティング・システムで，タスクバーやスタートメニュー等に対して，マウスのクリックによって処理ができるようにするグラフィカル・ユーザ・インタフェースが改善され，またネットワーク機能の充実が図られている。

可能な**ブロードバンド**技術が発展する。そのブロードバンド技術として今日展開されているのが，光ファイバーを各家庭の隅々まで張りめぐらそうとするファイバー・トゥー・ザ・ホーム（FTTH），上りと下りの通信速度を非対称にして高速化を実現したADSL，およびCATV網を用いてのインターネット通信である。これらのブロードバンド技術は，特に2001年前後に世界的に大きな発展をみせる（総務省編〔2001〕『平成13年版　情報通信白書』ぎょうせい）。

　上述のインターネット普及率はイギリスの方がドイツの水準を上回っていたのに対し，ブロードバンド技術の普及は2004年6月までドイツの方が上回っている（OECD〔2006〕『OECD通信白書2005』国際通信経済研究所；総務省統計研修所編〔2007〕『世界の統計2007』総務省統計局）。このようなブロードバンド技術でのドイツの逆転が起こった理由として，ドイツはイギリスに比べて通信機器産業の技術力，競争力が強かったために，1980年代以降の情報処理・通信技術開発計画の中でも将来どのような高度情報通信ネットワークを構築すべきかについての方向性がより明確に理解され，したがってドイツの通信機器産業等はブロードバンドへの技術的対応を早く行うことができたのではないだろうか。

　以上のようなインターネットの発展，およびブロードバンド技術の展開の中で，今日世界的にインターネットを利用した商取引（**電子商取引**）が盛んに行われるようになってきている。電子商取引について，企業同士の取引を企業対企業間取引（Business to Business：B to B），企業と消費者の取引を企業対消費者間取引（Business to Consumer：B to C）と呼び，電子商取引はおおむねB to BとB to Cとに分けられる。

　そこで，独英両国における電子商取引全体の市場規模の年次推移を，**表2－**

ナローバンド：周波数帯域が狭い通信のことで，通信速度は遅くなる。基本的に，従来の銅の通信回線を用いている。また送受信することができるのは，データや静止画が主である。
ブロードバンド：従来の通信よりも広い帯域を用いることで，通信速度は早くなる。このとき従来のような銅の回線ではなく，ADSLや光ファイバー，CATVの同軸ケーブルを用いることで，動画像のような大容量のデータを短時間に送受信可能になった。
電子商取引：インターネットや専用線のようなコンピュータ・ネットワーク上での電子的な情報交換によって，商品やサービスを分配したり，売買することである。

第2章　独英情報通信産業のグローバルな活動展開

表2-3　独英両国の電子商取引の規模の年次推移

(単位：10億ユーロ)

	2001	2002	2003	2004	2005	2006
ドイツの 電子商取引総計	45.0	87.8	138.1	202.6	320	438.7
B to B (全体に占める割合)	39.7 (88.3%)	78.3 (89.2%)	122.7 (88.8%)	180.3 (89.0%)	289 (90.0%)	391.9 (89.5%)
B to C (全体に占める割合)	5.3 (11.7%)	9.5 (10.8%)	15.4 (11.2%)	22.3 (11.0%)	32 (10.0%)	46.0 (10.5%)
イギリスの 電子商取引総計	38.3	58.5	84.9	120.3	188	257.3
B to B (全体に占める割合)	32.4 (84.5%)	48.8 (83.4%)	68.0 (80.2%)	97.7 (81.2%)	159 (84.6%)	217.7 (84.6%)
B to C (全体に占める割合)	5.9 (15.5%)	9.7 (16.6%)	16.8 (19.8%)	22.6 (18.8%)	29 (15.4%)	39.5 (15.4%)

（出所）　European Economic Interest Grouping, *European Information Technology Observatory 2002*, European Economic Interest Grouping, 各年版より作成。

3でみることにする。この表から，2002年から2005年まで一貫してドイツの電子商取引の規模がイギリスのそれを上回っていることがわかる。インターネットの普及が早かったイギリスよりも，このようにドイツで電子商取引の規模が大きくなっている理由として，そもそも電子商取引において規模が大きいB to Bの取引の割合が相対的に高いのがドイツであり，したがってドイツの方が電子商取引の規模が大きくなると考えられる（The Standards〔2000〕*The NET World in Numbers*, The Standard）。事実，ドイツ政府は「Info 2000」アクションプランの中で，ドイツ企業の競争力，新製品およびサービスの開発，新しい市場の開拓など経済発展の活性化を図ることを目標としている（日本情報処理開発協会電子商取引推進センター編〔2003〕『海外におけるEC推進状況調査報告書2002』日本情報処理開発協会）。したがって，ドイツにおいては，B to Bに牽引されて電子商取引の規模がイギリス以上に大きなものとなったといえるだろう。

4 独英両国におけるソフトウェア・サービス産業の展開

　今日コンピュータによる情報処理と通信の融合によって，企業活動に関する全社的な情報管理が可能になってきている。また上述のように原材料供給業者・生産者・流通業者・消費者間で電子商取引が行われ，これらの企業を結ぶ**サプライ・チェーン**のような企業間関係が形成されて，各社の情報管理が結合されたりもしている。

　このとき，各企業やサプライ・チェーン全体の情報管理のために，**パッケージ・ソフト**や**アプリケーション・ソフト**を組み立てていくソフトウェア事業と，情報通信上でのコンサルティングや情報通信技術教育，金融等の事業支援等を行う情報サービス事業があり（European Economic Interest Grouping〔2007〕*European Information Technology Observatory 2007*, European Economic Interest Grouping），これらがソフトウェア・サービス産業の主要な領域となっている。

　このとき，ドイツは東ヨーロッパの自由主義経済化の流れの中で，チェコ，ハンガリー，ポーランドといった中東ヨーロッパの国々に対して主要な直接投資国となってきており，企業の当該地域への進出も多くみられるが，これらの企業への通信サービスの提供という観点でドイツ・テレコムの東ヨーロッパを中心としたヨーロッパへのネットワーク拡大戦略がとられた。つまり，ドイツ企業は東ドイツを中心としたヨーロッパへの事業活動領域を拡大し，その領域内に情報管理をするための企業内，企業間通信ネットワークを形成するようになるのである。当該地域とドイツの間には言語や法律等の面で相違があるが，

サプライ・チェーン：物流システムをある1つの企業の内部に限定することなく，複数の企業間で統合的な物流システムを構築し，経営の成果を高めるためのマネジメントのことである。→第9章208頁「SCM」も参照

パッケージ・ソフト：企業における様々な経営資源の流れ・使われ方を監視し，経営資源を効率よく運用するために，企業経営の視点に立って考えられた，経営管理のためのコンピュータシステムのことで，既製のソフトである。

アプリケーション・ソフト：ユーザーがコンピュータ上で実行したいタスクを実施する機能を直接的に有するソフトウェアで，顧客の必要な機能を反映させるために，オーダーメイドで作られるソフトウェアである。

第2章 独英情報通信産業のグローバルな活動展開

表 2-4　独英情報サービス産業市場の売上高の年次推移

(単位：1999年まで百万 ECU，2000年以降百万ユーロ)

	1992	1993	1994	1995	1996	1997	1998	1999	2000	2001	2002	2003	2004	2005
ドイツ市場全体	12,000	16,200	14,000	17,500		23,100	23,904	26,777	39,235	41,250	40,312	40,281	41,041	42,904
ソフトウェア開発							11,506	12,944	14,443	15,217	15,099	15,061	15,397	16,087
ITサービス							12,398	13,833	24,792	26,033	25,213	25,220	25,644	26,817
イギリス市場全体	8,000	11,200	10,000	12,600		15,800	22,054	25,511	38,407	41,320	41,904	42,749	40,905	43,994
ソフトウェア開発							8,347	9,784	13,513	13,744	13,811	14,269	13,597	14,657
ITサービス							13,707	15,727	24,894	27,576	28,093	28,480	27,308	29,337

(出所)　通商産業省機械情報産業局監修，情報サービス産業協会編『情報サービス産業白書 1994』コンピュータ・エージ社，各年版；European Economic Interest Grouping, *European Information Technology Observatory*, European Economic Interest Grouping, 各年版より作成。

　その相違に対応する形で，情報管理のためのパッケージ・ソフトが必要とされた。そのことから表 2-4 にみられるようにソフトウェア・サービス産業において特にパッケージ・ソフトを開発する SAP などの企業を含むソフトウェア事業の成長がイギリスに比べて相対的に高くなるのである（齋藤敦〔2002〕「独英通信クラスターの発展過程」情報通信総合研究所編『InfoCom REVIEW』第 28 号，情報通信総合研究所)。このソフトウェア事業に牽引される形でドイツではソフトウェア・サービス産業の売上高は 2000 年まではイギリスを上回る。

　一方イギリスでは，もともとイギリス企業はヨーロッパよりもアメリカを指向しており，また国内の通信機器産業の技術力，競争力の弱さから，BT もアメリカを指向し，ネットワークの技術水準を高め，利用者の利便性を上げなければならなかった。したがって企業内，企業間情報ネットワークの構築と情報管理の必要性が高まる中で，強力なアメリカのソフトウェア・サービス企業と太刀打ちできるほどの有力な企業がイギリス国内に育ちえない状況となってしまう。よって前掲表 2-4 にみられるようにドイツほどソフトウェア開発分野は発展しえず，2000 年まではソフトウェア・サービス産業全体の規模もドイツより小さかった。

このような独英ソフトウェア・サービス産業の流れの中で，両国では情報通信分野が産業クラスターの主要なテーマとなっている。ドイツにおいて，ベルリンではマルチメディアや電子商取引のハード・ソフトウェアが，ドレスデンでは電子機器が，ノルトライン・ヴェストファーレン州地域では情報通信・電子機器やソフトウェアが開発されている。他方イギリスでは，スコットランドではコンピュータ・通信機器などのハードウェアが，マンチェスターでは情報サービスなどが，オックスフォードでは電子機器のハードウェアとソフトウェアが，ケンブリッジでは情報サービスなどが開発されている（齋藤敦〔2008〕「独英産業クラスターの展開と情報通信産業」『徳島文理大学紀要』第75号）。これらの産業クラスターの状況をみればわかる通り，特にロンドンのような金融街を有するイギリスではコンサルティング，業務支援など情報サービスの開発が盛んに行われているのである。

　イギリスにおいてこのような情報サービスの開発が特に盛んに行われ，かつ同国での新自由主義経済政策と社会民主主義路線の効果によって，イギリス経済が成長したことから，企業の情報サービス需要が高まった。他方ドイツでは企業へのパッケージ・ソフトの普及が進展しており，さらには経済が停滞する中で，企業の情報サービスに対する需要は低迷していた。以上のような両国の状況があったことから，表2-4にあるように，2001年以降，イギリスの情報サービス事業の規模はドイツ以上になってきたと考えられる。

5　独英情報通信産業のグローバルな展開と課題

　このような独英両国における産業クラスターにおいて，情報通信は主要なテーマとなり，特にドイツではソフトウェア事業の発展が促進され（ドイツ情報通信クラスターの成果），一方，イギリスでは情報サービス事業の発展がみられるのである（イギリス情報通信クラスターの成果）。

　このイギリス情報通信クラスターの成果である情報サービス事業の発展は，情報通信クラスターにイギリス国外企業の参加が促され，またイギリスの情報サービス市場にも外資が参入したことによってもたらされた面が大きいと考え

第2章　独英情報通信産業のグローバルな活動展開

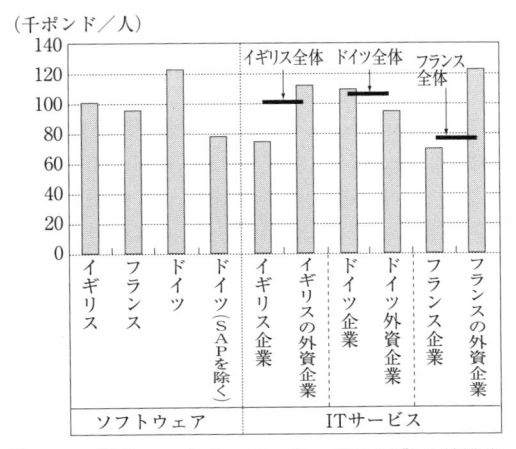

図2-1　独英ソフトウェア・サービス産業の労働生産性

（出所）情報サービス産業協会編（2006）『情報サービス産業白書　2006』コンピュータ・エージ社。

られる。事実，**図2-1**にみられるように，イギリスのソフトウェア・サービス産業の**労働生産性**はドイツのそれをわずかに下回る程度であるが，そのような水準にまでイギリスの当該産業の労働生産性を押し上げるのは，外資企業であることがわかる。他方，ドイツのソフトウェア・サービス産業の労働生産性の水準を押し上げるのはドイツ国内企業である。

このとき，ロンドンなどのようなヨーロッパにおける一大金融，ビジネス都市があるからこそ，イギリスにおいて情報サービス事業が発展し，外資が当該事業に流入してくるのである。もしグローバルな経済変化の中でイギリスのロンドン等が経済力を失い，他国に経済力を獲得する都市が出現すれば，その国の情報サービス事業が発展する可能性が高まり，イギリスに流入している情報サービス企業はそちらに移動してしまって，イギリスの当該事業の地位は失われてしまうこともありえるだろう。すなわち，外資頼みの情報通信産業の発展

労働生産性：生産活動に対する生産要素としての労働力の寄与度のことである。生産性は，より少ない労力という投入物（インプット）でより多くの価値を生み出させているかどうかをみる際に用いられている。

> > Column < <

「第三の道」

　資本主義が生命力をもつのは，主として資本主義が欲望を解放し，それに対応して人々の生活が物質的に豊かになったからだといわれます。事実，資本主義の浸透によって，あらゆる価値が貨幣額によって評価されるようになってきました。

　今日も資本主義は継続され，その中で活動する諸企業は，貨幣価値の獲得を求めて，その事業活動をグローバルに展開するようなものもみられます。特にグローバルな資本主義体制の確立によって，モノやカネ，ヒトが国境を越えて移動するようになり，その移動は急速に地理的な範囲を広げてきました。そしてこの動きは，近年の情報通信分野の発展の中で，様々な種類のモノ，カネ，ヒトの移動が生じるなど質的な変化をみせたり，頻繁に移動がなされるようになってきています。

　しかし，このような資本主義体制の世界的な確立は，世界中の人々の欲望を解放し，彼らの生活を物質的に豊かにして，みんなが幸福な結果になるものでしょうか。たしかに，生活が思い通りに物質的に豊かになる人はいるでしょう。しかし，全員がそうであるとは限りません。この生活を豊かにできていない貧困者層は，世界銀行の調査では，グローバル化が実現している国では1970年代以降，今日まで多くなってきているとの報告もあります。実際，イギリスでは，1980年代以降のサッチャー，メージャー政権の自由主義経済路線で貧困層の割合は14％から25％まで増加しています。しかし，ブレア政権になって，25％から20％にまで減ってきているのです。このブレア政権が採用した政策的なやり方は「第三の道」と呼ばれていて，現在のブラウン首相もこの路線を踏襲しています。

は，経済環境の変化によって失われやすいという問題点が含まれているのである。また，外国資本による国内経済の活性化の動きは，国内産業に対して配慮しなければ，国内産業の労働生産性を押し上げることにはならず，むしろその水準を低く押しとどめる結果にさえなりかねないきらいがあると考えられる。すなわち，グローバルな資本主義体制の中で，企業活動が国際的な展開をみせ，国家も他国の資本の力を借りて国内経済の発展をめざすような形がとられた場合，国内産業に対して無策であれば，グローバル資本主義の課題として取り上げられる賃金格差などの問題は解決しないといえるだろう。

第2章　独英情報通信産業のグローバルな活動展開

【推薦図書】

石見徹（2007）『グローバル資本主義を考える』ミネルヴァ書房
　グローバルな資本主義の営みの中で，所得格差や，金融危機，地球環境など諸問題について述べられています。

NHKスペシャル「ワーキングプア」取材班編（2008）『ワーキングプア解決への道』ポプラ社
　ワーキングプアのイギリスにおける現状として，リバプールでの状況が紹介されています。

門倉貴史（2008）『ワーキングプアは自己責任か』大和書房
　規制緩和や民営化の推進によって企業間の競争が激しくなる中で，所得格差が広がりますが，これに対する各国の取り組みを紹介しています。

【設問】

1．イギリスのサッカー・リーグのチームの中には，チェルシーやマンチェスター・シティなどイギリス以外の国の資本に買収されているものもあります。このような外国資本による国内組織の買収の良い点と悪い点としてどのようなことが考えられるでしょうか。
2．自由主義的経済体制の大きな陰として，ワーキングプアなどが生み出されるような賃金格差の問題が挙げられています。このような状況を改善させるための手だては考えられないでしょうか。

（齋藤　敦）

第3章

日本多国籍企業のアジア戦略
——アジアの三角貿易構造——

　現在の三角貿易は，生産，組立，消費の場所が異なる産業内分業，すなわち多国間の工程分業です。多国籍企業が海外直接投資（FDI）を通じてアジアへ進出し，その活動がこの分業を成立させ，現地の経済に多大な影響を及ぼしています。多国籍企業と地場企業の結びつきはどのようになっているのか。東アジアの貿易構造は今後どうなるのか。この章では，1970年代以降のアジアの国際分業に日本の多国籍企業がどのように関わっているのかを考察します。

1　東アジアにおける貿易と直接投資

　近年の日本，中国，アメリカの貿易収支についてみると，中国と日本の関係では中国の赤字（中国側のデータ），アメリカと中国ではアメリカの赤字，アメリカと日本ではアメリカの赤字であり，2007年においてもアメリカの日本に対する貿易収支は，828億ドルの赤字であり，中国に対する貿易収支は，2562億ドルの赤字である。2000年以降，アメリカの対日赤字は大きく変動していないが，対中赤字は2002年に1000億ドルを超えた後，年々拡大している（ジェトロ〔2008〕『ジェトロ貿易投資白書2008年版』ジェトロ，109頁）。

　2007年の世界の貿易額をみると，輸出額で中国がドイツに続き2位（1兆2180億ドル），日本が4位（9130億ドル），以下東アジア諸国は，韓国11位，香港13位，シンガポール14位，台湾16位，マレーシア19位と続く。また同年の輸入においても，上位20位以内の東アジア諸国は，中国が3位（9560億ドル），日本が4位（6210億ドル），以下香港12位，韓国13位，シンガポール15位，台湾17位である（日中経済協会〔2008〕『中国経済データハンドブック2008年度版』日中経済協会，104頁）。また世界貿易に占める東アジア（ASEAN 10カ国＋

日本，中国，韓国）の貿易額の割合の推移をみてみると，1995年には22.5%であったのが，2006年には27.5%にも上昇している（内閣府政策統括官室〔2008〕『世界経済の潮流2008年Ⅰ』日経印刷，179頁）。

そして東アジアの域内貿易の特徴は，まずそのシェアが1980年の35.7%から2005年には55.8%に増大し，その比率がEU（欧州連合）に近づいており，また中間財の取引比率が60%（2005年）と高く，各国が強みを有する部材に特化して国際分業が行われていることである。さらにその内訳は，域内輸入比率と域外輸出比率が高く，NAFTA（北米自由貿易協定）と逆の形となっている（経済産業省〔2007〕『通商白書2007』時事画報社，98-99頁）。

世界のFDIは，金額ベースで2004年の6398億ドルから上昇していて，2007年には2兆ドルに達した。また東アジアへのFDIは，2007年に2500億ドルを超える成長をみた。一方アジア最大の投資受入国である中国へのFDIは2007年には1384億ドルに達した。これは東アジアへのFDIの過半数を占めるものである（ジェトロ〔2008〕16頁）。他方ASEAN（東南アジア諸国連合）へのFDIは，1997年の**アジア通貨危機**以後に急激に減少した後，2003年から上昇し，2007年には1036億ドルになった。これは前年の2倍以上の規模である（経済産業省〔2008〕『通商白書2008』日経印刷，95頁）。

日本の東アジアへのFDIは，26.7億ドル（2000年）から143.9億ドル（2005年）に増加している。1995年以降の日本の製造業の海外現地法人は増加していて，その多くがアジアに向かっている（経済産業省〔2007〕96頁）。

2　日本企業の多国籍化と東アジア諸国の発展

1　NIEs，ASEANの発展

1980年代に日本企業は本格的に海外へ，特に欧米へFDIを介して進出していった。その直接的な契機となったのは為替相場における円高への急速な変動である。しかしアジアにおける日本企業の展開は，それ以前の1970年代に，

アジア通貨危機：1997年にタイの通貨バーツが売り圧力に耐えきれず，米ドルリンク制から変動相場制に移行した結果暴落し，続いてアジア諸国に波及して各国通貨が次々と大幅に下落したこと。

特にNIEs（新興工業経済群）において始まっていた（亀井正義〔2001〕『企業国際化の理論』中央経済社，50頁）。1970年代には，発展途上国が輸入代替，または輸出志向の経済政策を採用し，多国籍企業を誘致する政策を推進した。その中で欧米の巨大企業に比して国際競争力がまだ弱かった日本企業は，巨大な消費市場ではなく，小さくとも距離的に近い消費地と安価な労働力を求めてアジアに進出した。1970年代の世界的な不況の中で，アジア以外の新興工業諸国は経済的には失速したが，アジアNIEsは多国籍企業による資本とアメリカという市場を獲得し，経済発展を達成した。

具体的には，日本において中間財を生産し，それをNIEsに輸出し，NIEs諸国内に位置する多国籍企業の子会社，あるいは地場企業において製品を組み立てて，アメリカへ輸出するという構造である。これは典型的な迂回輸出であり，日本企業の海外戦略からいえば，迂回輸出型FDIを行い，アメリカとの**貿易摩擦**を緩和するものであった。

アジアにおける三角貿易は，アメリカと日本，および韓国，台湾などのアジアNIEsとの間の貿易を促進した（涂照彦〔1988〕『NICS』講談社現代新書，26-28頁）。1980年代前半には，アメリカ経済の日本への影響力はきわめて大きかったが，それがアジア各国へ波及する効果はそれほど大きくなかったと思われる。しかしその後，この三角貿易構造（図3-1）は，東アジア全体に波及していくことになった。

東アジアにおいてASEANが単一市場への動きを先行している。2000年以降，**東アジア共同体**に関する構想が各国で議論されたが，1990年当時にマレーシアのマハティール首相が東アジア経済圏（EAEG）構想を打ち出すなどASEANは地域統合や**自由貿易協定（FTA）** の議論を先行してきた。1988年の自動車部品共通補完協定（BBCスキーム）においては，日本の自動車メーカー

貿易摩擦：ある国が相手国に対して特定品目等の輸出超過を行い，その結果，貿易収支の極端な偏りから起きる政治的な問題のこと。

東アジア共同体：日本，中国，韓国とASEAN 10カ国で構成する東アジア地域で経済から地域協力まで含めた幅広い連携をめざす構想をいう。

自由貿易協定（FTA：free trade agreement）：特定の国や地域が相互に関税や商慣行の違いなどによる貿易障壁を撤廃する取り決め。

第3章 日本多国籍企業のアジア戦略

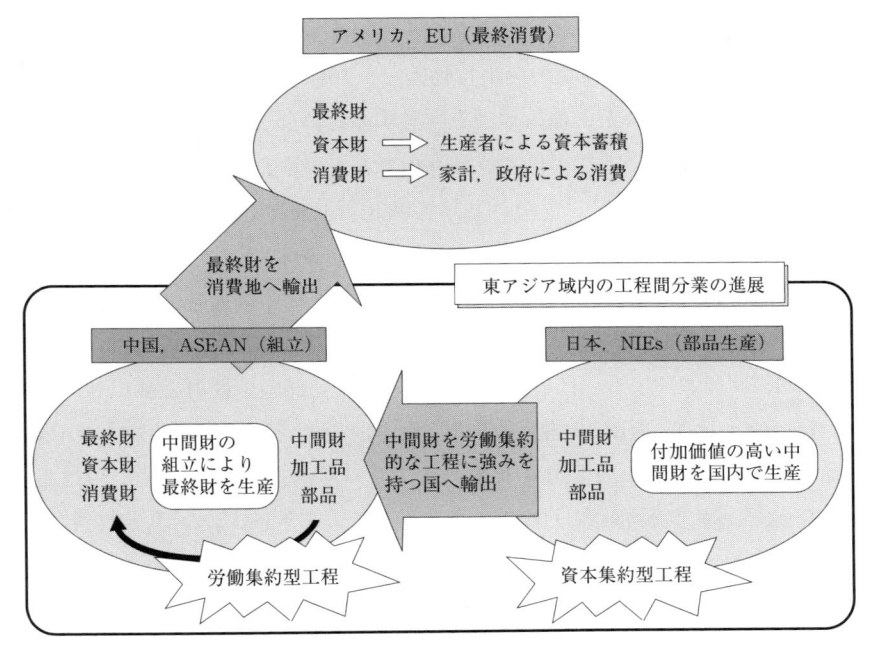

図3-1 三角貿易構造の概要

アメリカ，EU（最終消費）
- 最終財
- 資本財 ⇒ 生産者による資本蓄積
- 消費財 ⇒ 家計，政府による消費

最終財を消費地へ輸出

東アジア域内の工程間分業の進展

中国，ASEAN（組立）
- 最終財
- 資本財
- 消費財
- 中間財の組立により最終財を生産
- 中間財加工品部品

中間財を労働集約的な工程に強みを持つ国へ輸出

日本，NIEs（部品生産）
- 中間財加工品部品
- 付加価値の高い中間財を国内で生産

労働集約型工程　　資本集約型工程

（出所）　経済産業省（2005）『通商白書2005』ぎょうせい，167頁。

がその部品調達においてこの制度を利用するために，部品企業を伴ってASEANに進出し，地場企業と棲み分けを行うことにより，国際分業**ネットワーク**を構築した（加茂紀子子〔1995〕「日本企業のアジア進出の課題」丸山惠也・成田幸範編著『日本企業のアジア戦略』中央経済社，126頁）。

　近年，東アジア各国において2国間や地域間の自由貿易協定（FTA）や**経済連携協定（EPA）**の締結，あるいはその交渉が進められてきている。また貿易を拡大させたい中国が世界貿易機関（WTO）に加盟するなど東アジアにおける市場の統一化が進展している。ASEANは，域内の製造業の自由化を推進するASEAN産業協力（AICO）スキーム，さらには自由貿易地域（AFTA）を加速化

ネットワーク：命令や規則による階層的な関係に対して，各構成員が比較的水平的に結びつけられ，各々が自律性をもつ関係をいう。
経済連携協定（EPA：economic partnership agreement）：FTAの要素に市場制度や経済活動の一体化のための取り組みも含む対象分野の広い取り決め。

した。これにより東アジアは，さらに単一市場を見据えることになった。

ASEANや中国の投資環境の向上に加えて，1980年代後半にNIEsの一員である台湾は，アメリカとの輸入規制を回避するためにASEANを対アメリカ迂回輸出基地として，さらに中国に直接進出できないゆえに，中国市場を求めてASEANに迂回的に進出した（小川雄平〔1988〕「発展途上国をめぐる資本輸出」奥村茂次編著『現代世界経済と資本輸出』ミネルヴァ書房，194頁）。

1990年代以降になると，NIEs諸国は日本と同様に中間財を他の東アジア諸国に輸出し，そこで組み立てられた製品が欧米市場へ輸出されるようになった。またASEANにおいても中間財輸入が多い中で，一部の中間財が輸出され始めた。言い換えれば，NIEsの発展が発展途上国の指針となるとともに，NIEsから他の東アジア諸国へのFDIの開始は，東アジア各国をさらに結びつけることになった。特に台湾企業は国境を越えたサプライチェーンの担い手に特化した（United Nations Conference on Trade and Development Division on Transnational Corporation and Investment〔2006〕*World Investment Report 2006*, United Nations, p. 128）。その結果，東アジア域内において工程間分業構造，すなわち生産ネットワーク*ができあがっていったのである。

* 尹春志は，東アジアの生産ネットワークの特徴について，日本の多国籍企業による閉鎖的な調達・販売システムと日本，NIEs，ASEAN 4，中国という階層化をあげている（尹春志〔2003〕「東アジアの地域生産ネットワークの形成」座間紘一・藤原貞雄編著『東アジアの生産ネットワーク』ミネルヴァ書房，15-19頁）。

2 中国の発展

1990年代に入ると，中国の改革開放政策に伴った外資受け入れ政策がようやく先進諸国に受け入れられ，中国への多国籍企業の進出とそこで加工した製品の輸出が増大した（大橋英夫〔2006〕「迫られる外資依存経済からの脱却」日本経済研究センター・精華大学国情研究センター編『中国の経済構造改革』日本経済新聞社，205頁）。特に沿岸部に設置された輸出加工特区（EPZ）や自由貿易地帯（FTZ）へ進出した多国籍企業は，アジア域内から中間財を輸入するとともに，それを加工し，欧米などの先進国へ輸出した。

世界の中国へのFDIをみてみると，1990年代前半に急速に増え，1997年のアジア通貨危機前後で停滞したが，2000年以降にまた増加している。2007年の中国へのFDIの内訳は，香港39％，日本5％，韓国5％，シンガポール4％，台湾2％，EU 5％，アメリカ4％である。この特徴としてはアジアNIEsからのFDIが増加したことである。またケイマン諸島やバージン諸島などの**自由港**からのFDIが31％である（日中経済協会〔2008〕109頁）が，その多くが香港，シンガポール，台湾などの華人系企業の迂回投資と考えられている。

　日本の東アジアへのFDIは，1990年代まではASEANが多く，2000年代になって中国へとその中心を移していった。欧米の多国籍企業が1990年代に中国に進出していったことに比べると「遅れての進出」といえる（石川幸一〔2006〕「外国投資をめぐる競合」上田慧・夏目啓二・奥村皓一編著『テキスト多国籍企業論』ミネルヴァ書房，204-205頁）。その理由として，日本の多国籍企業は，すでにNIEsやASEAN諸国に生産ネットワークを構築していたことがあげられる。その後，安価な労働力の獲得を目的とした東アジアの生産ネットワークの再編，および巨大な消費市場を目的として中国への進出が本格化した。

　2005年から2007年にかけて，日本の対中国FDIの業種別内訳では，電機機械具と輸送機械具が多い。しかし2007年には金融・保険業の数値が最大で，全体として卸売・小売業も含めた非製造業の割合が増えている（日中経済協会〔2008〕120頁）。

　2007年の中国の日本に対する貿易収支は，中国側の発表データによると，輸出1021億ドル，輸入1340億ドルで，2002年以降では赤字が続いている。また対韓国では，輸出561億ドル，輸入1036億ドル，さらに対台湾では，輸出235億ドル，輸入1010億ドルで，赤字幅がきわめて大きくなっている。反対に対EUでは，輸出2452億ドル，輸入1110億ドル，対アメリカでは，輸出2327億ドル，輸入694億ドルで際だった黒字である。中国の輸出品目としては，機械・輸送設備の伸びが著しく，2005年以降全体でも一番大きな割合を占めている（日中経済協会〔2008〕103-105頁）。

自由港：港湾を関税行政外におき，外国船，外国貨物に自由に出入りさせ，中継貿易や委託販売の利益を収めようとする港のこと。

先進国の貿易額の多くを占めている多国籍企業の**企業内貿易**についてみてみると，永田雅啓によれば，アメリカの対中輸入1725億ドルのうち，中国の対アメリカ輸出に占めるアメリカ企業の中国子会社によるものは，82億ドル（4.8%）にすぎず，また中国に進出した日系企業の対北米輸出金額は11億ドルで，アメリカの対中輸入金額の0.6%にしかすぎなく，これらに中国に進出している台湾企業の比率を加えたとしても，中国の対アメリカ輸出の多くを担っているものに多国籍企業の企業内貿易は少ないという（永田雅啓〔2006〕「アメリカの企業内貿易（その2）」国際投資貿易研究所『国際貿易と投資』No.64，69-70頁）。さらに永田雅啓は，アメリカ多国籍企業の対アジア輸出の15%，輸入の12%がアジアの子会社によるもので，どちらも特に高い比率ではなく，アメリカ多国籍企業のアジア子会社からの逆輸入はそれほど大きくないという（永田〔2006〕61頁）。

　ところで中国の貿易に占める外資のシェアをみてみる（**表3－1**）と，2007年の輸出総額1万2180億ドルのうち，57.1%が外資系企業によるものである。その比率も2005年に58.3%を記録し，以後やや低下したものの依然として高い比率である。また外資系企業が従事する加工貿易では，原材料・部品・デザインや設備を外国企業が無償で中国企業に提供し，中国企業が製品に加工して外国企業に引き渡す（輸出），および中国企業が原材料を輸入し（有償），製品に加工して外国企業に輸出販売するような委託加工の割合は，50.7%であり（日中経済協会〔2008〕111頁），多国籍企業のアウトソーシングと現地の産業は密接な関係にあることがわかる。

　また中国の2007年の輸入総額9558億ドルのうち，58.5%が外資系企業によるもので，輸入においても2006年に59.7%を記録した後も依然として高い比率である。輸出と同様に委託加工に関わるものが38.5%であり（日中経済協会〔2008〕111頁），このデータをみる限り，多国籍企業が現地の地場企業と委託契約関係を築き，中国の貿易構造に大きな影響を及ぼしているといえるだろう。

　経済産業省の調査によれば，中国における日系製造業の現地法人の2005年

企業内貿易：多国籍企業の本社と海外子会社，および海外子会社間の国境を越えた財の取引をいい，各国の貿易収支に多大な影響を及ぼしている。

表3-1 中国の貿易に占める外資と委託加工のシェア

(単位：億ドル)

年	輸出額							輸入額						
	全体	外資系企業	%	委託加工				全体	外資系企業	%	委託加工			
				来料加工	進料加工	小計	%				来料加工	進料加工	小計	%
91	719.1	120.0	16.7	–	–	–	–	637.9	169.0	26.5	–	–	–	–
92	849.4	173.6	20.4	–	–	–	–	805.9	263.9	32.7	–	–	–	–
93	917.4	252.4	27.5	159.6	282.9	442.5	48.2	1,039.6	418.3	40.2	129.7	234.0	363.7	35.0
94	1,210.1	347.0	28.7	181.5	388.3	569.8	47.1	1,156.1	529.5	45.8	151.2	324.5	475.7	41.1
95	1,487.8	468.8	31.5	206.6	530.4	737.0	49.5	1,320.8	629.4	47.7	162.3	421.4	583.7	44.2
96	1,510.5	615.1	40.7	242.4	600.9	843.3	55.8	1,388.3	756.0	54.5	178.0	444.7	622.7	44.9
97	1,827.9	749.0	41.0	294.5	701.6	996.0	54.5	1,423.7	777.2	54.6	208.8	493.3	702.1	49.3
98	1,837.1	809.7	44.1	307.3	737.4	1044.8	56.9	1,402.4	767.2	54.7	198.7	487.0	685.7	48.9
99	1,949.3	886.3	45.5	357.7	751.0	1108.7	56.9	1,657.0	858.8	51.8	235.6	500.3	735.9	44.4
00	2,492.0	1,194.4	47.9	411.2	965.3	1376.5	55.2	2,250.9	1,172.7	52.1	279.8	645.8	925.6	41.1
01	2,661.0	1,332.4	50.1	422.3	1,052.2	1474.5	55.4	2,435.5	1,258.6	51.7	288.6	651.2	939.8	38.6
02	3,256.0	1,699.4	52.2	474.8	1,324.6	1799.4	55.3	2,951.7	1,602.7	54.3	341.8	880.3	1,222.2	41.4
03	4,383.7	2,403.4	54.8	543.3	1,875.2	2418.5	55.2	4,128.4	2,319.1	56.2	391.2	1,238.1	1,629.3	39.5
04	5,933.7	3,386.1	57.1	685.7	2,594.2	3279.9	55.3	5,614.2	3,245.7	57.8	537.2	1,680.2	2,217.4	39.5
05	7,620.0	4,442.1	58.3	839.7	3,325.1	4164.8	54.7	6,601.2	3,875.1	58.7	670.3	2,070.0	2,740.3	41.5
06	9,690.7	5,638.3	58.2	944.8	4,158.9	5103.7	52.7	7,916.1	4,726.2	59.7	738.3	2,476.6	3,215.0	40.6
07	12,180.5	6,955.2	57.1	1,160.4	5,016.1	6176.6	50.7	9,558.2	5,594.1	58.5	891.7	2,792.3	3,683.9	38.5

(注)　「来料加工」は，原材料・部品・デザインや設備を外国企業が無償で中国企業に提供し，中国企業が製品に加工して外国企業に引き渡す（輸出）。
　　　「進料加工」は，中国企業が原材料を輸入し（有償），製品に加工して外国企業（委託企業）に委託販売する。
(出所)　日中経済協会（2008）『中国経済データハンドブック2008年版』日中経済協会，111頁。

の販売総額は9.3兆円で，そのうち現地販売が5.1兆円（54.9％），日本への輸出が2.5兆円で，販売総額の27％である。同じく日系製造業の現地法人の2005年の調達総額は7.1兆円で，そのうち現地調達が3.7兆円（52.5％）で，日本からの調達額は2.4兆円（34.2％）である（経済産業省経済産業政策局調査統計部・経済産業省貿易経済協力局〔2008〕『第36回我が国企業の海外事業活動』経済産業統計協会，68頁）。また2005年度の日本の総輸入約57兆円に占める世界中の現地法人からの逆輸入の割合は16.7％であるが，その逆輸入の内訳は，アジアからの割合が84％であり，アジアからの数値の大きさが際立っている（経済産業省経済産業政策局調査統計部・経済産業省貿易経済協力局〔2008〕75頁）。以上のデータをみる限り，中国の貿易において外資系企業の影響は大きく，また日本の多国籍企業は，特に受入国と投資母国の双方に大きな影響を及ぼしてい

ると考えられる。

3　生産ネットワークの特徴

1　階層的な生産ネットワーク

　東アジアの生産ネットワークについて，品目別では電気機械製品において特に工程内国際分業が進んでいる。その理由として生産工程における部品の**モジュール化**が進み，中間財取引が多いことがあげられる。一方，輸送機械はEU，NAFTAに比較しても取引が極端に少なく，自動車部品の供給体制は整っていないという（経済産業省〔2007〕100頁）。その理由として日本，韓国の自動車メーカーにおいて一貫生産が行われていること，また中国の輸送用機械が輸出に回っていないこと，さらに輸送用機械については現地調達が進展していること，そして自動車については消費地に立地することなどがあげられている（経済産業省〔2005〕『通商白書2005』ぎょうせい，168頁）。

　小林英夫は，日本企業が関わるアジアにおける分業を，本社と進出企業，進出企業相互，そして進出企業と地場企業による生産ネットワークを特徴とする複合的国際分業という。その上で日本企業の国際分業の特徴として企業内というより企業間が多いことを取り上げている（小林英夫〔1997〕「現代アジアの産業発展と国際分業」島田克美・小林英夫・藤井光男編著『現代アジアの産業発展と国際分業』ミネルヴァ書房，9頁）。これは現地化の進展により地場企業が台頭し，多国籍企業の子会社と地場企業，地場企業同士の協力・競争関係が混じり合いながら，緊密な連携が広がっていることが示唆される。

　小林英夫は，アジアの経済発展の原動力を現地の安価な労働力やEPZに求めるのではなく，市場対国家の枠組みで捉えられないネットワークの構築に成長の理由を求めている（小林〔1997〕4頁）。これは多国籍企業によるEPZの利用というオフショアではなく，多国籍企業と地場企業との間の重層的なネット

モジュール化：システム全体を機能的なまとまりをもったユニットに分解し，それぞれの接合部分についてルールを公開することで，自由に設計可能となるモジュールを統合化することで複雑な製品が生産可能となった。

ワークが構築され，その生産と貿易活動によって，アジアが発展していることになる。

　日本の多国籍企業は，国内と同様に東アジアにおいて地場企業を組み込んだ階層的な構造を構築しようとしている。関下稔は，国際的な階層構造を「多国籍企業による途上国の生産構造の包摂過程」（関下稔〔1980〕「『国際的下請生産』の概念と多国籍企業」杉本昭七編著『現代資本主義の世界構造』大月書店，56頁）といい，その主体が多国籍企業の本社にあることをあげ，途上国の経済発展とその自立化について必ずしも肯定的ではない（関下〔1980〕69頁）。日本の多国籍企業の場合，現地の子会社における現地人の登用などの現地化の遅れがしばしば指摘される。しかし問題はそれだけでなく，地場企業を非統合のまま多国籍企業のグループに組み入れる，すなわち国際的で階層的なネットワーク構造という視点で考察される必要がある。

　このような多国籍企業の戦略展開に対して，その受入国である中国では，多国籍企業の資本と技術移転を通じて，国内の産業構造の高度化を図ろうとしている。中国は，OEMからODM，さらにOBMへと展開しようとしている。つまり中国は，組立生産から展開し，生産工程の前方に位置する研究・開発，および後方に位置する販売後のサービスまでをデザインすることを視野に入れている。それに対して日本の多国籍企業は，中国・ASEANに生産事業拠点を置き，NIEs，インドに販売・サービス拠点を置いている（経済産業省〔2007〕105頁）。このこともアジアにおける階層的な構造を裏づけている。日本の多国籍企業の戦略と発展途上国の政策との軋轢は，現在もなくなっていない。

[2]　部品調達の現地化

　発展途上国は，国内の工業化政策のために経営の現地化を求めている。ジェトロが2007年に行ったアンケート（有効回答数448社）によれば，中国におけ

OEM（Original Equipment Manufacturing）：委託を受けた相手先のブランドで完成品，部品を供給すること。
ODM（Original Design Manufacturing）：相手先ブランドによる設計・生産。
OBM（Original Brand Manufacturing）：自社ブランドでの生産。

る日系企業の輸出比率については，その比率が70%以上である企業は50.6%であり，またその輸出先は59.3%が日本向けである。しかし香港，台湾，韓国の日系企業については，「中国本土市場」向け輸出が日本向けより高い比率である（ジェトロ海外調査部〔2008〕『在アジア日系企業の経営実態―中国・香港・台湾・韓国編―2007年度調査』14-15頁）。また中国における日系企業の原材料・部品の現地調達比率は51.5%である。そしてその内訳は日系企業が35.6%で，地場企業が55.0%を占めている。またアンケート結果から地場企業の比率は今後も高まると予測されている（ジェトロ海外調査部〔2008〕『在アジア日系企業の経営実態―中国・香港・台湾・韓国編―2007年度調査』24-26頁）。

　ASEANにおける日系企業の輸出比率は，その比率が70%以上である企業が49.8%であり，特にフィリピン（71.4%）とシンガポール（63.3%）における日系企業の輸出比率が高い（ジェトロ海外調査部〔2008〕『在アジア日系企業の経営実態―ASEAN・インド編―2007年度調査』15頁）。ASEANの日系企業の輸出先は，日本とASEAN域内が多く，日本向け比率の高い国は，ベトナム（55.2%），フィリピン（51.1%）であり，ASEAN向け比率の高い国は，シンガポール（45.3%），マレーシア（38.0%）である。ASEAN全体での日系企業の輸出先は，日本（38.7%），ASEAN（30.9%），中国（6.2%），アメリカ（7.9%）である（ジェトロ海外調査部〔2008〕『在アジア日系企業の経営実態―ASEAN・インド編―2007年度調査』17頁）。

　ASEANの日系企業の原材料・部品の調達先は，ASEAN全体で現地が39.6%，現地以外のASEANが11.5%，日本が37.8%である。その現地調達の内訳は，現地の日系企業が47.1%，地場企業が46.9%である（ジェトロ海外調査部〔2008〕『在アジア日系企業の経営実態―ASEAN・インド編―2007年度調査』25-26頁）。ジェトロのアンケートによれば，中国，ASEANに進出した日系企業の現地化比率は高まっているが，経済産業省によれば「中間財の現地生産が進展する一方で，日本，NIEsからの中間材輸出が中国，ASEAN向けに集約されていること，加えて欧米向けを中心とした輸出が相対的に伸びている」（経済産業省〔2005〕169頁）という。

　これらから東アジアにおける日系企業の原材料・部品の現地調達比率は高

まっているが，日本は中間財貿易の供給拠点になっていることが指摘できる。反対に中国は最終財の組立加工・輸出拠点になっているが，中間財の輸入の増加とともに輸出も増加している。つまり中国，ASEANが域内の中間財輸出を増加させている理由としては，日本，NIEsからのFDIを通じた部品供給能力の高まりがあげられる。また東アジア域内の関税障壁が低くなりつつある中で，国境を越えた部品調達が増加していることがその背景にある（経済産業省〔2007〕111頁）。

東アジアにおける生産ネットワークは，多国籍企業とその子会社のみならず，多国籍企業の子会社と地場企業，さらには地場企業同士の企業間関係である。このような取引が増加していることは，地場企業の成長をあらわしている。多国籍企業にとっては，パートナーである地場企業の成長は必要不可欠であるが，それは地場企業を下請けとして多国籍企業の支配構造へ組み込むためのものであり，多国籍企業にとって，地場企業の自立的な成長への展開は必ずしも望ましいとはいえない。

③ 三角貿易構造とアメリカ

東アジアの貿易は，「モジュール化が進展し輸送費が比較的少額な電気機械製品を中心に，域内各国・地域がそれぞれの比較優位に基づく国際分業を展開して，中間財を多様な地域で生産し相互供給しながら最終財に組み立て域外に輸出するという世界の工場としての役割を担っている生産ネットワークが生み出す貿易」（経済産業省〔2007〕100頁）であると特徴づけられる。

前述したように，東アジアの域内貿易の比率は，依然として上昇しているが，域内では中間財の輸入比率が高く，域外へは最終消費財の輸出比率が高い。つまり日本からNIEs，ASEAN，そして中国へ，さらにNIEs諸国からASEAN，中国へ中間財が輸出されていて，またASEANと中国は相互に中間財を輸出入している。これはまさに重層的な生産ネットワーク構造と呼べるものである。そこで製造された最終消費財がアメリカおよびEUへと輸出されている。

この三角貿易構造は，産業横断的に成立し，その貿易額が増大しているだけでなく，全体の貿易に占める割合も上昇していて，さらに貿易財の単価の相対

的な上昇から，質の面からも三角貿易構造が高度化しているといえる（経済産業省〔2005〕168-170頁）。こうしたアジアの貿易構造の成立の背後にあるのは，消費市場，すなわちアメリカの貿易赤字である。これによって，アメリカの構造的な貿易赤字が拡大していくと，アメリカに流入してくるグローバルな資金は膨大になり，世界中がアメリカ経済の影響を受けることになる（唐沢敬〔2007〕『転成期の世界経済』文眞堂，207-208頁）。特に東アジアは，アメリカとの貿易不均衡に加えて，最近まで貿易取引に**ドル・ペッグ**制度を利用していたこともあり，アメリカ経済の影響を受けやすいのである。

1980年代に日米の貿易不均衡は，日本市場の閉鎖性に原因があるとされた。そして日本は，アメリカから日米構造協議や報復措置を規定する包括通商・競争力強化法（スーパー301条）によって，内政にまで踏み込んだ要求を突きつけられた。アメリカにとって貿易収支の赤字は，多国籍企業の企業内貿易の影響が大きいが，東アジア諸国からの工業製品の輸入超過も原因の1つであるため，アメリカは，1980年代後半にはNIEsの各国に対して通貨の切り上げや一般特恵制度の適用除外などの圧力をかけた（細居利明〔1990〕「アメリカの途上国戦略」平井規之・中本悟編著『アメリカ経済の挑戦』有斐閣，185頁）。

近年，アメリカは中国に対してアメリカの貿易収支の不均衡を是正するように要求している。2006年から現在までアメリカ政府の提案により設置された「米中戦略経済対話（US-China Strategic Economic Dialogue：SED）」では，人民元の切り上げなどが議論されている。こうした状態の中で，三角貿易構造は，拡大しながらも新たな展開へと変化する兆しがみられ始めた。

4　一体化する東アジアと多国籍企業

［1］　生産－消費市場としての東アジア

2007年に経済産業省は，引き続き三角貿易が拡大しているとしつつ，新たに多国間工程分業の進展とともに，販売市場としての東アジアの一体化が促

ドル・ペッグ：自国の通貨レートをドルに連動させる為替政策であるが，アメリカ経済の影響を受けやすくなるデメリットもある。

進され，日本の多国籍企業の販売統括拠点の設置，および開発機能のアジアへの進出，物流機能の高度化，そしてそれらに伴ったネットワーク化が考えられるという（経済産業省〔2007〕120-123頁）。

近年の東アジアの輸出は，東アジアの成長の源泉としての地域の需要に制限がありながら，好況が続いたアメリカとEU市場などに向けられてきた。こうした貿易パターンは変化しつつあり，保護主義政策，政策の不調和などの貿易障壁を乗り越えた構造変化がアジアでは起こりつつある（D. Roland-Holst, J. Verbiest & F. Zhai〔2005〕"Growth and Trade Horizons for Asia: Long-term Forecasts for Regional Integration,"*Asian Development Review*, Vol.22 No.2, p.81）。平川均は，1990年代以降の三角貿易構造が域内貿易を深化させる構造に変わってきていて，これを自立化の深化とまでは断言できないにしても，大きな構造変化であると捉えている（平川均〔2005〕「経済統合と東アジア共同体構想」愛知大学国際問題研究所『紀要』126号，4頁）。

つまり今後の東アジアをみると，特に中国市場は，所得水準の向上などによって，ジェトロによれば，今後中国には国内市場向け生産拠点としての役割が，つまり消費市場として，期待されている（http://www.jetro.go.jp/news/releases/20080221147-news　2008年9月30日アクセス）。現在の東アジアは世界の生産拠点であり，そこでは供給体制が整えられた生産ネットワークが機能しているが，今後はアジア市場における生産と消費のネットワークが構築されていくことになろう。これらの生産拠点の再編に加えて，またそれ以上に販売機能を充実させるためにアジアへのFDIが行われる。販売機能は，日系企業向け販売，現地企業向け販売，製品開発の強化，現地のマーケティングなどであり（経済産業省〔2007〕122頁），販売機能の強化・効率化は，現地化を伴って生産ネットワークを再編へと巻き込んでいくことになる。

今後の多国籍企業は，生産と消費を非統合で管理する**ブランド**重視へ向かっていく。それは，生産よりも生産財を流通，販売する方が困難が多く，垂直的な工程分業を管理する多国籍企業が，その販路を所持しているという点で優位

ブランド：ある売り手からの財またはサービスを識別し，競争相手のそれから差別化しようとする特有の名前かつシンボルである。

性を有するからである。それゆえ発展途上国は国際的な階層的なネットワーク構造に組み込まれるのである。しかしそのことは，発展途上国にとって販路が保証されているわけではない（関下〔1980〕66頁）。

またアジアという消費市場の登場に伴って，多国籍企業はEU，NAFTA，アジアという三極のリージョナル化への対応が求められる。それは地域統括の生産・販売体制が構築され，地域内で同質化に伴った最適生産と，各地域でローカル化するようなマルチリージョナル企業化（藤本光夫〔2000〕「アジアにおける貿易と多国籍企業の戦略」日仏経済学会『日仏経済学会BULLETIN』第21号，34頁）への対応が求められることにもなる。そのためには，三極域内で研究・開発，生産，販売・サービスを完結するネットワークを構築し，さらにそれらを結びつける並列的なネットワークの構築へと再編されることが必要である。

2　IT技術者の人材移動

このような新しい国際分業が成立するためには，まず一定水準以上の技能労働がアジアに存在することが前提となる。さらにIT革命による技術の標準化も加わって，今日の東アジアの生産ネットワークは成立したといえる。東アジアに特徴的である階層的なネットワークが成立するための条件は，NIEs諸国からの資本と人材の移動が必要である。NIEsによる，特に香港・台湾・シンガポールの華人系企業による中国本土への迂回FDIは，ASEANなどを経由することによって中間財の取引を介して技術の移転が行われるとともに，それを通じて形成される生産ネットワークは，国際的で階層的な構造になっていく。

次に東アジア域内において，労働者の移動，特に技能労働であるIT技術者の人的移動が経済発展に及ぼす影響があげられる。アメリカや日本の多国籍企業のオフショア・アウトソーシングがインドや中国で展開され，アジアのIT産業が発展している背景には，アジア各国の人材の「頭脳流出」から「頭脳循環」への展開があげられる（夏目啓二〔2004〕『アメリカの企業社会』八千代出版，187頁）。

また小林英夫は，アジアにおいて一定の技術移転を前提に，ライン主体の組立技術から開発・設計型技術へと展開してきていることを指摘する。その理由

として，義務教育制度と高等教育の拡充によって若い優秀な技術者を有するようになったことがあげられている（小林〔1997〕16頁）。そうなると現地法人の重要な地位においても，次第に現地人が登用されるようになっていく。

このような多国籍企業による資本の直接投資を通じて，さらに労働力の国際的な移動によって，東アジアにおいて国際的な依存関係が深まり，国際分業の再編が起こってきているといえる。

３ 東アジア共同体の可能性

中国のWTO加盟や**通貨バスケット**制への移行は，多国籍企業のリスク管理の負担を増やした（平川〔2005〕20頁）。しかしまた1997年のタイから始まったアジア通貨危機以後，ASEANと日本・中国・韓国の3カ国の財務大臣会議において，ドル・ペッグ制度の見直し，通貨のリスク管理を目的とした**チェンマイ・イニシアティブ**，および銀行依存の間接金融体質からの脱却をめざしたアジア債券市場育成イニシアティブなどが進められている。さらに地域通貨単位も考案されている（小川英治〔2007〕「アジア通貨危機の教訓と地域通貨・金融協力」田中素香・馬田啓一編著『国際経済関係論』文眞堂，141頁；唐沢〔2007〕106頁；平川〔2005〕13頁）。また東アジア経済は，EPAやFTAなどの協定の締結，または交渉を通じて制度的にも一体化が進んでいるといわれている。このような機能面の結びつきが強まっていけば，東アジア共同体の実現の可能性は高まると思われる。しかしその実現に向けて，まだクリアするべき課題は多く残されている。

アジアの統合化論は機能面の結びつきから展開されているが，地域格差の大きいアジアにおいては，所得格差，環境・宗教など様々な問題に対応しなければならない。日本の多国籍企業は，東アジア各国の多様な格差を利用し，そのメリットを享受するために海外進出し，地場企業を巻き込んだ階層的な生産

通貨バスケット：為替政策の1つで，いくつかの主要な取引国通貨を一定割合で組み入れた通貨バスケットを作り，その動きに自国通貨を連動させる方式である。

チェンマイ・イニシアティブ：2000年にASEANと日中韓3カ国の蔵相によって合意されたもので，通貨危機発生時の協調支援体制の整備，拡充する内容である。

> ▶▶ *Column* ◀◀

アジア欧州会議（ASEM）

　1996年の創設以来，2年ごとに首脳会議をアジアとヨーロッパで交互に開催している。当初の構成国は，ASEAN 7カ国と日本，中国，韓国のアジア10カ国，EU加盟15カ国およびEU委員会であったが，現在は38カ国と1機関の大組織となった。地域間枠組みとしてはアメリカの入れない唯一のものである。

　2008年は北京で開催され，最大の焦点は金融危機の拡大回避と再発防止であった（『日本経済新聞』2008年10月26日付）。アメリカ主導で進められてきた金融自由化と利益至上主義に歯止めをかけたいヨーロッパがアジアに協力を求め，金融規制の強化などでアメリカに圧力をかける内容となった。しかし実効性のある具体策のとりまとめでは課題が残され，アメリカ中心のグローバルな金融体制を改革することは難しい課題といえる。

ネットワークを構築した。アジアにおける生産ネットワークを創り上げた日本の多国籍企業の果たすべき役割は大きいと考えられる。

　21世紀の課題である持続可能な社会の実現に向けて，日本の多国籍企業は，例えば環境問題への対応について，技術移転も含めて貢献できる活動が多い。というのも，東アジアにおいて生産から消費までの垂直的な工程を非統合のまま管理できる多国籍企業は，また垂直的な工程間分業において社会的コストを最小にする管理も可能といえるからである。東アジア共同体の形成の意義は，単一市場による効率性の享受とともに，南北問題や環境問題の解決に向けて協力しあうことができるということが重要であろう。

[推薦図書]

谷口誠（2004）『東アジア共同体』岩波書店
　　東アジア共同体構想の今日までの動向となぜその構築が必要なのかをわかりやすく解説している。

唐沢敬（2007）『転成期の世界経済』文眞堂
　　中国が作り，アメリカが消費し，産油国が資金を提供する資源依存型市場主義の限界と政策転換を考察する。

経済産業省（2008）『通商白書2008』日経印刷

世界の経済・産業構造の分析からわが国の通商政策戦略までを最新のデータを用いて解説していて，毎年刊行されている。

> 設 問

1. 日本の多国籍企業は，東アジアにおいてどのような戦略を実践してきたのか，考えてみよう。
2. 東アジア地域の社会発展に向けて，どのような課題があるのか，整理してみよう。

(林　尚毅)

第4章 イノベーションと多国籍企業

　日本では，現在，医療・介護・年金制度などの崩壊が進行中です。臨戦体制化も重大問題です。このことを前提に，まず軍需産業・平和産業と多国籍企業の関係を明らかにします。次に，科学技術の最先端が軍事技術にあるので，イノベーション検討の際にも重視します（イノベーションは「コラム」で詳論）。問題点の分析は，多国籍製薬企業を対象とします。多国籍製薬企業は，①人間の生命と健康を左右し，②イノベーションをきわめて重視しています。多国籍製薬企業の歴史的大転換の内容を検討しましょう。

1　多国籍企業と戦争・戦時経済の諸関係

1 軍需産業と平和産業の区分と多国籍企業

①軍需産業・平和産業の区分

　本書全体を通じて，「平和状態」におけるグローバリゼーションと反グローバリゼーションの動向について考察が深められている。

　他方，21世紀に入って，2001年9月のアメリカにおける「同時多発テロ」の後，米英主導のアフガニスタンに対する戦争とイラクに対する戦争が「テロリズムに対する戦争」という名目で開始され，現在も継続中である。2008年8月に始まったグルジア対ロシアの軍事衝突の帰趨や，イスラエルをめぐる中東の軍事的・政治的諸矛盾なども重視される。

　日本においても，自衛隊の海外派兵，臨戦体制化が進む中で，まず「軍需産業」と「平和産業」の区分について検討しよう。

　陸・海・空軍・海兵隊などの軍隊に供給されるものは「軍需品」であり，主として「軍需品」を生産する産業が「軍需産業」とされている。しかし，軍需物資には，兵器・艦船・航空機・ミサイルなどの他，食糧・医薬品・医療機

器・被服なども含まれ，広い範囲に及ぶ。したがって，狭義には，直接戦闘に用いられる兵器を生産する産業すなわち兵器産業を「軍需産業」と呼ぶ場合が多い。

しかし，平時には「平和産業」とされている原子力産業，自動車産業，航空宇宙産業，電子・電機産業，情報通信産業などは，「国家総力戦」体制の下で，きわめて強い軍事的性格をもつ。**国家総動員法**が制定され（日本では1938〔昭和13〕年）る状況では，重化学工業はもとより，軽工業，農林漁業までも，広義の「軍需産業」として動員され，「平和産業」は実質上，縮小・消滅の方向に導かれる。

では，戦時中でなければ，例えば繊維産業は，「平和的」であるのか。敗戦前の日本の繊維産業の中国への資本輸出による「在華紡」が，中国の民族資本による繊維産業の発展を阻害し，また，労資間の紛争を招いた歴史的実例を想起すれば，「平和産業」の「対外進出」が「対外侵略」的側面をもち反対運動をよび起こす可能性も軽視できない。中国在留の日本人と日系企業の生命と財産を守るという「大義名分」を口実として，日本の軍隊が中国に侵入した事例は，たびたび繰り返されている。このことは，現在，「平和産業」的とされる多国籍企業も，「侵略戦争の火種」あるいは「クーデターの誘発剤」となる危険性を示唆している（アメリカと中南米諸国との間にも，多くの実例がある）。

②科学技術の最先端とイノベーション

軍事用の技術が，民需用に転換される「軍民転換」は，きわめて多い。明治以後，日本の兵器工業は官営を中心に発展し，近代工業確立の先駆けとなった。

原子爆弾の生産技術に基づいて原子力発電所が生まれた。これもイノベーションであり，「原子力の平和的利用」とされる。

アメリカ軍が弾道計算用に開発した大型コンピュータは，現在，小型化され，高性能のパソコン，マイコンとして，広く民間に浸透した。

アメリカの国防総省が採用し始めたインターネットの情報通信網は，民間で

国家総動員法：1937年の日中戦争開始直後に制定された全面的な戦時統制法。日本の国家総力戦体制の根幹となり，人，金，物などすべてを戦争遂行のために動員し統制する権限を政府に与えた授権法。現在の日本では，新型インフルエンザ対策と称して同種の統制が進行中。

広く利用され，今では，携帯電話にまでつながっている。航空宇宙産業においても，宇宙船・ミサイル・軍用機の開発・生産が最高度の水準を示すものであるが，民間の旅客機の生産などにも転用され，日本の「新幹線」の歴史も想起される。イノベーションによって軍事用の新技術が生まれ，民需用の新技術に転換されるのである。

世界で最初に発見された抗生物質**ペニシリン**（1928年にイギリスの細菌学者フレミングが発見し命名した）も，E. チェーン，H. W. フローリーらが臨床的に有効と報告（1940年）した後，まず第二次世界大戦中のアメリカ・イギリス軍兵士の治療用に大量生産され，後に民間用に広く利用されたのである。製薬産業は，重要な軍需産業である。

逆に，民需用に研究開発された技術・製品が，軍事用とされる「民軍転換」の例も数多く，この意味からも，「軍需産業」と「平和産業」の区分は，固定的なものではない。大企業の多角経営の場合，自動車製造企業が装甲車や戦車を生産するなど，同一企業内部に民需部門と軍需部門が併存する場合も，きわめて多い。アメリカでは，GM，フォードの社長が国防長官となった実例も重視される。

さらに，兵器その他の輸出が，世界各地の紛争・内戦・戦争の勃発と拡大の重要な要因となっていることも見落してはならない。世界各国の兵器生産および輸出入の実態を知る手がかりとして，**表4-1**をみよう。現在，「大量破壊兵器」とされる内容には，生物兵器・化学兵器・核兵器が含まれている。また「大量破壊兵器」の運搬手段も，表4-1の備考のとおり，きわめて多様であり，注目する必要がある。戦争の形態・範囲も変化しつつあり，国家間の戦争にとどまらず，内戦，「対テロ戦争」などがあり，現在のイラク戦争における戦争の「民営化」などの新しい特徴も強化されていることを重視すべきである。

「20世紀末から21世紀にかけて，ソマリア，ボスニア，コソボ，アフガニスタン，イラクで，米軍は，大規模な軍事作戦を遂行してきたが，当初より，

ペニシリン：世界で最初に発見された抗生物質。現在世界最大の多国籍製薬企業であるファイザー社は，第二次世界大戦中に政府の委託を受け，世界最大のペニシリンメーカーとなった。戦後，ストレプトマイシン，テラマイシンを開発。有力製薬企業としての地位を確立した。

第4章 イノベーションと多国籍企業

表4-1 大量破壊兵器（ABC兵器）の略史（ごく一部）

	生物兵器	化学兵器	核兵器
	旧約聖書にも使用例	毒薬（小規模） 麻薬（大規模） 化学工業発展	
1914 1918（第一次世界大戦）		毒ガス戦争（双方から）	
1925	ジュネーブ議定書により禁止	同左	
1932	731部隊など（石井四郎）の研究・開発		
1939（第二次世界大戦開始）		アウシュヴィッツ（ヒトラー，IGファルベン）日本軍の毒ガス・細菌弾（炭疽菌，ペストのみなど）使用（主として中国）	
1942	米国フォートデトリック（ルーズベルト，メルク社長）		マンハッタン計画開始
1945	英国炭疽菌爆弾使用未遂（チャーチル）		
1945	独・日敗戦。石井機関の資料は米・ソが掌握。	1950 朝鮮戦争で使用	ヒロシマ・ナガサキ（核分裂）原子爆弾
1954	米ソの開発・生産競争		（核融合）水素・3F爆弾実験，ビキニ・第五福竜丸
1960		ベトナムで枯葉剤多用	1963 部分的核実験停止条約
1972	生物兵器禁止条約（ニクソン主導）	キューバへの対植物・対動物剤など	1968 核拡散防止条約（NPT）
1991から	米ソ相互査察		
1994 1995		松本サリン事件 地下鉄サリン事件	1996 包括的核実験禁止条約（国連総会採択）
2001	（9.11事件）。炭疽菌レターで死傷者		1997 米臨界前核実験開始 1998 ロシアも同上
2003	「イラクが保有」のデマ（パウエル国務長官）イラク侵略開始	同左	核兵器保有国：米，ロ，英，仏，中，インド，パキスタン，イスラエル，北朝鮮……
2006		松本智津夫死刑判決	

（備考）大量破壊兵器の運搬手段：①爆撃機，②原子砲，魚雷，潜水艦，③ミサイル，軍事衛星，④人間・動物（小型・携帯可能型核兵器，生物兵器，化学兵器）
戦争の形態：①地上戦，②海戦（海上戦・海中戦），③空中戦，④宇宙戦争，⑤情報戦争・IT戦争／①局地戦，②全面戦争，③「対テロ戦争」／戦争の「民営化」（徴兵制→志願兵制→営利的民間戦争企業）
（出所）各種資料に基づき，筆者作成。

軍事行動に民間会社を使ってきた。兵站業務はもとより，戦後の復興工事の多くをそうした会社に委ねてきたのである。米軍から委託された民間会社（Private Military Companies）は，要人の警護やキャンプの護衛といった軍事行動すら託されることもある」（本山美彦〔2004〕『民営化される戦争』ナカニシヤ出版，2頁）。

　チェイニー前米副大統領は，代表的な民間軍事請負会社ハリバートンのCEOの時代に不正会計を行ったとして，2002年7月に株主訴訟を起こされている。ハリバートンは，120の国に200社以上の子会社を設置し，世界で10万人以上の従業員を抱える多国籍エネルギー企業である。第二次イラク侵攻後，ハリバートンは，ペンタゴンから巨額の受注を得て，全受注企業中の第7位に急伸している。このように，「戦争の民営化」の先端を走るハリバートンが，多国籍企業であることも，重視しておこう（本山〔2004〕18-20頁）。「ハリバートン社は，元々は石油関連の建設会社でイラク戦争終了後の油田の修復，補修事業をほぼ全面的に請け負い，……イラク復興作業の根幹にかかわりを持ち，利益を上げられる構図の中心に居据る企業となっている」（松本利秋〔2005〕『戦争民営化』祥伝社新書，228頁）。

　ここで，後掲本章〈コラム〉の「イノベーションとは何のことでしょう」を丁寧に読んでいただきたい。

② グローバリゼーションとグローバルスタンダード

　グローバリゼーションを検討する際に，「アメリカ主導のグローバリゼーション」とか「アメリカ型グローバリゼーション」という特徴を重視する場合が多い。産業別にみても，自動車産業ではアメリカの**ビッグスリー**，航空宇宙産業ではアメリカのボーイング，ロッキード，石油産業ではアメリカのエクソン・モービル，情報通信関連ではアメリカのIBM，マイクロソフト，農業関

ビッグスリー：GM（ゼネラルモータース），フォード，クライスラーの3社をいう。この3社は，全世界の自動車業界で支配的地位を占め，「20世紀は石油と自動車の時代」とされる中で，世界経済の主役であった。しかし，2008年現在，この3社は，アメリカ製造業凋落の典型となり，政府の公的資金による援助を切望する危機的状況に陥った。

連ではアメリカの穀物メジャー,遺伝子組み換えのモンサント,医薬品産業ではアメリカのファイザー,メルクなどが,全世界的に支配的・主導的役割を果たしてきた。したがって,兵器産業を含めてグローバルスタンダードを左右するのはアメリカ企業(マイクロソフトが典型)であるとされ,基軸通貨はかつての「英ポンド」に代わって圧倒的に「米ドル」とされてきた。

しかし,第二次世界大戦後65年近くを経て,まさに現在,状況は大転換しつつある。アメリカでは,オバマ新大統領が出現したほどである。

アメリカのGMは,世界販売台数こそ世界第1位(2007年)であるが,株価は暴落し,株式時価総額はトヨタの26分の1(2008年8月)という惨状である。石油産業もOPEC,ロシア,ベネズエラ,ボリビアなどの石油・天然ガスの動向が,アメリカ企業の主導的地位を揺るがしている。アメリカの「双子の赤字」の増加とユーロ,中国の人民元などの役割の強化に伴う「米ドル」の地位の弱化と大暴落の可能性も否定できない。

グローバルスタンダードについても,きわめて重大な新局面が生まれている。

①特許制度のグローバルスタンダード

まず,イノベーションの動向と不可分の特許制度における「グローバルスタンダード」をみよう。研究開発重視の製薬企業にとって,特に重要な意味をもつ。

アメリカの特許制度は「先発明主義」であり,国内的にも国際的にも,発明時期の前後を争う事例,突如として過去の「発明」の名乗りを上げる「サブマリン特許」の出現などは,訴訟の多発その他,多くの矛盾を生み出していた。これに対して,日・欧諸国の特許制度は「先願主義」である。そのため,アメリカの「先発明主義」によって日・欧企業が不利を蒙る場合が少なくなかった。

しかし,2006年9月,ジュネーブの会議でこの状況が大きく変化し,アメリカが「先願主義」を採用する展望が生まれた。この時,日米欧などの41カ国と欧州委員会・欧州特許庁が,特許基準を統一する新条約を作ることで大筋合意したのである。アメリカが「先発明主義」を放棄し,日欧などの「先願主義」への統一に合意した背景には,訴訟の頻発などによって,アメリカ企業にとっても,特許権の取得・維持のためのコストが巨額となる傾向があった。ア

メリカの IBM，マイクロソフトなどの業界団体「ビジネス・ソフトウェア・アライアンス」（BSA）は，2006年8月，上院に提出された「先願主義」への転換を促がす「2006年特許改正法等」を歓迎する声明を発表し，「この法案は，アメリカ特許法の他国との整合性を高め，過剰な訴訟問題に取り組むのに役立つ」とした。

グローバルスタンダードといえば，「アメリカ」への収斂として理解する思考が広くみられるが，この特許制度の場合には，アメリカの制度が「日・欧型」の「先願主義」に収斂するのである。周知の「京都議定書」とその後の経過によって明らかなように，環境問題でも，アメリカは「孤立」してきた。アメリカが超大国であるから，アメリカが常に主導的であるとは限らない。自明のことであるが，強調する。

②会計制度のグローバルスタンダード

会計基準の「グローバルスタンダード」にも，画期的変化が生まれつつある。

世界の会計基準は，21世紀初頭まで，①欧州中心の「国際基準」（世界100カ国以上で使用）と，②アメリカ基準，③日本基準の3つが，主要なものとされてきた。

ところが，2007年末以来，アメリカが，①の「国際基準」の採用へと転換し始めた。2007年11月，米証券取引委員会（SEC）は，国外企業に対し「国際基準」での決算書の作成を容認した。2008年8月には，国内企業にも認める案を発表した。

日本とアメリカは，「国際基準」と自国基準との違いを解消する「共通化（コンバージェンス）」の作業を進めてきたが，アメリカが，「国際基準」の「受入れ（アダプション）」路線に転換したことから，日本も追随せざるをえなくなったのである（『日本経済新聞』2008年9月4日付）。このことは，2007年以来，急速に大型M&Aを進めつつある日本の製薬企業などの「多国籍企業」化路線にも，大きな影響を及ぼす。「国際会計基準」導入の影響は，**表4-2**のようにまとめられているが，日本経団連・日本公認会計士協会・金融庁などは，2011年度以降に導入するための検討に入った。ちなみに，「国際会計基準」は，資産の時価評価を徹底しているので，不況が深刻化すれば，さらに多くの矛盾

表4-2　企業経営にとって国際会計基準導入の影響

プラス	M&A 後にのれん代の定期償却が必要ない	➡	毎年の費用負担が減り M&A がしやすくなる
	海外企業との比較が容易となる	➡	国際的に適正な株価評価が得られ投資家拡大につながる
	グローバルに資金調達機会を得られる	➡	資金調達コストの削減が可能
マイナス	買収先の企業の収益が大きく悪化するとのれん代の減損処理を迫られる	➡	定期償却しないため，一時的に多額の損失が発生する
	年金の積み立て不足が発生すると即座に貸借対照表に計上する	➡	自己資本が急減し財務が悪化する可能性がある
	金融商品などを時価評価した「包括利益」の表示を要求される可能性がある	➡	保有株の株価動向など一時的な要因に利益が左右される

(出所)『日本経済新聞』2008年9月4日付。

が表面化する可能性が高く，2008年9月のリーマン・ブラザーズの破綻・金融危機と世界的株安以降，適用の一部凍結が問題とされている。

世界的な会計基準共通化をめざす IASB（ロンドンを本拠とする国際会計基準審議会）が発足したのは 2001 年 4 月であり，早くも 2005 年 1 月には，EU が，域内上場企業に「国際基準」を適用してきた歴史的経緯が重視される。

③国際標準化のグローバルスタンダード

特に製薬企業を含む研究開発型企業にとって重要とされる国際標準化の側面に注目しておこう。日本企業は，国際標準化への取り組みの遅れが指摘されているがここでは詳論しない。

国際標準化機構（ISO）は，1947 年にロンドンで組織された規格統一のための国際協力機関であり，加盟国は 110 を超えている。1926 年にニューヨークで組織され，第二次世界大戦中に機能を停止した ISA の後継である。

国際電気標準会議（IEC）は，1906 年創立，電気技術標準化の協力を行う機関で，事務局はジュネーブにあり，国際標準化機構（ISO）の専門部会の 1 つである。

国際電気通信連合（**ITU**）は，国際電気通信条約が，1849 年以来各国間で個別条約が結ばれ，1865 年パリ条約で統一され「万国電信連合」が成立したという歴史を経て，1932 年のマドリード条約に基づいて設立された。1947 年以来，国連専門機関の 1 つであり，電気通信の改善と合理的利用および国際協力

表4-3　ICHの構成メンバー

	日本	欧州	アメリカ
規制当局側	MHLW (厚生労働省)	EU European Commission (欧州委員会)	FDA (米国食品医薬品局)
医薬品産業側	JPMA (日本製薬工業協会)	EFPIA (欧州製薬団体連合会)	PhRMA (米国研究製薬工業協会)
事務局	IFPMA (国際製薬団体連合会：在ジュネーブ) 内に設置		

(出所)『医薬品開発の国際調和の歩み』じほう，10頁。

表4-4　ICHの会議体

	本会議	運営委員会	専門化作業部会
開催頻度	2～3年に1度	年2回	運営委員会と併催 (年2回) が原則，ただし，必要があれば随時

(出所) 表4-3と同じ。11頁。

を図ることを目的とし，事務局はジュネーブにある。日本は1879年から加盟，第二次世界大戦による中断を経て1949年再加盟。

④医薬品の承認審査のグローバルスタンダード

「グローバルスタンダード」に関するアメリカの後進性ないし消極性は，多国籍製薬企業にとって重要な次の実例によっても証明されている。

米欧日のいわゆる三極中心のICH (International Conference on Harmonization of Technical Requirements for Registration of Pharmaceuticals for Human Use：ヒト用医薬品の承認審査のための調和を図る国際会議) の第1回会議が1991年11月にベルギー・ブリュッセルで開催され，日本の厚生省と主要製薬企業代表等が多数これに参加した (ICHの構成メンバーと会議体は，**表4-3**と**表4-4**参照)。93年10月第2回会議 (アメリカ〔フロリダ〕)，95年11月第3回会議 (日本〔横浜〕)，97年7月第4回会議 (ベルギー〔ブリュッセル〕) と回を重ね，98年8月には，「日本における外国臨床データの受け入れ」に関するガイドラインが

ITU：内海善雄氏は，1999年から2006年まで，ITUの事務総局長であった。その間の重要な成果は同氏によれば次のとおり。「第三世代携帯電話の規格統一，IP電話の普及促進，欧州，アフリカ，西アジアでの2015年までの地上デジタルテレビ放送開始決定，そして世界情報社会サミットの開催である。」(『日本経済新聞』2008年11月11日付)

発表された。製薬企業は，治験の実施を最小限にし，開発費を削減することを期待した（『薬事ハンドブック・1999年版』薬業時報社，26頁など参照）。

ICHの毎回の内容の詳細は，日本製薬工業協会ICHプロジェクト委員会編集委員会編『医薬品開発の国際調和の歩み』（じほう，2003年）に譲るが，ここでは，次の諸点を重視したい。

〈1〉日本国内の治験数は最近にいたるまで減少傾向を続けている。
〈2〉ICHは，欧州・日本が積極的であり，アメリカはむしろ受動的・消極的であった。しかし参加が有利と判断した後，アメリカは，積極的となった。2006年の「特許審査基準」統一の経過と類似している。
〈3〉「特許審査基準」統一も「医薬品承認審査基準」統一も，日・欧・米中心の「統一」であり，「先進国」の国家独占資本主義的国際カルテルとして，新興諸国，「発展途上国」企業の参入を困難とする。米・欧・日主導の「グローバリゼーション」と「グローバルスタンダード」に対する途上国側の反発という側面が，今後ますます重要性を増すであろう。

この〈3〉のICHのあり方が，現在の「グローバリゼーション」と「グローバルスタンダード」の本質を明示している。また前述の〈2〉は，これらの問題について，「アメリカ主導」を過度に重視してはならないことをも示している。

⑤アメリカ型金融システムの破綻

2007年以来，アメリカ発のサブプライムローン問題が深刻化した。2008年9月15日のリーマン・ブラザーズの破綻を契機として，アメリカの五大投資銀行のすべてが消滅（一部は商業銀行化）した。アメリカ型金融システムの「最先端」を走っていた部分から崩壊したのであり，その破壊的影響は，日本，欧州はもとより，新興諸国も含めて全世界に及んでいる。金融面でも，アメリカ型金融資本主義のあり方は，すでにグローバルスタンダードではありえない現状である。新自由主義，市場原理主義，大企業の利益のための規制緩和・民営化路線の限界と矛盾に満ちた諸結果がその証明である。

2 産業構造の国内的・国際的変化と多国籍企業

1 アメリカと日本の産業構造の変化と多国籍企業

アメリカ政府とアメリカ系多国籍企業(金融機関を含む)は,日本の「構造改革」を強力に推進してきた。「対日要望書」において,アメリカ側は,特に医薬品・医療機器等の分野と**保険**の分野で,一層の規制緩和と市場開放を要求し続けている。国別にみて,日本の医薬品市場はアメリカに次ぐ世界第2位の市場であり,日本の保険市場は世界最大規模である。

アメリカの産業構造について,労働者の分布(2002年1月)の面からみれば,「農業・製造業」の領域で,①建設・重機661万人,②機械・電子・電気334万人,③農業298万人,④金属206万人,⑤化学・ゴム・プラスチック193万人,⑥食品168万人,⑦自動車・航空機168万人,⑧部品・木工具158万人,⑨印刷・出版143万人,⑩紙・繊維・皮革112万人などの順である。

「サービス業」では,①保健・医療1055万人,②小売業929万人の順で,⑥位の金融・保険・不動産は774万人である。2008年からは,日本と同じように,ほとんどすべての分野で大幅な「リストラ」人員整理が進行中である。

「政府・自治体職員」では,①地方自治体1359万人,②州政府493万人,③連邦政府260万人であり,軍事従事者(官民合計)は445万人である(広瀬隆〔2003〕『アメリカの保守本流』集英社新書,129頁)。

ここでは,農業・製造業・サービス業のうち,保健・医療の1055万人が突出していることに注目しよう。アメリカの労働組合の組織率は1979年以来下り続けてきたが,2006年から2年連続で上昇し,サービス業国際労組(SEIU)は特に医療労働者の組織化に成功している。また,「大きな政府」「小さな政府」が論議される中で,「アメリカは『小さな政府』だけれども人口あ

保険:日本の郵政民営化は,アメリカの保険業界のビジネスチャンス拡大に道を開いた。ところがAIG(米)は現在3兆円以上の赤字となり,日本で,傘下のアリコジャパン,AIGエジソン生命,AIGスター生命の売却を計画中。アメリカンホーム保険(アフラック),AIG保険は維持の予定とされるが,状況は流動的である。

第4章 イノベーションと多国籍企業

表4-5 日本における産業別就業人口の推移（1930-2001年）

	就業者総数 (1,000人)	第一次産業 (%)	第二次産業			第三次産業			
			(%)	製造業 (%)	建設業 (%)	(%)	卸・小売業 (%)	金融・保険・不動産 (%)	サービス (%)
1930*	29,341	48.5	20.4	16.0	3.3	30.0	14.0	0.7	8.4
1940*	33,839	43.6	26.2	21.3	3.1	29.5	12.6	0.9	8.7
1947*	33,329	53.4	22.3	16.3	4.0	23.0	6.4	0.8	8.0
1950	36,420	50.6	21.3	16.5	3.5	27.9	11.7		6.7
1955	41,310	42.9	22.9	17.3	4.3	34.2	16.3		10.4
1960	44,360	26.9	28.0	21.3	5.7	45.1	20.3		12.9
1965	47,300	23.5	31.9	24.3	6.9	44.6	21.3		13.7
1970	50,940	17.4	35.2	27.0	7.7	47.4	19.9	2.6	14.7
1975	52,230	12.7	35.2	25.8	9.2	52.1	21.6	3.3	16.4
1980	55,360	10.4	34.8	24.7	9.9	54.8	22.5	3.5	18.1
1985	58,070	8.8	34.3	25.0	9.1	56.9	22.7	3.7	20.6
1990	62,490	7.2	33.6	24.1	9.4	59.2	22.6	4.1	21.3
1993	64,500	5.9	33.7	23.7	9.9	60.4	22.4	4.0	22.3
1996	64,859	5.5	32.7	22.3	10.3	61.8	22.6	3.9	24.6
1999	64,620	5.2	31.1	20.8	10.1	63.7	22.9	3.9	26.1
2001	64,120	4.9	30.0	20.0	9.9	65.1	23.0	3.7	27.6

(注) 1：＊は総理府統計局「国勢調査報告」による。他は，総理府統計局「労働力調査」による。
2：伊藤誠（1999）「日本経済を考え直す」『学士会会報』講演特集号 96 頁の付表を引用。ただし，伊藤氏の了解を得て，再計算のうえ一部の数値を訂正し，1999 年および 2001 年については，原資料より算出のうえ加筆した。
(出所) 金子ハルオ「サービスとは何か」『経済』2003 年 7 月号，149-151 頁による。

たりの公務員数は日本よりずっと多い。北欧諸国は『大きな政府』だけれども知識経済で成長しています」（金子勝〔2008〕『閉塞経済』ちくま新書，48頁）との指摘にも注目しておこう。

次に，日本の産業構造の歴史的大変化の中での保健・医療・介護・福祉の領域の位置づけを検討しよう。

日本の産業別就業人口の推移は，表4-5のとおりである。敗戦直後の1947年に，第一次産業（農林水産業）に従事していた人口は，就業者総数の53.4％

表4-6 （狭義のサービス業）の中分類項目（26項目）

> （「日本標準産業分類〔1993年10月改訂〕」による）
> 洗濯・理容・浴場業，駐車場業，その他の生活関連サービス業（家事サービス業，冠婚葬祭業など），旅館，その他の宿泊所，娯楽業（映画・ビデオ制作業を除く），自動車整備業，機械・家具等修理業（別掲を除く），物品賃貸業，映画・ビデオ制作業，放送業，情報サービス・調査業，広告業，専門サービス業（公認会計士，著述家・芸術家業など），協同組合（他に分類されないもの），その他の事業サービス業（速記，計量，ビルメンテナンスなど），廃棄物処理業，医療業，保健衛生，社会保険・社会福祉，教育，学術研究機関，宗教，政治・経済・文化団体，その他のサービス業（集会場など），外国公務。

（出所）表4-5に同じ。

であった。2001年には10分の1以下の4.9％にまで激減した。農村から都市への人口大移動を反映している。

第二次産業の就業人口は，同じく1947年の22.3％（製造業16.3％，建設業4.0％など）から，2001年には30.0％（製造業20.0％，建設業9.9％）へと比重が増大した。建設業の比重の増大も注目を要する。

第三次産業（サービス業）は，同じく1947年の23.0％から，2001年の65.1％（卸・小売業23.0％，金融・保険・不動産3.7％，サービス業27.6％）へと激増した。表4-5の第三次産業のうちの，サービス業（狭義のサービス業）の内容は，**表4-6**のとおりである。1947年の8.0％から，2001年には27.6％に激増した。金融危機・経済恐慌の中でも，「医療業・保健衛生・社会保険・社会福祉」の重要性が増大しつつあるのが現状である。アメリカのサービス業における「保健・医療」の突出と同じ傾向である。

アメリカでは，移民の大量の受け入れによって，人口の減少はみられない。しかし，日本では，少子高齢化の進行に伴って，人口そのものが減少し始めた。日本における外国人労働者・移民の受け入れは，急増しつつあるがなお小規模であり，人権侵害を含む多くの問題点を抱えている。逆に，日本企業の多国籍企業化により，国外で勤務する日本人就学者数の増加も特徴的である。したがって，表4-5に加えて，グローバリゼーションによって急増した日系多国籍企業の在外事務所・工場などにおける日本人就業者と外国人就業者の産業別の動向も見落してはならない。

同時に，少子高齢化と人口の絶対的減少が進行中の日本で，日本企業の多国

籍企業化が日本国内での「産業の空洞化」をもたらし，就業構造の変化・非正規雇用の増加，失業・半失業者の増加に拍車をかけるという矛盾は，まさに深刻である。2008年9月以降の経済危機の深化の中で，日系ブラジル人など来日した外国人労働者が一段と厳しい労働条件・生活条件にさらされていることも見落してはならない（『経済』2007年12月号の特集「外国人労働問題」などを参照）。例えば外国人労働者として，2008年9月，インドネシアから看護師・社会福祉士候補200名が来日したが，日本政府と各自治体と受け入れ施設などの受け入れ体制には，重大な問題点が潜在している。

　医療分野のグローバリゼーションでは，医師・医療従事者と患者の国際移動の増加がある。高水準の医療と先進国よりも安価な治療費によって外国人患者の大量受け入れ体制を整備し「観光・ツーリズム」領域での高収入をはかる国（韓国，シンガポール，インド，タイ，インドネシアなど）も現れている。

2　多国籍製薬企業の歴史

　多国籍製薬企業にも，国別・時期別の諸特徴がある。

　19世紀のイギリスは，広大な植民地を支配していたので，イギリスの製薬企業が，カナダ・インドその他で現地企業を所有・支配していても，それらはすべて「自国内企業」であり「多国籍」ではない。

　そのことを前提とすれば，製薬企業の「多国籍企業」化の歴史的先駆はドイツのバイエルなどである。ドイツの多国籍製薬企業は，合成染料の発明に基づく総合化学企業の中から生成発展した。スイスの場合も類似している。

　多国籍企業という用語は，特に1950年代から多用されている。しかし，ドイツの巨大総合化学企業IGファルベンの歴史にみられるように，その実体に相当するものは，第二次世界大戦（1939～45年）以前からすでに存在している。

　第一次世界大戦（1914～18年）の敗戦によって，後のIGファルベンの主要構成企業バイエルは，きわめて厳しい試錬に直面し，1918年には，アメリカにおけるバイエル社がアメリカ政府によって没収された後，競売によって531万ドルでスターリングプロダクツ社に掌握されるなどの経過をたどった（C. C.マン，M. L. プライマー／平沢正夫訳〔1994〕『アスピリン企業戦争』ダイヤモンド

社, 77-83頁)。ドイツ製薬企業の多国籍的活動はアメリカ国内で阻止され, バイエルの本拠も1919年ニュージーランド軍に占拠された。

敗戦の苦境の中で, 1925年12月, 次の6社によって, IGファルベンが設立され, 急速に「多国籍企業」化するのである。

(1) バーデン・アニリン・ソーダ製造株式会社 (ルードウィッヒスハーフェン) 1861年設立
(2) フリードリッヒ・バイエル染料株式会社 (レーヴァークーセン) 1863年設立
(3) マイスター・ルチウス・ウント・ブリューニング染料株式会社 (ヘキスト) 1862年設立
(4) アニリン製造株式会社 (略称アグファ) (ベルリン) 1873年設立
(5) グリースハイム・エレクトロン化学工業株式会社 (フランクフルト・アム・マイン) 1898年設立
(6) ワイラー・テル・メール・化学工業株式会社 (ユールディンゲン) 1877年設立

IGファルベンには, 4人のユダヤ人重役や有能なユダヤ人幹部もいた。親ナチス・親ヒトラーとはいえなかったIGファルベンも, 1929年のアメリカ発の世界大恐慌と1933年のヒトラーの政権掌握の後, ヒトラー支持に転じた。

「1932—44年のあいだに, IGファルベンは合計4000万マルクをヒトラーにみついだ。……人造石油, 合成アンモニア, 合成ゴム—この3つの重要な戦略物資は, 実は, ファルベンがヒトラーのために供給したものであった」(岡倉古志郎〔1999〕『死の商人』改訂版, 新日本出版社, 105頁)。IGファルベンは, クルップとともに, 最大級の軍需企業であり,「380のドイツ会社を支配し, 世界の93ヵ国に散在した500以上の会社を保有していた」(マッコンキィ／柴田徳衛訳〔1955〕『独占資本の内幕』岩波新書, 214頁)。IGファルベンは, アウシュヴィッツに工場を建設して「囚人」労働者を酷使し, その多くを毒ガスによって虐殺した。ヒトラーと一心同体となったといっても過言ではない。IGファルベンは強大な「多国籍企業」であり, ヒトラーの国際的情報網, 国際的政治工作の拠点でもあった。この点, 日本の総合商社**三井物産**・三菱商事な

第4章　イノベーションと多国籍企業

どの国際的な軍事的・政治的役割なども想起される。

　1945年5月のドイツの敗戦後，IGファルベンは戦犯企業とされ，次の三大後継会社に分割され，経営者は**ニュルンベルク裁判**において，戦犯として有罪判決を受けた。

①バイエル（1863年設立）　合成染料，医薬品（アスピリンその他）などを製造していたが，1925年，IGファルベンを結成。1952年，同社の分割で再発足した。1899年発売開始の解熱剤アスピリンは世界的に有名。再発足後，日本でミドリ十字とともに薬害エイズ犯罪の加害企業の1つとなった。2001年9月のアメリカ同時多発テロ直後の「炭疽菌レター」事件（2008年，容疑者は米軍関係者とされたが，自殺）を背景に，炭疽菌病治療薬シプロの増産によって増収，業績が好転した。

②ヘキスト（1863年設立）　アニリン染料などを製造していたが，1925年，IGファルベンの設立に参加。1952年の再発足後，医薬品，合成繊維，染料，プラスチック，化学肥料，農薬，塗料などを製造。傘下にフランスのルセル社などとの合併による新薬大手のヘキスト・マリオン・ルセル社（1995年設立）を擁していたが1999年10月，フランス最大の製薬企業ローヌ・プーランと，バイオテクノロジー，医薬品部門を統合して，世界有数の新会社アベンティスを，フランスのストラスブールに設立した。現在は，サノフィ・アベンティスである。

③BASF（1816年創立）　IGファルベン結成に参加。1952年，バーディッシュ・アニリン・ウント・ソーダ工業会社として再発足。その後，塗料，医薬品，石油事業へも進出。世界170カ国に330以上の子会社・関連会社

三井物産：敗戦前，三井銀行・三井鉱山とならんで，旧三井財閥の主柱。当時日本最大の商社であった。物産の社員森格（つとむ，通称かく）は，日露戦争（1904～05年）の際にバルチック艦隊の進路の発見と通報で功績が認められ，後に政友会幹事長，田中義一内閣の外務次官として東方会議を主導。ただし，三井物産は，「敵」の蒋介石側に軍事関連物資を売って軍部に批判された側面もある。

ニュルンベルク裁判：1945年，連合国協定に基づき国際軍事裁判所が設立され，ドイツの戦争指導者24人に対して行った裁判。1946年10月1日判定。カイテル，ゲーリング，リッペントロップなどが絞首刑。同軍事法廷第6号で，1948年7月28日，IGファルベンの最高指導者13名に対する判決。有罪判決も禁固刑。ちなみに東京裁判では，財界人は起訴されていない。

表 4-7　第二次世界大戦後の IG ファルベンの三大後継会社概況＊

	売上高（100万DM）			労働者数（1,000人）		
	1952年	1957年	1959年	1952年	1957年	1959年
バイエル染料株式会社	866.9	1,853.1	2,459.0	33.2	49.8	55.1
バーデン・アニリン・ソーダ会社	661.8	1,690.0	2,268.0	25.7	38.4	43.6
ヘヒ〔キ〕スト染料会社	761.9	1,761.0	2,222.0	26.2	42.7	45.4

(注)　＊*New Times*, No 31, 1960.
(出所)　岡倉古志郎『死の商人』(改訂版) 新日本出版社, 120頁。

をもつ多国籍企業。

この3社は，**表4-7**のように，再発足後，急速に復活強化し，1991年の世界主要製薬企業の売上高で，ヘキストは7位，バイエルは12位となった。

ドイツに続いて国際的に展開したのはフランス・スイスなどの製薬企業であるが，フランスの場合，薬局が製薬の主体となり，いわゆる「専業的製薬企業」として発展したという特徴がある。フランスの銘柄別医薬品は，1885年には543種（1991年には8000種）であった。「初めはこの銘柄別医薬品はそのほとんどが薬局の管理しているラボラトリーから生まれた。……1950年には1960社〔製薬企業〕のうち990社（約50％）が薬局に属する製造業者であった」（辰野高司監修〔1993〕『フランスの薬剤師・薬学・医薬品』朝日ホームドクター社, 8-9頁)。「1991年にフランスの医薬品産業には製薬企業340社と医薬品製造設備を有する薬局が13あり，この変遷は，一面，フランスの医薬品産業が薬局から生れ発足してきたものであることを示している。ドイツやスイスの業界は化学会社から発足してきたものである」（辰野〔1993〕35頁）。現在は，サノフィ・アベンティスが代表的多国籍製薬企業である。

アメリカの「多国的製薬企業」は，戦争によって発展し，第二次世界大戦後に急速に対外進出を行う。典型的事例として，メルクとファイザーについて検討しよう。

メルクは，1668年生成のドイツのメルク家の薬局が源流であり，1891年にアメリカでメルク＆カンパニー社が設立された。

第二次世界大戦中，ルーズベルト大統領は，1942年の「マンハッタン計画」開始と同じ年に生物兵器の研究開発を決定した。日本の731部隊・石井四

郎機関などの情報を入手して決断したのである。研究開発の総指揮者となったのが，メルク社のジョージ・メルク社長であった。現在のフォート・デトリックを拠点として，急速に研究開発を進め，4ポンド炭疽菌爆弾100万発の生産能力を備えるにいたり，チャーチル英首相は，対独戦用に30万発を発注した。しかし，1945年5月にドイツが降伏したため未使用に終った。

ところが，第二次世界大戦後，「731部隊・石井機関」の資料入手後も，ジョージ・メルクは，生物兵器の開発・生産の続行を国防総省に進言し，アメリカ産の生物兵器は，朝鮮戦争（1950～53年）をはじめ，キューバなど多くの「敵性国家」に対して使用された（イワノフ，ポガチ／鈴木啓介監訳，中西久仁子訳〔1991〕『恐怖の細菌戦』恒文社，18頁）。アメリカ最大級の製薬企業の社長は，大量殺人兵器・生物兵器の生産に固執し，資金面，機密情報面，政府資金に基づくイノベーションなどで，多大の利益を得た。

「マンハッタン計画」以後，原爆の研究開発・生産の諸過程において，ゼネラル・エレクトリック（GE），ウェスティング・ハウス（WH）などは，巨大な利益を得，原子力発電所の建設においても独占的・支配的地位を占めたが，メルクの場合も共通する。そのメルクは，一時期，アメリカの最優良企業と評価された。日本では，現在，萬有製薬を100％所有・支配している（儀我壮一郎・上田広蔵・蔵本喜久〔1996〕『武田薬品・萬有製薬〈メルク〉』大月書店参照）。

ファイザーは，現在売上高世界最大の「多国籍製薬企業」であり，日本国内の「外資系企業」の中でも売上高は第1位である。

ファイザーは，1848年にアメリカに移民したドイツ人青年ファイザーとエアハルトがニューヨークで会社を設立したのが源流である。

1861～65年の南北戦争では，死者62万人とみられている。医薬品の戦時需要が急増する中で，輸入医薬品の国産化が進み，ファイザーは急成長した。クエン酸の大量生産の成功などで業績が拡大したのである。

1939年開始の第二次世界大戦も，ファイザーに巨利をもたらした。戦争が重要な「ビジネス・チャンス」となるのである。

イギリス人フレミングが1928年に発見したペニシリンを，米軍将兵の戦闘能力保持のために使用すべく，アメリカ政府は，ファイザーなど数社に生産を

委託した。ファイザーは，ペニシリンの量産化に成功し，生産額では，世界最大のペニシリンメーカーとなった。

1946年には，ストレプトマイシンの創薬に成功，1949年には，テラマイシンの創薬に成功，抗生物質製剤の主流の地位を占めるにいたり，従来の「化学・製薬企業」から，専業の製薬企業に変身した。

朝鮮戦争，ベトナム戦争，アフガニスタン・イラクに対する「反テロリズム戦争」などの中で，メルク，ファイザーなどのアメリカ製薬企業は，発展を続けてきた。製薬業界は，イラク戦争賛成，共和党支持であった。

日本の製薬企業とその「多国籍企業」化について概観しよう。

明治維新以前の日本の医療体系は，漢方医学が主流であり，西洋医学は主として外科手術の領域で摂取されていた。

ところが，1849（嘉永2）年6月，ドイツ人蘭法医モーニッケが痘菌をもたらし，緒方洪庵たちが，京都・大坂に除痘館を設立した。江戸では，やや遅れて1858（安政5）年に種痘館が設置された。これは，漢方医学凋落の重要なきっかけとなった（梶田昭〔2003〕『医学の歴史』講談社学術文庫，301頁以下）。

さらに，次のような内戦・対外戦争が，西洋医学・医薬品の漢方医学・漢方薬に対する優位を決定的なものとした。

　　戊辰戦争（1868-69年）　　：英人医師ウィリス活躍，西洋医学・西洋薬に
　　　　　　　　　　　　　　　　対して高い評価。
　　西南戦争（1877年）　　　：軍需医薬品と伝染病対策。
　　日清戦争（1894-95年）　　：「漢方」大打撃を受ける。
　　日露戦争（1904-05年）　　：「軍需医薬品」仁丹帝国主義。
　　第一次世界大戦（1914-18年）：ドイツからの輸入杜絶。国産化。

「わが国の薬の研究・教育・薬の流通，薬をめぐる制度について，根本的に従来のものを揺り動かしたのは西南戦役（1877〔明治10〕年）であった。……その戦では，かつて想像もつかなかったほどの死傷者を出し，また不幸なことに，時を同じくして様々な伝染病が重なって来たのである」（辰野高司〔2001〕『日本の薬学』薬事日報社，81頁）。

漢方医学が，この状況に対応することは困難であった。「殊に鉄砲による傷

口の消毒や伝染病対策の消毒薬は漢方では普通には使用されない薬品であり，その需要量もおびただしい量であった。大量の輸入外国産医薬品の中には，優良な医薬品もあったが，いい加減な粗悪品も大いに混じっていたようであった」（辰野〔2001〕82頁）。このような時に，まず真偽鑑別の学が要求され，日本における西洋近代薬学の出発点となった。この時期は，医薬品の国産化の起点ともなったのである。辰野高司によれば，日本の製薬企業は次のように区分される（辰野〔2001〕109頁）。①と④が，商業資本から産業資本への転化であり，その後，主流的地位にあることが，日本的特質である。

　①和漢薬問屋→西洋薬問屋→製薬メーカー（武田，塩野義，田辺，藤沢など）
　②局方品メーカー（大日本製薬，丸石製薬，帝国製薬，東京薬品など）
　③新薬メーカー（三共，第一製薬，日本新薬，森下製薬，萬有製薬など）
　④輸入商メーカー（友田製薬，鳥居薬品など）

　このいずれについても，その後「医薬品専業メーカー」として生成発展するのであり，例えばドイツのバイエル社のように，化学企業が総合化学企業となり，医薬品をも生産する「兼業企業」ではないことに注目しておこう。

　漢方，洋医の論争が続く中で，1883（明治16）年10月，医術開業試験規則および免許規則が制定され，漢方医は，法律的に敗北してしまった。さらに，「……漢方が否定された時期はちょうど日清戦争〔明治27-8，1894-95年〕の直前であり，漢方が敵国医学であることも，攻撃者にとっては好目標であり，漢方抹殺論が声高に述べられる風潮があったのである」（辰野〔2001〕88頁）。西南戦争と日清戦争が，西洋医学ひいては西洋医薬品の漢方薬に対する優位を増幅したのである。

　日本の製薬企業の本格的な発達は，第一次世界大戦（1914〔大正3〕〜18〔大正7〕）による海外貿易の杜絶と輸入医薬品の欠乏を補うための国産化の必要および敵国ドイツの特許の戦争を理由とする一方的な利用に基づいている。明治政府の製薬企業の保護育成政策も強力であり，多岐にわたった（日本産業調査会編〔1955〕『医薬品』五月書房，14頁以下）。

　以上のほか，中国などへの商品輸出・資本輸出（「多国籍企業」化への端緒）をも含めて，日本の製薬企業は，戦争と侵略の諸条件を利用しながら急成長し

てきた。しかし，1945（昭和20）年の敗戦によって，植民地・半植民地，占領地域などにおけるすべての「在外資産」を失うにいたったのである。

第二次世界大戦後，日本の製薬企業は，1960年代初頭からの国民皆保険と薬価基準制度を利用しながら，主として国内市場を舞台として成長し続けた。その本格的「多国籍企業」化は，21世紀に入ってからである（後述）。

3　多国籍製薬企業の現状と問題点

[1] 多国籍製薬企業の国内的・国際的な大型M&A

米欧日の主要な「多国籍製薬企業」とそれぞれの国際的地位は，**表4-8**のとおりである。

1980年代以来，米欧諸国と日本では，重要な業種で大型の企業合併・買収（M&A）が広範かつ急速に進行した。業種別には，①情報通信産業，②医薬品産業（日本以外で），③金融業において顕著であった。

1990年代に入って，自動車，石油，航空宇宙産業などの領域においても，大型M&Aは急増した。

1980年代の製薬企業のM&Aについて，中川洋は，次の4つのパターンに分類している（中川洋〔1991〕『医薬品産業の現状と将来』薬業時報社，57頁以下）。

第一，テクノロジーの獲得。〔イノベーションのあり方と関連〕

第二，他産業から医薬品産業への参入の手段としての買収。コダックによるスターリング・ドラッグの買収など。〔21世紀の日本で多発〕

第三，グローバリゼーション。80年代後半は，主としてヨーロッパ企業がアメリカ企業を買収する形であった。ビーチャム（英）とスミスクライン（米）の合併，ローヌ・プーラン（仏）とローラー（米）の合併，ロシュ（スイス）のジェネンティック（米）買収など。

第四，規模拡大型の企業合併あるいは買収。ブリストルマイヤーズ（米）と

M&A：Merger and Acquisitionの略。その結果は企業合同・トラストとなる。M&Aは，話し合いによる場合とTOB（Take-over bid：株式の公開買付）などによる敵対的な場合がある。M&Aに伴う役員人事，従業員の人員整理その他多くの問題を含んでいる。

第4章 イノベーションと多国籍企業

表4-8 世界の医薬品メーカー売上高トップ20

順位	メーカー名	売上高（億円）	伸び率（％）
1	ファイザー（米）	49,861	▲1.5
2	サノフィ・アベンティス（仏）	46,375	▲1.1
3	グラクソ・スミスクライン（英）	43,116	▲4.2
4	ロシュ（スイス）	38,728	12.6
5	ノバルティス（スイス）	36,642	10.7
6	アストラゼネカ（英）	32,227	11.5
7	ジョンソン&ジョンソン（米）	27,910	6.9
8	メルク（米）	27,160	6.9
9	ワイス（米）	20,910	10.3
10	イーライ・リリー（米）	19,797	19.0
11	ブリストル・マイヤーズスクイブ（米）	17,634	12.7
12	バイエル・シェリングファーマ（独）	16,973	37.3
13	アムジェン（米）	16,579	3.5
14	アボット・ラボラトリーズ（米）	16,423	18.0
15	ベーリンガー・インゲルハイム（独）	15,082	3.5
(参考)	シェリング・プラウ（米）・オルガノン（蘭）通年	14,872	―
16	ジェネンティック（米）	13,159	26.3
17	武田薬品工業（日本）	12,102	5.8
18	シェリング・プラウ（米）	11,418	18.8
19	デバ製薬工業（イスラエル）	10,559	11.9
20	アステラス製薬（日本）	9,715	5.8

(注) 医療用医薬品の売上高で，原則として大衆薬売上高は含まない。日本企業は2008年3月期，他は主に07年12月期。伸び率は前年比。為替は07年末時点（1ドル=112.24円）で換算。18位のシリング・プラウは買収を完了した11月19日以降のオルガノンの売上高を含む。オルガノンを通年で含めると16位となる。
(出所) 『週刊東洋経済』2008年7月19日号。

スクイブ（米）の合併など。

1980年代後半から2000年にいたる国内的・国際的M&Aは，まさに疾風怒涛の勢であった。その詳細は，1987〜96年の変化の一覧表を含めて，儀我『薬の支配者』（2000年，新日本出版社，59頁以下）を参照していただきたい。

21世紀に入るまで，日本の製薬企業は，厚生省（現・厚生労働省）の「護送船団」方式のもとで，国内市場中心の「温室」に安住し，M&Aと無関係，倒産とも無関係という「構造的好況業種」ないし「構造的安定業種」であった。

さて，1994年から2001年にいたる大型M&Aの実態は，図4−1のとおりであり，規模の巨大化と，順位交替の激しさは，厚生労働省が「M&A旋風」

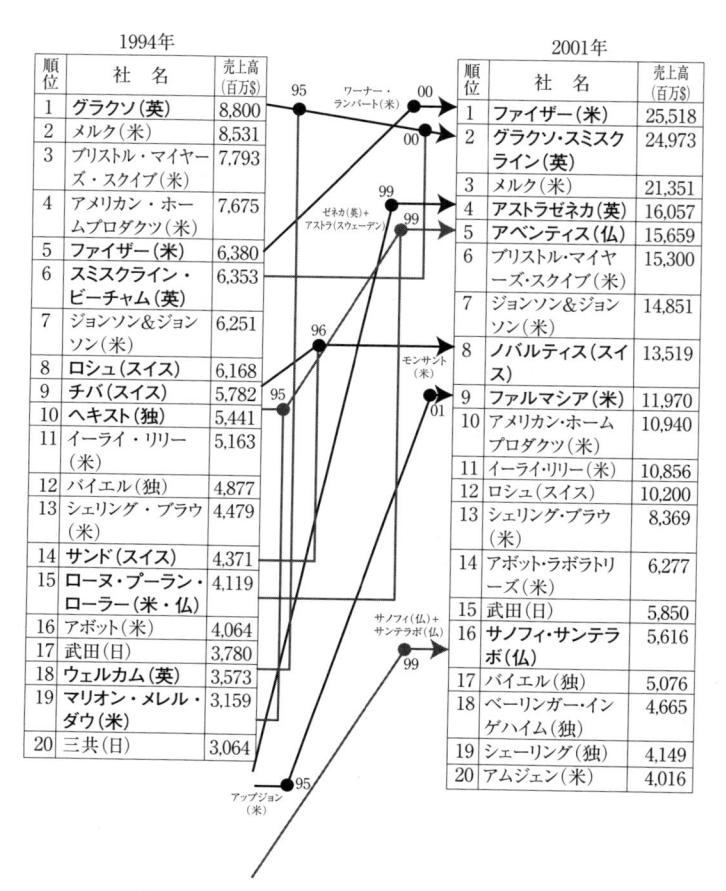

1994年 順位	社名	売上高(百万$)		2001年 順位	社名	売上高(百万$)
1	グラクソ(英)	8,800		1	ファイザー(米)	25,518
2	メルク(米)	8,531		2	グラクソ・スミスクライン(英)	24,973
3	ブリストル・マイヤーズ・スクイブ(米)	7,793		3	メルク(米)	21,351
4	アメリカン・ホームプロダクツ(米)	7,675		4	アストラゼネカ(英)	16,057
5	ファイザー(米)	6,380		5	アベンティス(仏)	15,659
6	スミスクライン・ビーチャム(英)	6,353		6	ブリストル・マイヤーズ・スクイブ(米)	15,300
7	ジョンソン&ジョンソン(米)	6,251		7	ジョンソン&ジョンソン(米)	14,851
8	ロシュ(スイス)	6,168		8	ノバルティス(スイス)	13,519
9	チバ(スイス)	5,782		9	ファルマシア(米)	11,970
10	ヘキスト(独)	5,441		10	アメリカン・ホームプロダクツ(米)	10,940
11	イーライ・リリー(米)	5,163		11	イーライ・リリー(米)	10,856
12	バイエル(独)	4,877		12	ロシュ(スイス)	10,200
13	シェリング・ブラウ(米)	4,479		13	シェリング・ブラウ(米)	8,369
14	サンド(スイス)	4,371		14	アボット・ラボラトリーズ(米)	6,277
15	ローヌ・プーラン・ローラー(米・仏)	4,119		15	武田(日)	5,850
16	アボット(米)	4,064		16	サノフィ・サンテラボ(仏)	5,616
17	武田(日)	3,780		17	バイエル(独)	5,076
18	ウェルカム(英)	3,573		18	ベーリンガー・インゲルハイム(独)	4,665
19	マリオン・メレル・ダウ(米)	3,159		19	シェーリング(独)	4,149
20	三共(日)	3,064		20	アムジェン(米)	4,016

図4-1 M&A旋風による国際製薬業界の大再編

(注) 1:順位および売上高はユート・ブレーン Cuto Brain による。
　　 2:2007年7月,ファイザーがファルマシアを買収すると発表。
(出所) 厚生労働省(2002)『医薬品産業ビジョン』資料3頁。

と名づけたのも偶然ではない。日本企業は,この時期にも,国内的M&Aの圏外である。

　21世紀に入ってからも,欧米企業主体の大型M&Aは続いてきた。

　売上高(2007年12月期—以下同じ)首位のファイザー(米)は,2003年ファルマシア(米)を買収した。

　アベンティス(仏)は,2004年サノフィ・サンテラボ(仏)と合併してサノ

第4章　イノベーションと多国籍企業

```
山之内製薬 ┐合併
        ├──→ アステラス製薬
藤沢薬品  ┘(05.04)

三共     ┐合併
        ├──→ 第一三共
第一製薬  ┘(05.09)

大日本製薬    ┐合併
            ├──→ 大日本住友製薬
住友製薬(住友化学)┘(05.10)

帝国臓器製薬 ┐合併
          ├──→ あすか製薬
グレラン製薬 ┘(05.10)

吉冨製薬  ┐合併
        ├─ウェルファイド┐
ミドリ十字┘(98)         │合併  三菱ウェルファーマ┐
                     ├(01)─              ├合併─ 田辺三菱製薬
三菱化学 医薬品部門┐合併   │     田辺製薬     ┘(07)
              ├─三菱東京製薬┘
東京田辺製薬    ┘(99)
```

図4-2　国内製薬企業の再編

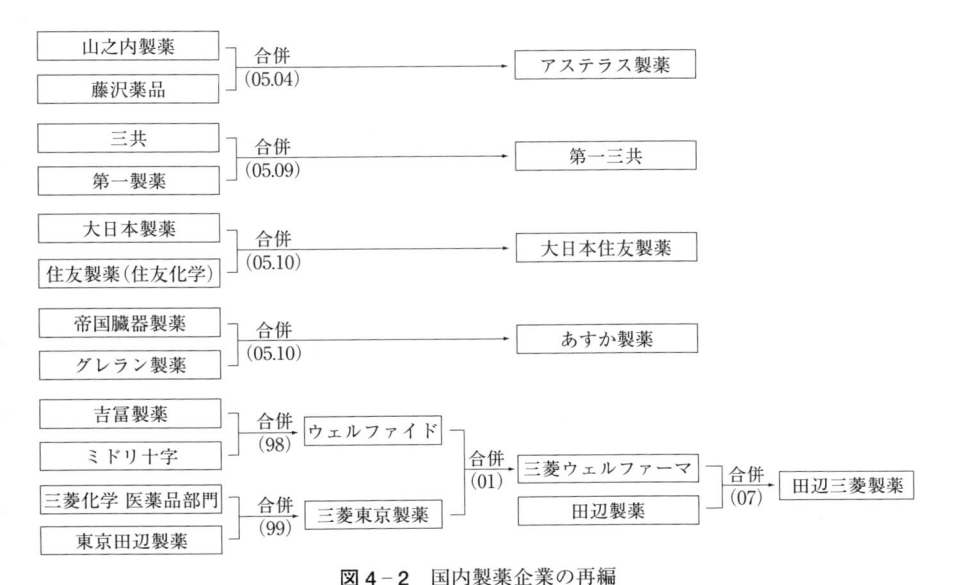

(出所)　荒木茂仁（2008）「薬事法・医薬品承認審査をめぐる諸問題」『月刊国民医療』2008年5月号，11頁。

フィ・アベンティスとなり，売上高2位の座を占めた。

売上高4位のロシュ（スイス）は，2002年，中外製薬（日）を傘下に収めた。

売上高11位のブリストル・マイヤーズスクイブ（米）は，2001年，デュポン（米）の医薬品事業部を買収している。

売上高12位のバイエル・シェーリングファーマは，2006年，バイエル（独）とシェリング（独）が合併して順位を上げた。

売上高16位のシェリング・プラウ（米）は，2007年，オルガノン（蘭）を買収した。

以上のように，巨大企業がさらに巨大化する状況であったが，2008年9月のリーマン・ブラザーズ破綻以後の世界金融危機・大恐慌の中で，製薬産業も含めて，M&Aの流れには変化が生まれ，減少傾向も生まれつつある。また，大規模化追求のM&Aについては，世界最大の自動車メーカーGMや金融業のシティグループ，バンク・オブ・アメリカなどの危機的状況が，「大きいことは良いことだ」とは限らないことの実証として，特に教訓的である。

表4-9 日本の製薬会社による大型買収

順位	買収企業	買収対象(国籍)	金額(億円)	公表時期
1	武田薬品工業	ミレニアム・ファーマシューティカルズ(米)	8,800	2008年4月
2	エーザイ	MGIファーマ(米)	4,337	2007年12月
3	藤沢薬品工業(現アステラス製薬)	ライフォメッド(米)	1,050	1989年8月
4	武田薬品工業	アムジェン日本法人(日)	900	2008年2月
5	山之内製薬(現アステラス製薬)	シャクリー(米)	495	1989年4月
6	山之内製薬(現アステラス製薬)	日本シャクリー(日)	455	1989年4月
7	アステラス製薬	アジェンシス(米)	418	2007年11月
8	山之内製薬(現アステラス製薬)	ロイヤル・ヒストプロカデス(蘭)	380	1990年12月
9	エーザイ	モルフォテック(米)	380	2007年3月
10	第一三共	ゼファーマ(日)	355	2006年3月

(注) 社名は買収時点, 2〜10位はレコフ資料をもとに作成。
(出所) 『日本経済新聞』2008年4月12日付。

さて，日本製薬企業の大型M&Aは，**図4-2**のとおり，2005年以降，まさに爆発的に進行した。図4-2以外に，2005年には，帝国臓器製薬とグレラン製薬の合併による「あすか製薬」の誕生があり，2006年には，興和と日研化学の合併による「興和創薬」の発足などかある（詳細は，じほう編〔2008〕『薬事ハンドブック　2008』じほう，476-477頁参照）。

以上のM&Aの中で，731部隊と深く関連する薬害犯罪多発企業「ミドリ十字」が，合併を重ねて，「田辺三菱製薬」となった経緯には，注目が必要である（薬害エイズと政官財学の癒着については儀我壮一郎〔2000〕『薬の支配者』新日本出版社，222頁以下参照）。

日本の製薬企業の本格的多国籍企業化は，2007年12月のエーザイによるMGIファーマ（米）の買収から始まった。2008年4月までの主要な大型買収は，**表4-9**のとおりである。

その後，第一三共が次の2件の買収を公表した（**表4-10**）。

さらに，2008年7月1日，塩野義製薬は，米ナスダック上場の中堅製薬会社，サイエル・ファーマを買収すると発表した。総額14億2400万ドル(約1500億円）を投じ，完全子会社にする（『日本経済新聞』2008年7月2日付）。

第4章　イノベーションと多国籍企業

表4-10　第一三共の外国企業買収

会社名	買収対象企業	買収金額（億円）	買収完了時期
第一三共	独ユースリー・ファーマ	250	2008年6月
	印ランバクシー・ラボラトリーズ	最大5,000	2008年内

（注）　買収金額は完了時の為替レートで計算，一部日経推定。
（出所）　『日本経済新聞』2008年8月28日付。

以上の新しい動向の中で，次の諸点が注目される。

　第一，日本の製薬企業による外国企業買収として，空前の規模である。2008年1～8月の日本企業による外国企業買収の中でも，武田薬品と第一三共は，金額的に突出して1位と4位を占めている。

　第二，武田，第一三共，アステラス，エーザイの大手4社は，2007年末時点で約3兆円の**手元流動性**があったが，2008年末には上述の大型買収によって，約半分の1兆5000億円台にまで減りそうだとみられている。しかし，手元流動性は依然高水準で，まだ買収余力が残っているとの見方が根強い（『日本経済新聞』2008年8月28日付）。ただし，世界同時株安の深刻な影響も重視する必要がある。

　第三，大型買収の目的からみて，大きく3つの類型に区分することができる。

①新薬確保の目的の武田薬品とエーザイは，有力新薬の特許切れという「2010年問題」の解決が迫られている中で，新薬候補をもつ企業を買収する。当然，買収対象は先進国企業となる。買収によるイノベーション効果をめざす。

②**ジェネリック薬**領域での地位強化と新しい販路獲得の目的。第一三共は，インド最大で，ジェネリック薬製造を主業務とするランバクシー・ラボラトリーズを買収する。ランバクシーは，諸外国に有力な販路を有するので，

手元流動性：貸借対照表の資産の部に計上されている現金および預金，有価証券の項目を合算して算出する。

ジェネリック薬：後発医薬品。新薬（ブランド品）の特許期間経過後に発売される，有効成分，投与経路，用法用量。有効性などが同等の薬品。新薬の特許切れ段階にゾロゾロ現れるので「ゾロ品」あるいはジェネリック（一般名収蔵）薬とも呼ばれる。日本では，厚生労働省の医療費抑制の一環としての使用促進政策もあり，増加中。

新地域の販路拡張の効果もめざす買収である。

③アメリカ国内の販売体制強化の目的。塩野義は，全米に約800人の営業員をもつサイエルの買収による販売体制強化が主目的である。

このように，最新の日本製薬企業の多国籍企業化の動向も一様ではない。

逆に，米欧の多国籍製薬企業の日本市場への進出はメルク（米）による萬有製薬の100％子会社化（2004年），ロシュ（スイス）による中外製薬の子会社化（2002年），バイエル薬品（独）の日本シェーリング合併（2007年）などがある。ファイザー（米），ノバルティス・ファーマ（スイス），ジョンソン＆ジョンソン（米），グラクソ・スミスクライン（英），アストラゼネカ（英）などの「外資系企業」の日本市場における比重の増大と，武田薬品をはじめ日本企業における外国人株主の比重増大も注目すべき動向である。

2　多国籍製薬企業をめぐる諸矛盾

グローバリゼーションの潮流の中で，米・欧・日の多国籍企業は，先進国の内部においても，新興諸国の内部においても，その支配的地位を強化してきた。しかし，多国籍製薬企業も含めて，多国籍企業は，多様な諸矛盾を生み出し，深刻化する（儀我壮一郎〔1981〕『多国籍企業』青木書店参照）。

第一は，国際的規模における労資間の対立と矛盾の激化・複雑化である。資本輸出に伴う本国労働者の労働条件の悪化と一部の労働貴族の生成があり，また，外国人労働者の受け入れも新しい問題を生む。

第二は，多国籍企業と，その受入国における民族解放運動との対立・矛盾，さらには国家主権（受入国および本国）との対立・矛盾である。先進国の多国籍企業は，本国の政治力・経済力・文化力などを利用して他国に侵入するが，時として，本国の「国策」に沿わない企業活動を強行する場合もある（敵国への武器輸出・経済協力など）。

第三は，多国籍企業の本国と受入国における中小零細企業，農漁民，地域住民（特に薬害・公害の環境破壊その他），一般消費者などとの対立・矛盾である。多国籍製薬企業の場合は，新興国における人権無視の治験（人体実験），自国内で販売禁止の医薬品の輸出などの事例も含まれる（ダイアナ・メルローズ／上

田昌文・川村暁雄・宮内泰介訳〔1987〕『薬に病む第三世界』勁草書房，2005年度アカデミー賞4部門ノミネート作品『ナイロビの蜂』（フェルナンド・メイレレス監督）など参照）。

第四は，多国籍企業相互間の競争・対立・矛盾である。さらには，多国籍企業をその一翼・構成要素とするモルガン，ロックフェラー，三井，三菱，住友等々の各国金融資本相互の競争・対立・矛盾である。ただし，これらの競争・対立・矛盾を，各種の業務提携・合併・カルテル・国際カルテルなどによって「調整」し，前述のICHのような独占的支配力を強化する動きも存在するのであり，事態は単純ではない。

2008年9月以来，アメリカ型「新自由主義」の自由競争・自己責任論は完全に破綻した。投機的手法によって巨額の利益を獲得していた金融機関が，破産の危険に直面するやいなや，「自己責任」論と正反対の政府・自治体などの公的支援を求めてやまない。ダブルスタンダード（二重基準・二枚舌）の典型である。そして現在，アメリカ・欧州・日本をはじめ多くの国で「公的支援」が実施されているのである。

「新自由主義」的グローバリゼーションが生み出した諸困難を解決するための「反グローバリゼーション」の国際的潮流が生成し強化されるのは，必然的である。国際連合，IMF，世界銀行，**WTO**などがけっして「万能」ではなく，その限界と問題点が鮮明になりつつあるのが現状である。これらの新しい動向は，キューバはもとよりとして，ベネズエラ，ボリビア，ブラジルその他多くの中南米諸国の指導者が適確に指摘し，改革案を提起していること，中国，ロシアなどの動向が，旧国際経済秩序の変革を迫っていることなどによって実証されている。新国際経済秩序については儀我『多国籍企業』（前掲）を参照されたい。

多国籍製薬企業のイノベーションについていえば，『ニューイングランド医学雑誌』の前編集長であるマーシャ・エンジェル医師の名著『ビッグ・ファー

WTO：World Trade Organization（世界貿易機関）の略称。ウルグアイ・ラウンドの決定に基づき，GATT（General Agreement on Tariffs and Trade, 関税貿易に関する一般協定）を発展的に吸収して1995年に設立された国連関連機関の1つ。本部はジュネーブ。

> > *Column* < <

イノベーションとは何のことでしょう

　ひとつの学術用語の意味にも，歴史的な変化があります。同じ用語の位置づけも，総合的に深く検討することが必要です。

　イノベーション（innovation）についてその諸側面を調べてみましょう。

　シュンペーター（1883-1950）は，景気循環を通じて資本主義の動態的発展をもたらす原動力は，新商品，新生産方法，新市場，新資源，新組織などの開発を遂行する企業家の創造的機能である，としました。この企業家による生産諸要素の新結合を「イノベーション」（新機軸，技術革新などと訳される）と呼び，その本質は創造的破壊であると主張しました。シュンペーター理論の基礎概念です。

　近代経済学の景気循環論では，主張者の名前に基づいて，①ジュグラー循環（設備投資の動向を重視する10年程度の中期循環），②キチン循環（在庫品の増減に注目する4カ月程度の短期循環），③コンドラチェフ循環（物価と利子率，生産量の分析に基づく50～60年の長期循環）が有力です。シェンペーターは，この①②③を総合する3循環シェーマを採用しました。その各循環の根本的要因を，イノベーションに求めたのです。

　シュンペーターは，第一長期波動（1780年代～1842年）を産業革命，第二長期波動（1842～97年）を蒸気と鉄鋼の時代，第三長期波動（1898～　）を電気，化学，自動車の時代としました。また，1825～30年，1870～78年，1929～34年の大不況は，①②③の循環の不況局面が重なったことによる，と説明しました。

　第二次世界大戦後，イノベーションは，技術革新を中心に論じられています。原子力（原爆・原発），生命科学（生物兵器・遺伝子操作など），情報通信技術（コンピュータ・インターネット・光通信・ケータイなど），宇宙開発が重視されますが，そのすべてが，戦争・軍事技術と深く結びついています。2008年9月から深刻化した世界的大不況は，金融業界のどのような金融工学利用イノベーションに基づくのでしょうか。金融危機が実体経済を恐慌に陥れたのです。

マ──製薬会社の真実』（後出の推薦図書）に，実例を挙げて詳論されているとおりである。製薬企業の研究開発費は，他の業種の企業と比較して相対的に高い比率を占めているが，特に21世紀に入って，新薬の開発は，困難となりつつある。医療の世界も，自動車業界におけるガソリン車からハイブリッド車へ，さらに電気自動車・太陽光自動車への移行に似た大変動の局面を迎えているので，製薬企業の側の対応も多くの問題を抱えている。遺伝子組み換え，再生医

療などが医療の新局面を生み出しつつある。また，薬害・副作用の多発に対する患者・被害者，その家族などによる批判は，「薬害の根絶」へと結集しつつある。外国の安全性未確認の医薬品イレッサやアメリカのラムズフェルド元国防長官に高利益をもたらすタミフルなどの安易な導入も許されない。多国籍企業に対する民主的規制は国内的にも国際的にもますます必要である。

2010年問題といわれる特許切れ続出を迎えて，多国籍製薬企業の進路が問題視される。特に世界最大の市場アメリカで，製薬業界の献金の8割は共和党向けであったが，オバマ大統領と民主党の上院・下院における多数確保という新しい状況下でのファイザー，メルクなどの動向が注目される。

日本では，新型インフルエンザの世界的大流行（パンデミック）に備えるためという戦時的国家総動員体制づくりの側面とタミフル薬害などの薬害根絶の必要性があらためて重視される（儀我壮一郎〔2009〕「タミフル・新型インフルエンザ・戦時体制化と多国籍製薬企業」片平洌彦編『タミフル公害』桐書房）。

[推薦図書]

儀我壮一郎（2000）『薬の支配者』新日本出版社
　世界と日本の「多国籍製薬企業」の実態と医療の領域における支配的役割を批判的に解明。改革案を提示している。

マーシャ・エンジェル／栗原千絵子・斉尾武郎共訳（2005）『ビッグ・ファーマ——製薬会社の真実』篠原出版新社
　製薬企業におけるイノベーションの実態を知るために最適の名著。意外な真相はまさに衝撃的。

今井賢一（2008）『創造的破壊とは何か——日本産業の再挑戦』東洋経済新報社
　日本で，どのようなイノベーションが可能・必要かについて，幅広い学問分野と現実を結びつけながら検討するための問題提起的労作。

[設問]

1．日本の多国籍製薬企業の歴史的・国際的特徴を述べてください。
2．イノベーションと不況・恐慌との関係について考察してください。
3．イノベーションと軍事技術・戦争との関係について述べてください。

（儀我壮一郎）

第Ⅱ部

BRICsの台頭とグローバル経営

第5章

中国のWTO加盟と自動車産業の発展
──北京現代汽車社と産業集積の発展経路──

新興経済国における産業の保護および育成は重要な課題ですが，WTOのルールに従い，新興経済国市場を先進国の企業に開放するのは当該国の産業にどのような影響を及ぼすでしょうか。多国籍企業における世界戦略は，進出先の地域経済や地域産業にどのような影響を及ぼすでしょうか。

1 中国自動車産業における多国籍企業の役割

1 WTO加盟と中国自動車市場の量的成長

　1956年，国産トラックをつくることから始まった中国の自動車産業は，1978年の**改革開放**以降，外国資本からの技術導入などを通じて量的・質的成長を遂げてきた。

　1978年，当時の国家指導者であった鄧小平は「白い猫でも黒い猫でも，鼠をとる猫がよい猫だ」と表現し，外国企業に市場を開放した。「黒い猫」とはいわば外国企業を意味し，「鼠をとる」とは自国産業の成長と経済の発展を意味する。それから22年後，中国はWTO（World Trade Organization：世界貿易機関）に正式に加盟することとなり，サービス，インフラストラクチャ，そしてハイテク産業分野への外国企業の参入規制も自由化された。中国政府と黒い猫は，いまや二人三脚で，たくさんの鼠を取ろうとしているのである。このような傾向は，特に自動車産業において目立つ。

改革開放：1978年12月に開催された中国共産党第11期中央委員会第3回全体会議において決議され，鄧小平の指導体制の下で開始された，中国国内体制の改革および対外開放政策のことをいう。華僑や欧米資本を積極的に導入することで，資本や技術の移転を促進する一方，企業の経営自主権の拡大などの経済体制の改革が進められた。

中国がWTOに加盟した2001年，ハーウィット（Eric Harwit）は，中国のWTO加盟が中国自動車産業に及ぼす影響について，①関税引き下げによって輸入車市場が拡大されれば，規模の経済を達成できない中国企業は競争できず，市場からの退出を余儀なくされる，②すでに中国進出を果たしている多国籍企業は，現地生産量を拡大するので輸入車の増加による衝撃はそれほど大きくなく，また，中国政府の**非関税障壁**を通じた輸入抑制および地方政府の保護主義的傾向はWTO加盟後にも堅持されるため，中国自動車産業は漸進的に成長する，という2つの対照的なシナリオを示した（Eric Harwit〔2001〕"The Impact of WTO Membership on the Automobile Industry in China," *The China Quarterly*, No. 167, September, pp. 655-670）。ハーウィットは，WTOへの加盟が中国自動車産業の発展において大きな機会にもなれば，逆に脅威にもなりうるという，予想をしているが，現状では中国のWTO加盟は，中国自動車産業の産業基盤を失わせる結果にはならないようにみえる。

2006年における中国自動車産業は，728万台の自動車を生産し，世界第3位の自動車生産国となった。しかも，05年からは自動車の輸出台数が輸入台数を上回っており，乗用車部門においてもかなりの規模で輸出できるようになっている。したがって，すでに中国の自動車産業は中国経済を牽引する役割を果たしているとみてよかろう。

このような中国自動車産業の量的成長は，自動車市場の開放をにらんだ外国自動車メーカーの中国進出，特に2001年における中国のWTO加盟を前後にした中国への直接投資によるところが大きい。しかも，多くの部品産業が含まれる中国自動車産業は，多国籍企業の生産ネットワークの一部として次第に力をつけている。

2 WTOと多国籍企業

そもそもWTOのルール，すなわち貿易規制に対しては，先進国の多国籍企

非関税障壁：輸入される製品に対して関税以外の方法によって貿易を制限することである。具体的には，輸入品に対して数量制限や課徴金を課すこと，輸入時に煩雑な手続きや検査を要求すること，などである。また，国家特有の社会制度や経済構造が含まれる場合もある。

第5章　中国のWTO加盟と自動車産業の発展

業が自らのためにつくったものであるという批判が存在する。例えば，スーザン・ジョージ（Susan George）は，多国籍企業は何の迷いもなく，自らの利益を擁護するための手段を講じていると指摘し，WTOのルールではなく，他の民主主義的貿易規則を求めている（スーザン・ジョージ／杉村昌昭訳〔2002〕『WTO徹底批判』作品社，12頁）。このように，多国籍企業のグローバルな活動に関しては，進出先国経済に良い影響を与えるという観点と，逆に，企業利益だけを追求するあまり進出先国経済に悪影響をもたらすという観点が相半ばしている。現時点において，中国のWTO加盟に伴う産業発展について結論づけるには時期尚早である。しかしながら，中国における自動車産業を検討することによって，外国企業への市場開放がもたらした影響を分析することは可能である。

　多国籍企業のグローバルな活動がもたらす良い影響に関していえば，世界的な生産ネットワークと関わって，地域産業とその中に属する企業の成長と発展を説明する論理がある。例えば，ラグマン（A. M. Rugman）による「リージョナル生産ネットワーク（Regional Production Network）論」もその1つであろう。ラグマンは，グローバルな競争力を有する多国籍企業の戦略的リーダーシップを重視し，主要サプライヤー，顧客，産業インフラなどから構成される**産業クラスター**を「旗艦企業（flagship-firm）」が主導していくと主張した（A. M. Rugman & J. R. D'Cruz〔1997〕"The Theory of the Flagship Firm," *European Management Review*, 15 (4), pp.403-412）。ラグマンによるリージョナル生産ネットワーク論は，ポーター（M. E. Porter）とのクラスター論争から出発したモデルであり，ポーターの国内基盤クラスターを批判的に拡張しながら，国境横断的なクラスター・モデルを主張するものである。すなわち，世界的に広く分散されている国家や地域に存在する優位性を結合する能力を有する多国籍企業は，数多くの国家の中に存在するクラスターを自らの活動拠点として活用し，各々のクラスターを1つのシステムに統合して世界的競争優位を確立するとい

産業クラスター：マイケル・E・ポーターが提示した概念で，「特定分野における関連企業，専門性の高い供給業者，サービス提供者，関連業界に属する企業，関連機関が地理的に集中し，競争しつつ同時に協力している状態」をいう。クラスターに属している企業は，イノベーションが促進され，さらなる進化・発展が可能となる。

う論理である。

　特定の「旗艦（flagship）」を中心にいくつかの艦艇が緊密に連携することによって形成される艦隊，すなわち多国籍企業と部品を製造する関係会社との生産ネットワークは，クラスターにおける持続的な成長を促進する動力源になるというこの論理は，例えば，韓国の現代（ヒュンダイ）自動車社の中国進出における事業展開からも確認できる。

３　韓国自動車メーカーの中国進出

　韓国の現代自動車社は，アジアにおける自動車生産台数を2000年の243万台から2005年に352万台にまで拡大させてきた。これは，2001年以降の中国における生産の急拡大が背景となっている。同社は中国自動車市場を最重要市場の１つとして位置づけ，中国内での生産および販売を加速させている（『（韓国）中央日報』2006年１月14日付）。そして，中国を韓国に次ぐ第二の生産基地として位置づける現代自動車社は，2008年時点で50万台の生産目標を揚げている（FOURIN編〔2006〕『FOURIN　アジア自動車産業2004/2005』FOURIN,80頁）。

　現代自動車社にとって，中国は従来の欧米市場とは異なり，新しい需要を創出できる魅力的な地域である。しかも，韓国と中国における地理的な優位性を享受できる現代自動車社にとって，中国市場を含むアジア市場での競争は，日本や欧米のような先進国市場における競争の遅れを補える場所ともいえよう。

　1992年，韓中国交正常化によって始まった韓国の自動車関連の直接投資は年々増加し，特に2001年の中国のWTO加盟をきっかけに中国へ進出する自動車部品企業数が100件を突破し，2006年時点で120件に達する。このような自動車関連部品企業の中国進出は，現代自動車社のような韓国多国籍企業と部品企業間の連携を促し，結果的に産業クラスターの形成を促進した。そして，このような動きは，中国自動車産業の発展の原動力になっている。

　しかし，受入国の産業発展は，多国籍企業の長期的な世界戦略のみによって，もたらされるものではないということにわれわれは注意する必要がある。歴史的にみても，多国籍企業の戦略は受入国の政策に影響を受けてきた。周知のよ

うに，世界の自動車産業を支配しているのは少数の多国籍企業であるが，しかし，今日においても立地に関わる企業の投資決定は，自動車産業に対する各国政府の政策によって大きく左右される。

中国のWTO加盟によって投資に関する多くの要因が自由化されたにせよ，中国は自国産業の育成のために，多国籍企業との対話をし続けている。無論それは，多国籍企業の機会主義的行動を牽制するための政策を携えてである。

このように，多国籍企業戦略と中国政府の産業育成政策が相互に作用しながら，中国自動車産業の発展が達成されることを理解しなければならない。

2 中国自動車メーカーと多国籍企業間の合弁事業

1 中国自動車産業政策の変化と多国籍企業との合弁事業

表5-1（次頁）は，2001年のWTO加盟以前における，中国自動車メーカーと多国籍企業間における技術供与や合弁事業の特徴をみるため，1983〜90年，1991〜95年，1996〜2000年，2001年以降の4つの段階に時期区分したものである。

1983〜90年までの時期は，1978年12月18日中国共産党の第11期中央委員会第3回全体会議による改革開放路線が採択されてから7年が過ぎ，初めて外国資本との合弁関係がみられる時期となる。1980年代の中頃になると，企業自主権が拡大され，沿海開放都市を含む開放地区では様々な優遇政策が実施された（劉源張〔2005〕「中国の自動車産業——発展と課題」市村真一監修『アジアの自動車産業と中国の挑戦』創文社，322頁）。

83年には北京汽車とAMC（現クライスラー）による初の自動車合弁会社である北京ジープが設立され，84年には上海汽車と独フォルクスワーゲン社との合弁による上海VW，85年には広州汽車と仏プジョー社との合弁による広州プジョーが設立された。

この時期，外国企業との関係の多くは技術供与を中心とする提携であり，13件の技術供与がみられた。そして，**KD**（ノックダウン）を中心とする外国自動車の量産が始まった。

表5-1 時期別外国自動車メーカーと中国自動車メーカーの関係

設立年	中国企業	外資系企業	技術導入方式	生産車種	出資比率	合弁会社
1983	第一汽車吉林軽型	スズキ	技術供与	軽トラック		
1984	北京汽車	AMC	合弁によるKD生産	四輪駆動車	31%→42%	北京ジープ
1984	上海汽車	VW	合弁によるKD生産	乗用車	50%	上海VW
1984	天津汽車	ダイハツ	技術供与, 部品提供, 生産契約	軽乗用車		
1984	航空工業	スズキ	技術供与	軽トラック		
1984	航空工業	スズキ	技術供与	軽トラック		
1985	広州汽車	プジョー	出資	乗用車	34%	広州プジョー
1985	慶鈴集団	いすゞ		小型乗用車	15%→7.5%	
1988	第一汽車	Audi	技術提携	Audi (1.8L)		
1988	兵器工業	ダイムラー	技術供与	大型トラック		
1991	第一汽車	VW	合弁によるKD生産	乗用車	40%	一汽VW
1991	瀋陽金杯	トヨタ	技術供与	バン		
1992	金杯汽車	GM	合弁によるKD生産	SUV, ピックアップ	30%→50%	金杯GM
1992	東風汽車	Citroën	合弁によるKD生産	乗用車	25%→32%	神龍汽車
1992	一汽海南	マツダ	合弁によるKD生産→技術供与	乗用車	17.5%	
1993	黒龍江客車	日野	出資, 技術供与	大型バス	12.5%	
1993	中国国際信託	日産		ピックアップ	5%→30%	鄭州日産
1993	航天華晨	ルノー		ワゴン	45%	三川ルノー
1993	長安汽車	スズキ	合弁によるKD生産	乗用車	35%	重慶長安鈴木
1993	江鈴汽車	いすゞ	合弁によるKD生産	小型商用車	12.5%	江鈴五十鈴
1993	福州汽車	マツダ	技術供与	ピックアップ		
1994	桂林汽車	大宇		大型バス	50%	桂林大宇客車
1994	西安航空	ボルボバス		大型バス	50%	西沃客車
1994	北京汽車	いすゞ		保冷車	22%	
1995	江鈴汽車	フォード	技術供与, 部品供与	ワゴン	30%	江鈴汽車
1996	躍進汽車	フィアット	合弁によるKD生産	ワゴン, 商用車	50%	南京イベコ
1996	東風汽車	日産ディーゼル	合弁によるKD生産	大型トラック	25%	
1996	東風汽車等	現代自動車	部品供与	軽型商用車	21%	
1997	上海汽車	GM	合弁によるKD生産	乗用車	50%	上海GM
1998	広州汽車	ホンダ	合弁によるKD生産, 後に共同研究開発	乗用車	50%	広州本田
1998	貴州汽車	富士重工		乗用車	25%	
1998	北京汽車	いすゞ	技術供与	小型商用車		
1998	四川旅行車	トヨタ		ミニバス	50%	
1999	躍進汽車	フィアット		商用車	50%	南京フィアット
1999	東風汽車	日産	技術供与	商用車		
1999	合肥汽車	現代自動車	技術供与	中型・大型バス		
1999	江淮汽車	現代自動車	技術供与	MVP		
1999	東風汽車, 悦達集団	起亜自動車	合弁によるKD生産	乗用車	30%→50%	東風悦達起亜
2000	上海汽車	ボルボバス		バス	50%	
2000	天津汽車	トヨタ	合弁によるKD生産, 共同研究開発・生産	乗用車	50%	天津トヨタ
2001	長安汽車	フォード	合弁によるKD生産	乗用車	50%	長安福特
2001	常州長江客車	フィアット		路線バス	50%	常州イベコ客車
2001	重慶汽車	ボルボトラック		大型トラック	50%	重慶ボルボ
2002	北京汽車	現代自動車	合弁によるKD生産, 後に共同研究開発	乗用車	50%	北京現代汽車

(出所) FOURIN編 (2005)『中国自動車部品産業2005』FOURIN; FOURIN編 (2004)『中国自動車年鑑2004年版』FOURINの各種資料をもとに筆者作成。

1991～95 年の時期には，**三大三小二微政策**との関連で，スズキ自動車社と長安汽車との合弁会社長安鈴木，富士重工が技術供与した貴州航空が「二微メーカー」として追加された。中国政府は，外資との提携を通して先端技術を導入，経営管理ノウハウを吸収する意図を明確にするとともに，「三大三小メーカー」を乗用車メーカーとして重点的に育成していく政策を実施した。「三大三小メーカー」に対する保護・発展政策は，外資の参入を阻む政策となり，中国自動車市場は，暫く門戸が閉ざされることになった。

また，中国政府は 1994 年 7 月「自動車工業産業政策」を公布し，2010 年までに自動車産業を基盤産業にするという目標を掲げた。この政策は，過度に分散する自動車メーカーの整理・統合，適正生産規模に対する支援，基盤の弱い部品産業の育成，等を目標とした。この「自動車工業産業政策」公布後，日本を含む外国自動車メーカーは，折からの中国投資ブームとあいまって中国への進出を加速させ（http://www.jcipo.org/shiryou/che.html 2008 年 12 月 28 日アクセス），その成果が次の時期に現れることになる。

1996～2000 年に中国政府は，「自動車工業産業政策」の中で自動車の量産体制の実現を掲げ，生産規模と販売台数を拡大した企業を支援するとした。つまり，量的な拡大を次の発展への条件としたのである。この時期は，中国が新たな外資を導入した時期であった。97 年米国ゼネラルモータース（GM）社と上海汽車は合弁会社上海ゼネラルモータース（GM）を設立した。そして 98 年には，本田技研工業社と広州汽車が合弁で広州本田汽車を設立した（http://www.jcipo.org/shiryou/che.html 2008 年 12 月 28 日アクセス）。

2001～06 年の時期に，国家経済貿易委員会は，2001 年 6 月「自動車工業第十次五カ年計画」を公表した。同計画では，WTO のルールに基づき，94 年に公布された「自動車工業産業政策」を改訂するとともに，外資導入のガイドラ

KD（knock down）：ノックダウン生産とは他国で生産された主要部品を輸入して，現地で組立，販売する方式をいう。組立作業のみであるため，組立技術は学べるが，製品を構成する個々の部品に関する設計技術や製造技術を獲得することはできない。

三大三小二微政策：中国国内に無数に乱立する中小自動車メーカーを，三大（第一汽車，東風汽車，上海汽車）三小（北京汽車，天津市微型汽車，広州汽車）二微（国営長安機器，貴州航空）に集約するという産業政策であり，「三大三小」メーカーを中心として，規模拡大をめざした再編を行うことを目標としていた。

第Ⅱ部　BRICsの台頭とグローバル経営

表5-2　中国五大自動車産業集積地

(単位：億元，台，%)

五大自動車産業集積地	主要自動車メーカー	自動車生産高（全国構成比）	自動車部品生産高（全国構成比）	自動車生産台数（全国構成比）	乗用車生産台数（全国構成比）	部品メーカーの数（全国構成比，2002年）
東北地域 主要地域：吉林省，遼寧省，黒龍省	第一汽車，一汽VW，一汽轎車，中華轎車，瀋陽BMW，哈飛汽車	吉林省：1,435 遼寧省：374 黒龍省：155 合計：1,964 (21.10%)	吉林省：156 遼寧省：80 黒龍省：23 合計：259 (14.23%)	吉林省：640,707 遼寧省：130,474 黒龍省：200,021 合計：971,202 (21.86%)	吉林省：350,788 遼寧省：34,341 黒龍省：32,387 合計：417,516 (20.68%)	吉林省：165 遼寧省：102 黒龍省：32 合計：299 (7.10%)
長江デルタ地域 主要地域：上海市，江蘇省，浙江省	上海VW，上海GM，東風悦達起亜，南京Fiat	上海市：1,698 江蘇省：533 浙江省：348 合計：2,579 (27.70%)	上海市：455 江蘇省：135 浙江省：163 合計：753 (41.37%)	上海市：583,041 江蘇省：208,363 合計：791,405 (17.81%)	上海市：580,551 江蘇省：84,245 合計：664,796 (32.93%)	上海市：306 江蘇省：753 浙江省：572 合計：1,631 (38.74%)
内陸地域 主要地域：湖北省，重慶省	東風汽車，東風日産，神龍汽車，長安汽車，長安スズキ，長安Ford	湖北省：1,156 重慶省：748 合計：1,904 (20.45%)	湖北省：101 重慶省：83 合計：184 (10.11%)	湖北省：368,894 重慶省：420,005 合計：788,899 (17.75%)	湖北省：105,475 重慶省：120,618 合計：226,093 (11.20%)	湖北省：262 重慶省：325 合計：587 (13.94%)
華北地域 主要地域：北京市，天津市，山東省	北京汽車，北京現代，北京Jeep，天津トヨタ，重汽集団，上海GM東岳汽車，一気解放青島汽車	北京市：298 天津市：106 山東省：388 合計：882 (9.47%)	北京市：37 天津市：55 山東省：109 合計：201 (11.04%)	北京市：348,112 天津市：172,473 山東省：103,807 合計：624,392 (14.05%)	北京市：73,260 天津市：168,667 山東省：37,973 合計：279,990 (13.86%)	北京市：72 天津市：123 山東省：276 合計：471 (11.19%)
珠江デルタ地域 主要地域：広州市	広州ホンダ，東風日産，広州いすゞ	広東省：484 合計：484 (5.20%)	広東省：70 合計：70 (3.85%)	広東省：192,102 合計：192,102 (4.3%)	広東省：183,312 合計：183,312 (9.08%)	広東省：254 合計：254 (6.03%)

(注)　各集積地における部品メーカーの数は2002年データ，他は2003年のデータに基づいている。
(出所)　FOURIN（2004）『2003/2004　アジア自動車部品産業』FOURINのデータをもとに作成。

インとなっている「外国投資産業指導目録」が見直された。

　2000年6月にはトヨタと天津汽車が天津トヨタ汽車を設立し，2002年後半から小型乗用車の生産と販売を開始した。また，韓国の現代自動車と北京汽車が合弁で北京現代汽車を設立した。そして，アメリカのフォード社も現地生産の地歩を固める時期であった。

　この時期の特徴としては，90年代初めからしばらく外資に門戸を閉ざしていた乗用車市場が，中国のWTO加盟による新規外資の参入によって，新たな競争段階に入ったということであろう。そして，合弁事業の特徴として，KD

を中心とする量産型事業から共同研究開発をも見据えた事業内容に発展していることをあげることができる。すなわち，量産能力の習得や国産化率を高めるための合弁戦略から，研究開発体制を整えるための戦略的移行時期といえる。

このような中国自動車産業の発展経路は，WTO加盟以降，拡大しつつある中国自動車市場に進出した多国籍企業の戦略と，自国企業の育成と保護を目標とする中国の中央政府と地方政府の間接的規制政策が作り出したものと考えられる。

表5-2は，外国企業との関係で形成されつつある中国の五大自動車産業集積地を示したものであるが，現在の自動車産業集積地がクラスター的機能をもつようになったのは，外資系企業主導による生産活動の展開によるところが大きい。

2 中国の自動車産業集積地の発展

中国自動車産業の主要集積地の所在地政府は，自動車産業がもつ幅広い波及効果，税収・雇用面での創出効果から，これまで自動車産業を地元の基幹産業として位置づけ，進出企業に対し税制・土地取得に関する優遇措置を含む誘致政策を導入するなど自動車産業振興策を打ち出してきた。さらに，2001年のWTO加盟に伴い，市場開放とグローバルな貿易・投資ルールに向けた関連諸法が整備された。これを機にして，巨大中国市場を見据えた外資系完成車メーカーは，中国の現地企業との合弁という形で中国の沿海部を中心に拠点を構え，それによって自動車集積地が発展してきたのである（藤田昌久・朽木昭文『空間経済学から見たアジア地域統合』アジア経済研究所，2006年，40頁）。

ただし，中国の自動車産業集積地の形成と発展は，中国政府の優遇政策と中国市場で成功しようとする多国籍企業の長期的視野だけに起因するものではない。そこには，まず完成車輸入を制限し，中国現地におけるKD生産を促すことから始まり，そして部品の現地調達率規制によって中国国内で生産される部品の品目や比率を増やすという，中国政府の強力な政策が存在している。

表5-3は，これまでの中国政府による国産化政策の推移であるが，例えばWTO加盟以降の「KD認定制度」は，製造原価ベースで40％以上の部品を中

表5-3 中国の自動車部品国産化政策

実施政策（実施時期）	政策内容
完成車特徴を構成する部品輸入に関する管理規制（2005年4月1日以降）	・KD組立車の特徴を有し，KD車として認定された場合，残り輸入部品の関税率は一律該当乗用車完成車同等の輸入関税率が適用される。乗用車の場合，KD車部品の輸入関税率が約12％から完成車並みの30％へ引き上げられる。 ・ガイドラインとしては，製造原価ベース40％以上の部品を中国内で調達すること，かつ製造原価付加価値の30％を中国内生産拠点により創出されること。
WTO加盟：国産化規制撤廃（2002年1月1日〜2005年3月31日）	・乗用車の輸入関税率と部品のそれぞれの段階的引き下げを実施。乗用車は45％から25％へ，乗用車部品は平均で18％から10.5％へ。
運用税収優恵促進小轎車国産化的暫行規定（1990年9月〜2001年12月）	・国産化率40％以上60％未満の場合，部品の輸入関税率の25％減免。ただ，該当部品のうち，単独品目が存在し，かつその品目の法定適用関税率が優遇税率より低い場合，法定関税率が適用される。国産化率60％以上80％未満の場合，部品の輸入関税率の40％減免が適用される。国産化率80％以上の場合，部品の輸入関税率の60％減免が適用される。

（出所）FOURIN編（2005）『中国自動車部品産業2005』FOURIN, 20頁，を整理して筆者作成。

国内で調達すること，かつ製造原価付加価値の30％を中国内生産拠点から産出することを要求している。

この制度は，外資系完成車メーカーにとってコストも時間もかかる部品調達の現地化を要求するものであり，輸入部品の採用比率が高い企業は，輸入部品の関税率が完成車なみに引き上げられることから，中国市場における競争力の低下につながる（FOURIN〔2005〕21頁）。このことは，製品の全体的な品質においてメーカー間の競争力の差につながるであろうし，また系列サプライヤーの進出状況によって部品の現地調達能力に格差が生じることになる。

このような流れの中で多国籍企業は，中国市場における競争のため，部品企業の育成および部品の現地調達のための長期戦略を立案せざるをえなくなった。

実は，発展途上国における自動車産業保護政策の歴史をみると，現地企業の生産能力などの問題から，**現地調達率**の厳しい制限はむしろ国際競争力を損なうともいわれてきた。しかし，中国の巨大市場の魅力と，市場で生き残りをか

現地調達率：受入国で完成される製品に使われる部品および素材について，本国からではなく現地で調達する比率をいう。

ける多国籍企業間の熾烈な競争は，部品企業の育成や部品調達の体制を確立する方向へ多国籍企業を動かしているのである。

さて，このような中国自動車市場において多国籍企業は，どのような戦略をもっているのだろうか。次節では，北京現代汽車の事例を通して，部品調達に関わる生産ネットワークの形成についてみることにしよう。

3 北京現代汽車のリージョナル生産ネットワークの形成と産業集積地の形成

1 北京汽車と現代自動車社の合弁事業

現代自動車社は，中国のWTO加盟以前の1990年代から中国への進出を試みた。しかし，中国政府の産業保護政策などによって中国市場参入に失敗した経緯がある。しかし，中国のWTO加盟によって産業政策による規制が緩和され，特に北京市が，現代自動車社の北京地域への直接投資に市をあげて支援をしたこともあり，2002年中国乗用車市場に本格的に参入することができた。

表5-1でみたように，中国における外国企業の自動車製造は，合弁形態の進出だけが認められている。現代自動車社は，北京での事業にメリットを感じていた。そして北京汽車は，短期間で世界市場における競争力を蓄えた現代自動車社の経営力と生産力を評価していたため，**合弁会社**である北京現代汽車が設立されたのである。

図5-1は，北京現代汽車の組織図を表したものである。この図が示すとおり，北京汽車と現代自動車社による合弁会社はバランスを意識した組織を構築している。北京現代汽車の経営上の意思決定は，経営管理委員会における委員全員の合意を原則としている。経営管理委員会は，総経理，常任副総経理，企画本部長，管理本部長，生産本部長，購買本部長，販売本部長および販売副本部長によって構成され，現代自動車社側の4人，北京汽車側の4人の合計8人で構成される。これにより，外国企業である現代自動車社側の機会主義的行動

合弁会社：複数の異なる組織が共同で事業を興し，設立した会社をさす。企業が新規分野に取り組む場合，単一組織で実施すると様々なリスクを抱えることから，複数の企業が共同で取り組み，お互いの弱点を補うことでリスクの分散を図る。

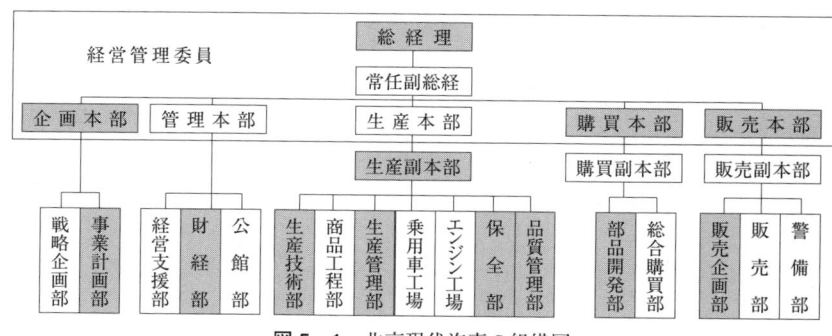

第Ⅱ部　BRICsの台頭とグローバル経営

図5-1　北京現代汽車の組織図

（注）■現代自動車担当，□北京汽車担当。
（出所）北京現代自動車社の社内資料。

が牽制され，また，技術移転に関する両社の調整も可能となる。

　合弁設立における両社の出資比率は，経営統制権という点から非常に重要である。中国進出の場合，外資の最大出資率は50％までであるため，外資における経営権が文字通り50％でしかなく，現地企業との経営的意思決定の調整が不可欠となる。中国政府が外国企業の出資比率を50％以下に定めたのは，このような効果を期待したからであろう。

　北京現代汽車の各部門における役割分担も両社の長所を活用するものとなっており，政治的機能は北京汽車が担当し，一方で，生産と品質管理においては現代自動車社が主導的役割を果たしている。

　北京現代汽車の組織において特筆すべきは，乗用車工場とエンジン工場における北京汽車が主導しているが，これは，工場の運営において，韓国側からの技術移転を狙ったものであろう。他方，部品の開発と調達，および生産管理においては，現代自動車社が責任と権限をもつことになっている。現地における部品開発について現代自動車社側は，韓国から**随伴進出**した部品企業だけでなく，現地部品メーカーの育成も担当している。

随伴進出：完成品メーカーが海外に進出する際，現地での円滑な部品調達を図るため，本国における関係会社や系列会社を伴って現地進出することをいう。これにより完成品メーカーは，部品の安定した品質や迅速な調達を確保できる。

2 北京現代汽車におけるリージョナル生産ネットワークの形成とリージョナルな産業集積地の形成

　北京現代汽車の組織上の特性，そして，中国政府による政策は，現地における部品調達戦略に影響を及ぼし，リージョナル生産ネットワークの形成を促す。こうした長期的な部品調達戦略は，産業集積地の発達とも関連している。

　前掲表5-2でみるように，華北地域の自動車産業集積地は，北京市，天津市，山東省を中心に広がっていた。この地域は，特に韓国の企業が，地理的利点を生かすべく数多く進出している。2002年の北京現代汽車の設立から，北京周辺地域への自動車関連企業の進出が増大しており，韓国系部品メーカーが14件，日系部品メーカーが12件，欧米系部品メーカーが4件の投資を行った（FOURIN編〔2006〕100頁）。韓国部品メーカーとしては現代モビス，星宇，萬都などが進出しており，また近郊の順義区には韓国企業を中心に自動車部品工業団地が形成されている。北京市は，自動車産業を育成する方針であり，行政と外資系企業，そして中国民族系企業の相互協力のシステムができつつある。また山東省には，現代自動車社の第2エンジン工場があり，1992年から韓国の自動車部品メーカーが積極的に進出している。また2001年に設立された山東省平度市（同和）の韓国自動車部品工業団地には現在，自動車部品会社42社が進出し，山東省最大の韓国自動車部品団地となっている（『(中国)黒龍江新聞』2005年12月6日付）。

　ここで注目したいのは，北京現代汽車の設立に伴い，中国に随伴進出した部品企業群である。この部品企業群は，1節で検討したラグマンの論理における「旗艦企業」を中心に連携する企業群であり，韓国系部品企業だけでなく中国企業も含めたネットワークが形成されている。

　北京現代汽車は，韓国と中国を中心に形成しているリージョナルな産業集積地を，生産，調達面において活用すべく，両地域を有機的に連携させている。図5-2は，北京現代汽車の国境横断的な部品調達プロセスとネットワークを構成している企業群を図示したものである。現代自動車社と随伴進出した1次サプライヤーの中国における事業展開は，90年代からすでに進出していた第2次，あるいは第3次部品企業を戦略的に活用しようとする狙いがあった。この

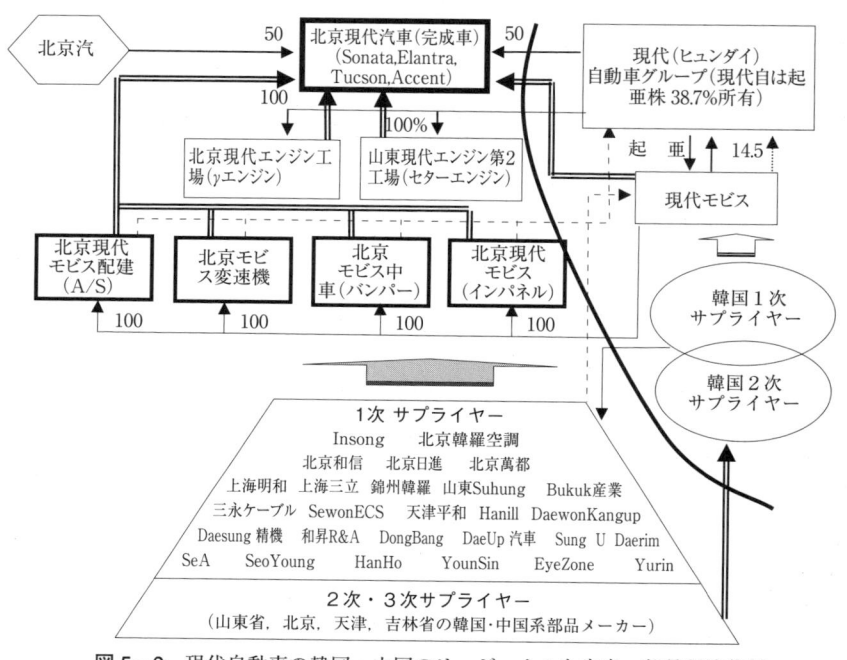

第Ⅱ部　BRICsの台頭とグローバル経営

図5-2　現代自動車の韓国・中国のリージョナルな生産・部品調達体制

(注)　出資 ──→　納入 ══▶　納入計画 ----▶
(出所)　筆者作成。

　北京と山東省における集積地は，いまや相互補完的な機能を果たしている。
　このように，北京現代汽車における部品調達戦略は，系列部品メーカーである現代モビスや現代自動車社と取引の多い部品メーカー等の進出を促し，さらに，山東省地域の第2次，あるいは第3次部品メーカーの育成を促した。さらに，中国系の部品メーカーと韓国系の部品メーカーの競争と協調関係が形成されている。
　今日における中国自動車部品産業の特徴は，①自動車部品生産における外資比率の上昇，②中国部品メーカーの2次サプライヤー化，③国際競争力をもつ中国独立系部品メーカーの出現，として整理できる。外資系企業の中国内生産比率は，2002年の24％から03年には29％へと上昇し，自動車部品生産の約30％が外資系部品メーカーによるものである（FOURIN〔2005〕4-5頁）。こうした傾向は，2005年の4月に始まった「KD認定制度」の導入により顕著にな

118

り，外資系完成車メーカーには（中国系および外資系）現地部品調達能力の獲得が不可欠となり，現地部品メーカーからの部品調達を含めた協力体制の確立が重要な戦略事項となっている。

特筆すべきは，このような中国政府の政策と多国籍企業の戦略がつくりだしたリージョナル生産ネットワークの長期的な統合過程の中で，産業の集積化が促され，産業クラスターへの形成がみられるということであろう。特に北京現代汽車における生産体制の確立は，韓国と中国華北地域の生産性向上に貢献している。そして，このことが中国における北京現代汽車の競争力向上の一要因にもなっている。

4　多国籍企業の中国への進出と中国産業への影響

90年代半ばまでの中国は，低賃金の労働力を提供する「輸出組立基地」としての性格が強かった。しかし，WTOへの加盟も伴って，中国は豊かな市場として認識されるようになった。行き詰まりをみせている先進国市場に代わる巨大市場を武器に，中国は自動車産業の発展を求め，外国企業に発言をし続けている。これは，世界企業との付き合い方の変化として現れ，中国の産業の競争力に大きな変化をもたらしているのである。

部品の現地調達という課題が鮮明になってくる中で，中国市場をターゲットにした外国自動車メーカーは，中国の自動車産業の発展に大きな役割を担っている。3節で検討したように，多国籍企業の中国市場における競争力は，いまや現地部品メーカーの育成を含む生産システム全体を適切に調整し，システム化するところから生まれる。この生産ネットワークの形成には，中国の中小加工業や素材メーカー，部品メーカーが含まれ，その形成過程において中国自動車産業の基盤が次第に育成され，国際競争力をもつにいたったとみることができる。

中国のWTO加盟をきっかけとして中国に進出する外国企業は，産業の基盤になる加工技術や本社のもつ経営知識や技術の移転を進め，それが，今後の中国の自立的発展に重大な影響を与えていく。その意味で，中国産業の育成や発

▶▶ Column ◀◀

韓国企業の対中国直接投資と朝鮮族の活用

　2004年の時点で中国山東省の青島に進出した韓国企業の95.5%が朝鮮族を雇用し，他の外国企業とは違う組織構造を特徴としています（姜スンホ・金ジンキョン〔2004〕『青島進出仁川企業実態調査』仁川発展研究院，48-49頁）。

　中国における朝鮮族は，2000年の戸籍上では，吉林省で114万5688名，黒龍省で38万8458名，遼寧省で24万1052名，山東省で2万7795名，北京市で2万369名とされています。そして，戸籍上では推計できない「実質的」朝鮮族の分布をみると，山東省の青島地域だけで12万人以上，北京市にも12万人以上が分布しているといわれています。

　このような朝鮮族の分布と中国に進出する韓国企業の立地は実際に同じ分布図を描いており，韓国系部品企業の中国進出において，文化的・社会的な距離感をなくすべく，朝鮮族の分布を立地条件にしている点がみて取れます。東北三省，そして山東省と北京は，韓国企業の主な投資地域になっており，特に山東省は，韓国企業の対中国投資額の69.1%を占めるほど，韓国企業にとって主要投資地域です。

　そもそも，多国籍企業の外国人労働力の活用は，国内労働力の活用に要求される一般的な条件以外に，外国文化を理解し，かつそれに適応しなければならないという問題を有します。したがって，中国人労働力の活用に随伴する問題を解決し，かつ円滑な企業運用のためには，中国の社会体系と文化，そして中国人労働者の労働意識を理解した上で，効率的な人的資源管理を樹立する必要があります。山東省に進出した韓国企業における朝鮮族の活用は，外国事業に付随する組織管理問題に配慮した行動であるといえるでしょう。

展，そして多国籍企業の利害は車の両輪の関係にある。したがって，外国企業は，中国の諸産業に積極的に関わることにより相互の発展をめざすべく事業環境を形成していかなければならない。

[推薦図書]

関満博（2003）『現場発ニッポン空洞化を超えて』日本経済新聞社
　日本の産業空洞化の克服のために，地域の製造業の技術的基盤を整備し，その上で東アジアの各地域と技術集積のネットワークを構築すべきであると主張する。

下川浩一（2004）『グローバル自動車産業経営史』有斐閣
　アセアン諸国と中国の自動車生産・流通に日本を含む自動車産業先進国の与えた影響が分析されている。

小林英夫・大野陽男編著（2006）『世界を駆けろ日本自動車部品企業——欧米からBRICsへ拡大する市場競争』日刊工業新聞社
　日本その他の自動車部品産業の現状や課題，そしてグローバル戦略などが分析され，特に，韓国企業の中国進出の諸特徴などが描かれている。

設　問

1．完成車メーカーの対中投資において，合弁会社設立および50％以下の出資比率が義務づけられるのは，中国産業にとってどのような意味をもつのでしょうか。
2．WTOがめざす貿易の自由化，および多国籍企業による投資の自由化は，新興経済国の産業にどのような影響をもたらすのでしょうか。

（孫　榮振）

第6章
グローバル化とインドIT-BPO産業の発展

インドの経済やビジネスに関する情報が増えたことは隔世の感です。インドといえばかつては政治，宗教，外交そして貧困や災害に関わるニュースが中心でした。本章では，そのようなインドにあって，産業の中でも最も注目を集めているIT-BPO（情報技術－ビジネスプロセスアウトソーシング）産業について，「ITはインド経済発展の救世主となりうるか？」「世界はフラットか？」といった問題意識をもちながら考えてみましょう。

1 インドの産業発展とグローバル化

1 サービス主導の産業発展とグローバル化

近年，インドは高い経済成長率を誇る（後出表6-1参照）。2003財政年度*以降，5年連続して8～9％の高成長を実現している。高成長の牽引車となった産業は構成比で過半を占めるサービスであった。インドは，諸国の大方の経験とは異なり，工業とくに製造業部門が構成比をあまり拡大することなく，農業部門の減少をサービス部門が吸収して拡大するという発展をみせている。日本の『通商白書 2007年版』は「特異な経済成長を遂げるインド経済」と捉え，「その成長過程は，ソフトウェアやITサービス事業といった最先端分野での存在感を急速に増大させるなど，これまでの東アジア諸国の経済成長とは異なる様相を見せている」（同書73頁）と述べている。

* 2004年3月末までの財政年度。以下，財政年度を単に年度と表記する。

インドの特異ともいえる産業と経済発展のパターンは，他のBRICs諸国とくに中国と比較すると違いが際立つ（**表6-1**）。過去4半世紀にわたって約10％の成長を実現した中国は国民所得および貧困人口比率の削減と成人識字率の向上など人間開発の基本となる項目でインドを大きく引き離した。独立後60

第6章　グローバル化とインドIT-BPO産業の発展

表6-1　BRICs諸国の主要指標（2006年）

	人口（百万人）	1人あたり国民所得（ドル）	貧困人口比率＊（国際基準,%）2000~05	成人識字率（15歳以上）2000~05	GDP成長率00-06年	産業構成(%)			貿易（財,億ドル）		対製品輸出ハイテク品比率＊(%)	直接投資受入額＊（億ドル）
						農業	工業	サービス	輸出	輸入		
インド	1,110	820	34.3	61	7.4	18	28	55	1,202	1,744	5	66
中国	1,312	2,010	9.9	91	9.8	12	47	41	9,691	7,916	31	791
ブラジル	189	4,730	7.5	89	3.0	5	31	64	1,375	885	13	152
ロシア連邦	142	5,780	<2	99	6.4	6	38	56	3,045	1,639	8	152

（注）貧困人口比率はインドは2004-05年，中国・ブラジルが2004年，ロシアは2002年。ハイテク品輸出比率と直接投資は2005年である。ハイテク品は航空宇宙，コンピュータ，医薬品，計測機器および電機などの研究開発集約的製品をさす。
（出所）World Bank（2007）*World Development Report 2008*, pp. 334-343.

年を経て貧困人口（国際基準）が3億人を優に上回り，かつ成人の非識字者が4割近くいるという現実はショッキングでさえある。さらに，インドと中国では人口規模および近年の成長率が比較的近いことを別とすれば，表6-1で取り上げているすべての項目で中国の発展が目立つ。産業構造，貿易および直接投資の数字などからは，インドが長期にわたって輸入代替型工業化戦略を追求したため，東アジア型＝外資導入と輸出志向の労働集約・組立て産業の育成発展に立ち遅れたことがよく理解できる。

　しかし，インドの工業化の積極的な側面も指摘しておきたい。長い間の自足指向の工業化戦略は，鉄鋼，機械，化学，医薬品，コンピュータ工学および宇宙工学などで標準的技術の獲得と人材の蓄積に資するところ大であった。特に，製法特許のみ認めて物質特許を否定した**インドの特許政策**（2004年まで）は，ジェネリック（汎用の後発医薬品）企業の発展を促した＊。

＊　インドのジェネリック企業であるシプラが2001年に，エイズ患者に投与されている3種類の抗レトロウィルス薬の組み合せ（3薬カクテル）のジェネリック版を，アフリカ諸国の政府に対しては患者1人あたり年間600ドルで，またアフリカで活動するNGOには同様の薬を年間350ドルで提供すると申し出て，世界の注目を集めた（アメリカではこの薬にかかる年間の費用は1万～1万5000ドルにのぼる）。（『国連人間開発報告

インドの特許政策：1972年に施行された「1970年特許法」は，①医薬品・食品などへの物質特許を認めない，②医薬品などの製法特許の保護期間が特許出願から7年間と短い，などの特徴をもっていた。しかし，2005年1月1日より物質特許を付与するなど，概ねTRIPS協定に即した「2005年特許法」が発効した。

表6-2　コンピュータ・情報サービス輸出上位国

（単位：億ドル）

	2000	2004	2005	2006
1. インド	63	177	236	313
2. アイルランド	75	188	196	210
3. イギリス	43	117	112	120
4. ドイツ	38	81	83	96
5. アメリカ	56	67	75	76
6. イスラエル	42	44	45	53
7. カナダ	24	31	39	40
8. スペイン	20	30	36	40
9. オランダ	12	37	37	39
10. ベルギー	−	24	26	28

（資料）　IMF, Balance of Payments Statistics, Reserve Bank of India.
（出所）　Reserve Bank of India (RBI) (2008) *Annual Report on the Working of The Reserve Bank of India 2007-2008*, Table 2.81.

表6-3　労働者海外送金受取り上位国

（単位：億ドル）

	2000	2004	2005	2006
1. インド	109	200	235	276
2. メキシコ	42	166	200	231
3. フィリピン	6	86	107	125
4. 中国	17	46	55	68
5. スペイン	28	52	53	61

（資料）　表6-2と同じ。
（出所）　表6-2と同じ。ただしTable 2.86.

2002』(p.127) およびアフリカ日本協議会のHP参照［http://www.ajf.gr.jp/］）

対外経済の分野ではIT関連サービス輸出（**表6-2**）と労働者の海外送金（**表6-3**）が注目される。これらはインドが世界第1位を占めるという点でインドのグローバル化のあり方を象徴するものであろう。特に近年におけるIT関連サービス輸出（主にソフトウェアの輸出）の伸びは目覚ましい。数年前のITサービス輸出に関する文献は注目すべき発展途上国としてアイルランド，イスラエルおよびインドを取り上げていた（OECD〔2000〕*OECD Information Technology Outlook 2000*）。しかし，輸出額とその伸び率についてインドは頭一つリードした感がある。労働者の送金は湾岸諸国への出稼ぎ労働者とアメリカやヨー

ロッパに在住する「頭脳労働者」によるものである。海外在住の**インド系移民**やその子孫は全世界で約 2500 万人に達する。独立前の鉱山・プランテーションに従事する肉体労働者から独立後，1960 年代以降は高学歴の専門職やエンジニアなどが数多くアメリカやイギリスなどの先進国へ移り住んだ。さらに米欧の大学院に留学しそのまま現地にとどまるインド人も多い。アメリカ在住のインド人は 232 万人（2005 年推定）であり，彼らの平均所得はアメリカ人のそれをはるかに上回る。企業家として成功したインド人も数多い（古賀正則〔2006〕「補論 2　インド系移民」内藤雅雄・中村平治編『南アジアの歴史』有斐閣；ジェトロ編〔2008〕『インドオフショアリング』ジェトロ参照）。

[2]　企業部門の展開

　1991 年 7 月に**経済自由化政策**を導入するまで，企業部門は国家主導の工業化政策とこれに基づく多数の公企業の創設や国有化を通じて，公企業が民間部門（私企業）を凌駕していた。しかし，経済自由化政策以降は民間企業の旺盛な投資活動や新興企業の出現により，形勢が逆転する。払込資本金でみると 1996 年度以降私企業が公企業を上回るようになった（石上悦朗〔2002〕「政府と企業の政治経済学」絵所秀紀編『現代南アジア 2　経済自由化のゆくえ』東京大学出版会）。

　最近の企業部門の状況の一端を示すものが**表 6-4**である。非金融上位 30 社を 2005 年度と 2007 年度の順位を付して示した。上位 10 社中 6 社を公企業が占め，同 20 社では過半の 11 社となる。これは国家主導の開発戦略の遺産といえるが，いずれも石油や電力など寡占を基盤として概して経営状態は優良な企業である。銀行部門では公企業＝国有化商業銀行と工業開発銀行の上位集中

インド系移民：これを総称する時はインド人ディアスポラと呼ぶ。2 つに区分される。①NRI（Non Resident Indians：国内非居住のインド人）インド国籍を有し就業，就学および同伴家族として不特定期間海外に居住する者，②PIO（Persons of Indian Origin：インド出自の外国市民）。なお，印僑という表現は適切ではない。通例 NRI と呼ばれることが多い。

経済自由化政策：1991 年 7 月の経済危機の最中に，国際機関の構造調整政策を受け入れ本格的な経済自由化政策が実施された。他の諸国に比べると漸進的な改革だが，ネルー首相以来のライセンス（産業許認可）制度，重要産業の国家独占，外資規制，高関税・輸入割り当てなどが原則撤廃，大幅緩和された。インド政府はこれらの新経済政策を経済改革と呼んでいる。

表6-4 インド非金融上位30社

(単位:億ルピー)

2007年度	2005年度	企業名(太字は公企業)	主な事業分野	総収益+総資産	純利益
1	1	Indian Oil Corporation	石油	39,890	663
2	2	Reliance Industries	石油他	29,516	1,946
3	3	Oil & Natural Gas Corporation	石油・ガス	19,340	1,593
4	6	Bharat Petroleum Corporation	石油	16,614	146
5	5	Hindustan Petroleum Corporation	石油	16,119	73
6	4	NTPC	電力	13,627	806
7	7	Steel Authority of India Ltd.	鉄鋼	8,930	742
8	10	Tata Steel	鉄鋼	7,816	466
9	n.r.	Reliance Communications	通信	7,168	259
10	18#	Bharti Airtel	通信	6,720	628
11	8	Tata Motors	自動車	5,993	198
12	13	Bharat Heavy Electricals	重電・機械	5,941	228
13	17	Larsen & Toubro	インフラ	5,295	204
14	14	Hindalco Industries	金属	5,242	226
15	11	Mangalore Refinery & Petrochemicals	石油	4,992	122
16	n.r.	Power Grid Corporation of India	電力・送電	4,832	160
17	16	Chennai Petroleum Corporation	石油	43,71	111
18	9	GAIL (India)	ガス	4,090	259
19	15	ITC	消費財	3,951	300
20	31	Wipro	ITサービス	3,828	306
21	20	Maruti Suzuki India (外資系)	自動車	3,507	166
22	34	Tata Consultancy Srevices	ITサービス	3,372	412
23	22	JSW Steel	鉄鋼	3,365	174
24	32	Infosys Technologies	ITサービス	3,355	411
25	37	Sterlite Industries (India)	金属	3,278	88
26	n.r.	DLF	不動産	2,950	257
27	n.r.	Cairn India (外資系) *	石油	2,946	-8
28	40	Jet Airways (India)	航空	2,745	-60
29	29	Essar Steel	鉄鋼	2,741	45
30	n.r.	Reliance Petroleum	石油	2,738	0

(注) 1:企業名に付した*は決算が2007年12月末までの1年間。
2:順位欄の [n.r.] は新規参入,作成過程の事情などにより前回ランクインしていないことを示す。
3:#印は社名が変更になった企業である。
(出所) Business World (インド), 27 October 2008, pp.62-90。ただし,ウェブサイトの閲覧による (HPは http://businessworld.in 2008年10月17日アクセス)

度はさらに高まる。民間企業ではリライアンス (Reliance)*やタタ (Tata) などの「二大」財閥グループの企業とともに,鉄鋼,金属,通信,ITサービスなどに加えて,航空,不動産および輸送機器関連の企業が新興企業として名前を

連ねている。スズキのインド事業であるマルチ・スズキ・インディア（Maruti Suzuki India）は21位である。

* リライアンスは創業者一家（アンバーニ家）の父親が死去したあと，2005年に長男と次男が袂を分かち事業分割を行った。創業者から2世代，3世代後同族企業が分裂することはよくあるケースである。表6-4のリライアンスの諸企業は事業分割後（新設を含む）のものである。したがって，現在は「二大」という表現は適切ではない。カッコを付したゆえんである。

これらの企業のうち，新興のバールティ・エアテル（Bharti Airtel）について一言ふれておきたい。同社は，スニル・バールティ・ミタル（Sunil Bharti Mittal, 1957年生まれ）率いるバールティ・エンタープライズの主力企業である。バールティ・エアテルは通信，携帯電話およびテレメディアの中核となる技術，インフラストラクチャおよび業務処理を外国企業に外注するかパートナー関係を結び，自らはマーケティング，事業拡大およびブランド確立に専念するというビジネス手法を採っている。同社は，2008年10月に契約件数3億に達し，全国一律通話料が1分1ルピー（約2円）というきわめて競争が激しいインド携帯電話市場で優位を保つための「戦略的アウトソーシングモデル」（ハーヴァードビジネススクールによる特徴づけ）で事業を展開した（同社の契約件数は約7000万）。バールティグループの事業は情報ネットワークとマーケティング力を活かして家電（Beetel），生命保険（Bharti Axa），園芸作物輸出（Field Fresh）およびウォルマート（Wal-Mart）との合弁によるサプライチェーン構築などに多角化しておりコングロマリット化しつつある（同グループのHP http://www.bharti.com/ 参照）。同グループはアウトソーシングを戦略的に用い，通信技術・ITで外国企業と提携関係を構築し，市場拡大・ブランド確立といったインド企業が強みをもつ事業のコアに専念するという意味で最近のインドにおけるサービス経済とグローバル化を象徴する事例といえよう。

2 インドIT-BPO産業の発展とその特徴

1 発展の概観

　IT-BPO産業＊はIT関連＝ソフトウェアサービス輸出を中心として1990年代以降年率約30％の伸びを継続し，**NASSCOM（インド・ソフトウェア・サービス協会）**によれば，2007年度（2008年3月末までの財政年度）の輸出額408億ドル，国内販売232億ドルの合計640億ドル（ハードウェアを含む）に達し，今やインドを代表する産業となった。2007年度における直接雇用者数は約200万人（ハードウェア部門を除く），売上高はGDPの5.5％に達した。同産業はまさにグローバル化とサービス経済の申し子といってよい。2001年度にIT関連売上げで輸出が国内販売を上回った。10年前，1997年度の輸出18億ドル，国内販売30億ドル（合計48億ドル，対GDP比1.2％），雇用者数19万人という水準はまさに十年一昔，昔日の感がある（NASSCOM, *Strategic Review*, NASSCOM, 各年版による）

> ＊　従来インドではこの産業をIT-ITES（IT-IT活用サービス）あるいはIT-ITES-BPOと呼んでいたが，最近NASSCOMはIT-BPOとしているので本章もこれに従った。また，単にソフトウェア産業と呼ぶことも多い。小島眞（2004）『インドのソフトウェア産業』東洋経済新報社，第2章参照。

　この産業の沿革を簡単に振り返ってみよう。タタ・コンサルタンシー・サービシズ（Tata Consultancy Services，以下，TCS）がインド企業として初めてソフトウェア輸出契約を行ったのが1974年のことであった。その後，1970年代後半におけるIBMのインドからの撤退，旧IBM技術者や国営企業技術者のソフトウェア起業家としてのスピンオフさらにIIT（インド工科大学）出身者による起業などを契機として，インドはメインフレーム向けソフトウェア輸出国として頭角を現してきた。1980年代以降，インドはメインフレーム向けソフトウェア技術とPCをプラットフォームとするソフトウェア・サービスの双方を

NASSCOM（インド・ソフトウェア・サービス協会）　→第1章25頁参照

第6章　グローバル化とインドIT-BPO産業の発展

武器に，**ソフトウェアテクノロジーパーク**などの政府のソフトウェア輸出奨励政策や豊富で質の高いしかし低賃金の技術者・労働者の存在とあいまって，発展途上国の有力なソフトウェア輸出国として注目を集めてきた。インド主要IT企業は概ね1980年代に創業し，外国（特にアメリカ）企業との契約によって発展した。産業全体としては，先進国のプログラマー不足と相当の労働コストの差*を背景として，「ボディショッピング」と呼ばれる労働契約モデルによって発展してきた。この間，テキサスインスツルメンツ（TI）が1985年にバンガロールに進出したことはアメリカ企業にインドIT人材とIT企業を信認させるのに大いに貢献した。また同様に，アメリカ企業で働くインド人幹部や技術者がインド進出，インド企業からのアウトソーシングを強く勧めたことも側面支援となった（Kuznetsov, Yevgeny ed.,〔2006〕*Diaspora Networks and the International Migration of Skills: How Countries Can Draw on Their Talent Abroad*, World Bank Institute）。

*　インドとアメリカのソフトウェア技術者の賃金（年間）を単純に比較すると，1997年：ヘルプデスク支援技術者　5400〜7000/2万5000〜3万5500ドル，ソフトウェア開発技術者1万5700〜1万9200/4万9000〜6万7500ドルであり，インドのそれはアメリカの5分の1から3分の1であった（OECD, *Information Technology Outlook 2000*, p.140）。一般的なシステムエンジニアの場合，最近の数字は（年間基本給与の中央値）インド1万2318ドル，アメリカ6万8288ドルであった。また参考のため，中国・北京1万1375ドル，ベトナム9206ドル，フィリピン5883ドルである（ジェトロ〔2008〕19頁）。

1990年代半ばからのITブームの時期には，NRIが投資したベンチャーキャピタルの支援により，アメリカ企業の子会社ベンチャーとしてインド国内に旺盛に設立されるようになった。「Ｙ２Ｋ」問題を通じてさらなる信認を得たインドIT産業は，ITバブル崩壊後のオフショアリング重視，独自のグローバルデ

ソフトウェアテクノロジーパーク：正式名称はSoftware Technology Parks of India（STPI）。ソフトウェア産業振興の目的で1991年に政府が設立。輸出加工区で得られるような免税等の優遇措置（2010年3月まで）があり，高速データ通信設備を備える。2005年3月時点で全国45都市で展開。現在その役割は一部経済特区（SEZ, 2005年より）に移りつつある。

「Ｙ２Ｋ」問題：コンピュータの西暦2000年問題のこと。年号の下二桁を年号として管理しているコンピュータが2000年を1900年として誤認することにより生ずるバグやそれによって引き起こされる社会的混乱が懸念され，企業や行政機関等はプログラムの確認や修正にあたった。

リバリーモデルの構築および高付加価値化・高収益化など（ターンキープロジェクト，end to end ビジネスソリューション，コンサルティング等）を追求してきた。これらは OECD が高く評価したところである（OECD〔2006〕*OECD Information Technology Outlook 2006*）。また，こうした展開に先立って **CMM レベル 5** に代表される品質保証を各社とも世界に先駆けて取得していった。

1990 年代までのインドソフトウェア産業は，前述のように顧客企業に低コストの技術者を派遣するオンサイト業務（「ボディショッピング」）が中心であったが，次第にオフショアリング（先進国企業の海外委託，調達）においても強みを発揮してきた。オンサイト比率は 1988 年の 90％ から，1999〜2000 年 56％，2003 年 41％ と低下し，最近は約 30％ 程度である。今日，実際の業務ではオンサイトとオフショアリングを組み合わせている。一例を示そう。サティヤム・コンピュータ・サービシズ（Satyam Computer Services）日本支社の SAP（統合業務パッケージソフトウェアの 1 つ）導入サービスの事例である。サティヤムの広報はこう述べている。

「日本に在籍するコンサルタントやエンジニアが，SAP ソリューションの導入企業に対して，要件定義や機能設計，受入テストなどをオンサイトで実施。一方，インドや中国におけるオフショア／ニアショアの各拠点で，日本にいるオンサイトのエンジニアと協調した技術設計やコーディング，単体テストなどの開発作業を行ないます。こうした開発体制により，SAP ソリューションの導入企業は，国内の一般的な SI ベンダーからサポートを受けるケースに比べて，30％ 程度のコストダウンと導入期間の短縮，信頼性向上といったメリットを得ることができます。」（サティヤムジャパン HP より。http : //www.satyam.co.jp/solutions/s_tsap.html 2008 年 11 月 4 日アクセス。また，中原裕美子・夏目啓二・石上悦朗「（資料）在日インド IT 企業への調査報告書――タタ・コンサルタンシー・サービシズ」龍谷大学『社会科学年報』第 38 号〔2007

CMM レベル 5：(Capability Maturity Model Level 5) カーネギーメロン大学ソフトウェア工学研究所が開発した能力成熟度モデルのこと。企業の組織としてのソフトウェア開発能力（生産性，品質など）を 5 段階評価した。レベル 5 が最高。CMM は 2005 年に廃止され能力成熟度モデル統合（CMMI）に替わった。

第6章 グローバル化とインドIT-BPO産業の発展

年度〕も参照されたい)。

このモデルでは中国拠点(地理的位置づけからニアショアと呼ばれる)も活用しながら,日本支社のスタッフと本拠地インドのスタッフが協同して案件を進めていく。オフショアの比率を高めればコストをより削減することが可能だが,**ソフトウェア開発工程**のうち要件(要求)収集と要件定義などの上流工程では日本語はもちろん日本の商慣行にも通じたオンサイト人材(日本人またはインド人)は必要である。インド企業はアメリカ,イギリスなどでは言語はもとより商慣行もこれに即して展開したので日本よりオンサイトの比重を下げることが可能であろう。通例,インド企業は顧客専用のプロジェクトチームを作る*。顧客が大手多国籍企業の場合,1000名に達することもある。日本企業の場合は,まだインド企業からみると取引量が少ないので,「日本開発センター」をインドに設けて対応している事例が多い。

* TCSの場合,業務の工数が50人年を超える案件に対してチームを作る(小島〔2004〕129頁)。

次に輸出の構成をみよう。2007年度の輸出総額408億ドルの内訳は,ITサービス(231億ドル,構成比56.5%)とBPO(109億ドル,26.8%)およびソフトウェア製品・エンジニアリングサービス(63億ドル,15.4%)から成り,ハードウェアは5億ドル程度(1.2%)にすぎない。仕向先は6割強がアメリカ,これにイギリス(17.8%)を加えると英語圏の米英で輸出のほぼ8割を占める。その他の大陸ヨーロッパが近年徐々に市場としての重要性を増している(12.3%)。なお,輸出市場としての日本は約3%にすぎず,その市場規模が大きいことを考慮すればインド企業が苦戦をしていることがうかがえる。輸出とは対照的に国内市場はハードウェアがほぼ5割を占め,近年増加傾向に拍車がかかっているITサービスがこれに続く。輸出の顧客の6割は銀行・金融サービス・保険およびハイテク・通信関連企業であり,「フォーチュン500」にリス

ソフトウェア開発工程:システム開発工程ともいう。上流からみて,順に①分析:システム化の方向づけ,業務分析・要求収集,要件定義⇒②設計:基本設計(システム設計),外部設計(ソフトウェア設計),内部設計⇒③製造:プログラミング(コーディング),単体テスト⇒④総合テスト,システムテスト,ユーザーテスト,となる(ウォーターフォール型開発手法を基本とした場合)。③以降が下流工程。

トアップされる多国籍企業も多い。ITサービス輸出を契約別で区分すると，プロジェクトベースのサービス（51.7％），アウトソーシングサービス（40％）および支援・研修サービス（8％）となる。プロジェクトベースは，いわば単発の契約であり，従来より主流であったカスタムアプリケーション開発が主力である（43％）。高技術・高付加価値のITコンサルティング（2.8％），システムインテグレーション（3.0％）などはまだ萌芽段階である。近年比重を徐々に高めているアウトソーシングサービスは複数年契約でありサービス提供者にとり長期的に安定した収益が見込まれる。アプリケーションマネジメント（15.4％）と付加価値が高いといわれるインフラストラクチャサービス（14.3％）が中心である（NASSCOM〔2007〕pp. 51-72）。

ソフトウェア製品・エンジニアリングサービスはインドIT産業にとっては比較的新しい，多角化した分野である研究開発・エンジニアリングサービス（主に組み込みソフトウェア）を中心とし（72％），これにオフショア製品開発が続く（19％）。ソフトウェア製品の輸出は伸び悩んでいる（9％）。このうち研究開発は多国籍企業のインドからのアウトソーシングにより活発化している。例えばグローバル研究開発におけるインドの地位はYahoo 11～15％，Adobe 20～25％，オラクル（Oracle）18～20％，Intel 15～20％となっている（NASSCOM〔2007〕）。

BPOは，外資系が主体であり，ITサービスより新しく展開してきた分野である。コールセンターや給与計算に代表される顧客対応・財務・人事管理など比較的簡単で汎用型のバックオフィス業務（水平型BPO）が大勢である（82％）。近年は特定の専門分野と顧客に特化した高付加価値を求める垂直型BPOサービスも徐々に存在感を増している（NASSCOM〔2007〕）。

2　産業構造の特徴：輸出に特化するインド大手と国内市場を席捲する外資

インドIT産業の産業構造の特徴は，少数の企業への集中と多国籍企業の進出・プレゼンスが大きいことである。まず，2006年度についてITサービス，製品開発およびエンジニアリングの輸出（合計230億ドル）ではインド企業が65～75％であり，外国プロバイダー（15～20％）と外資自社専用拠点（10～15

%）を大きく引き離す。しかし，BPO 輸出（84億ドル）では外資自社専用拠点（40〜45%）と外国プロバイダー（30〜35%）など外資がインド企業（25〜30%）を凌駕している（NASSCOM〔2008〕p.70）。

次に市場の集中であるが，産業全体では3000を超える企業がある。上位4社の第一グループ（TCS，インフォシス・テクノロジーズ〔Infosys Technologies〕，ウィプロ〔Wipro〕およびサティヤム）がIT サービスの45%を占め，第二グループ（7〜10社）の同25%と合わせると70%に達する。さらに，在インド多国籍大手IT企業（20〜30社）のシェア10〜15%を加えると，IT サービス市場の8割強をこれらの企業群が支配する。BPOでは先進国企業の自社専用拠点が50%，在インド多国籍IT大手企業が10〜15%と外国企業が市場の6割強を占有する（2005年度，NASSCOM資料）。したがって，インド大手と外資・多国籍企業との競争あるいは棲み分けという観点から産業構造を把握することが肝要である。

IT 情報「データクエスト（Dataquest）」によれば，2007年度におけるインドIT 企業上位200社（BPOを除く）のうち，主業務別ではITサービス95社，ハードウェア45社，流通26社，ソフトウェア製品20社，多業種5社，その他9社という構成であった。これらのうちインド企業が133社，外資系が67社であった（出所は表6-5と同じ）。上位20企業について収益（国内と輸出の合計でほぼ売上高に相当，BPOを除く）によるランキングを**表6-5**に示す。この表にはハードウェア（コンピュータ，周辺機器，ネットワーク機器，記憶媒体など）およびこれらの機器の流通企業も含まれている。インド上位6企業の頭文字をとって'SWITCH'と称される企業（上位から，TCS，インフォシス，ウィプロ，サティヤム，コグニザントおよびHCLテクノロジーズ）が上位10社に入っている。特に上位3社の収益額は他のインド企業を圧倒している。インドIT企業は輸出志向が強く，収益のほぼ9割強を輸出から得る。このランキングでは20社中12社が外資系企業である。特に注目したいのは外資系企業の多くが10年前の1997年度にはランキング入りしておらず，急速にその地位を高めたかオラクル，アクセンチュアなどのようにごく最近の進出によるものであるということである。インドIT産業に近年外資系大手，多国籍企業が盛んに参入してい

第Ⅱ部 BRICsの台頭とグローバル経営

表6-5 収益順IT企業上位20社

(単位：億ルピー)

順位（年度）				企業名（太字は外資系）	収益額
2007	2006	2000	1997		
1	1	1	1	Tata Consultancy Services (TCS)	2,147
2	2	2	2	Wipro	1,688
3	3	3	16	Infosys Technologies	1,576
4	4	7	6	**Hewlett Packard India**	1,546
5	5	6	5*	**IBM India**	1,018
6	6	13		Ingram Micro	862
7	7	12	20	Satyam Computer Services	789
8	11	18		Cognizant Technology Solutions	631
9	8	9	15	**Redington India**	628
10	9	10		HCL Technologies	620
11	12	17		**Cisco Systems**	584
12	10			**Oracle India**	581
13	15	11		HCL Infosystems	506
14	14			**Intel**	431
15	新			**Accenture**	380
16	16			Tech Mahindra	364
17	18	19	10	**Microsoft India**	326
18	24			**SAP India**	326
19	21			**Dell India**	320
20	19			**Lenovo India**	301

(注) 1：本表のIT企業とはソフトウェアおよびIT関連ハードウェア生産企業をさす。BPOは除く。
　　 2：*Tataとの合弁企業（Tata-IBM）として。
(出所) Dataquestによる。URL：http://dqindia.ciol.com/content/dqtop 20_08/CompanyRanking/2008/108072101.asp（2008年10月15日アクセス）

る様子がみて取れよう。

次に，国内収益によるランキング（**表6-6**）では，ヒューレットパッカードインド（Hewlett Packard India, HP）を先頭に実に17社もの外資企業が名を連ねている。インド企業はハードウェア関連のHCLインフォシステムズ，ハードウェア部門をもつウィプロおよびTCSの3社のみである。ITサービスとその輸出に特化し，国内市場には目もくれず，ひたすら輸出増大に力を傾注してきたインドIT企業の特徴が明らかである。なお，3つのランキングにすべて顔を出しているのはTCS，ウィプロ，IBM，HPおよびオラクルの5社のみである。この中では，インド国内でハードウェア，ITサービスの販売そしてIT

表6-6 国内収益によるIT企業上位20社（2007年度）
(単位：億ルピー)

	企業名（太字は外資系）	収益額
1	**Hewlett Packard India**	1,267
2	**Ingram Micro**	862
3	**Redington India**	628
4	**Cisco Systems**	537
5	HCL Infosystems	506
6	**IBM India**	428
7	Wipro	406
8	**Intel**	388
9	**Dell India**	320
10	**Lenovo India**	301
11	**Microsoft India**	294
12	**SAP India**	258
13	APC	241
14	**Samsung**	180
15	**Acer**	175
16	**Oracle India**	160
17	TCS	160
18	**Sun Microsystems**	146
19	eSys	134
20	**Seagate**	114

(出所) 表6-5に同じ。

サービス輸出の全方位で活発に展開し，グローバルなインド機会を積極的に活用しているIBMが注目される。IBMの最近の受注案件をみると，アイデア・セルラー（IDEA Cellular）：BPOとITインフラで10年間の契約，DLF：コンサルティングとITインフラで10年契約，デリー国際空港：経営近代化，中央国税局：ITインフラ（以上，2007年）などが含まれており，顧客獲得において見事に現地化していることが明らかである（新聞報道等による）。

3 IT人材の役割とグローバル化

まず，企業家であるが，「財閥」系のTSCを別として，インド人IT企業家は概して旧来の経済・ビジネスコミュニティからではなく，ミドルクラスのエンジニア出身という出自である。IT関連産業とくにコンピュータの製造・組み立ての分野では，1980年代以降にシリコンバレーのビジネスモデルを台湾

に移植したとして台湾出身エンジニアの企業家が注目されてきた。A.サクセニアンは，かつての頭脳流出（brain drain）から今や頭脳循環（brain circulation）という途上国産業発展の新たな展開として積極的に評価している（A. Saxenian〔2007〕*The New Argonauts: Regional Advantage in a Global Economy*, Harvard University Press［酒井泰介訳〔2008〕『最新・経済地理学』日経BP社］，邦訳は誤訳・不統一が目立つのが惜しまれる）。在米インド人技術者の場合，1980年代に台湾の事例のように企業家としてインドに帰国する事例は少なかった。それでも在外インド人の大学同窓会やコミュニティさらには旧同僚といったネットワークは密であり，特にインド人工学系留学生およびエンジニアの最大の集積地であるアメリカとインド本国を結ぶ彼らの関係は海を越えて緊密であった。1990年代以降，シリコンバレーの在米インド人企業家を中心とした起業支援組織であるTiE（The Indus Entrepreneurs）が設立され，インド人による起業の支援や前述したベンチャーキャピタルの活動も活発になり，インドでの起業を後押しする環境が次第に整ってきた。もっとも，彼らの投資先はITサービスを中心としたサービスであり製造業にはあまり関心を示さなかった（Kuznetsov〔2006〕）。

　前述のようにインド企業のグローバル化に加えて，IT産業自体がオンサイトとオフショア／オフサイトを組み合わせて仕事を進めるという特性をもっているので，インド人IT従事者が海外に長期滞在したり，頻繁にインドと外国を往復したりすることは日常茶飯である。あるサンプル調査＊は，IT企業雇用者のグローバルな流動性を示している。これによれば，1999年にはＹ２Ｋ問題でかなりの開発担当者（16.2％，主にプログラマー）やマネージャー（11.3％）が離職してインドから海外に移った。また，1999年と2002年の2年について，すべての職種カテゴリーで2割を超えるスタッフが海外でのオンサイト勤務に従事し，さらにほぼ4割強がオフサイト勤務（短期出張）を経験した。こうして，インドのIT人材（主にエンジニアを対象）は，基本的にはインドと先進国の間を往き来しながらキャリア上昇をめざす勤務志向がうかがえる。頭脳「還流」と表現すると1回きりの事柄という印象を与えるが，キャリアの中で何度も世界をまたにかけて移動し，「循環」するのが現実である。このよう

第6章　グローバル化とインドIT-BPO産業の発展

表6-7　TCSの人材構成

総雇用者数	約11万人（2008.3），8万5582人（2007.3），4万992人（2005.3）
女性／男性	女性26%，男性74%（2006年度）
年齢構成	平均年齢27歳。30歳未満75%，30-40歳未満21%，40歳以上4%（2006年度第3四半期）
国籍別	インド：90%弱，外国籍：10%強（2008.3） 外国籍内訳：チリ（14.7），ブラジル（14.3），イギリス（11.3），エクアドル（10.8），アメリカ（10.4），中国（10.1），ウルグアイ（7.0），メキシコ（4.8），ハンガリー（3.9），オーストラリア（1.1），その他（11.6）
国・地域別 人材配置	インド（62.6），アメリカ（14.0），イギリス（3.8），南米（2.3），アジア太平洋（2），ヨーロッパ（1.9），中東・アフリカ（0.4），その他（13）（2006年度第3四半期）
離職率	12%弱（2007年度）：2006年度11.3%，2005年度9.9%，2004年度8.0%

（出所）　Tata Consultancy Services Limited [TCS]（2008）*Annual Report 2007-08*, TCS（2007）*Corporate Sustainability Report 2006-07* より作成。

な移動はインドIT企業にとり必ずしも頭脳「流失」というネガティブな効果をもつものではない。先進国市場の情報やより進んだ技術を身につけた彼らを再び雇用する機会があるし，引き続き接触をもつことも多い。

＊　本調査はNASSCOMとの提携により2002年冬にインドIT企業225社を対象に実施された。このうち，NASSCOM会員企業が7割を占めた（Commander, Simon, Rupa Chanda, Mari Kangasniemi & L. Alan Winters [2004] *Must Skilled Migration Be a Brain Drain? Evidence from the Indian Software Industry*, IZA DP No. 1422, Forschungsinstitut zur Zukunft der Arbeit [Institute for the Study of Labor], Bonn, Table 6）。

　インドIT企業のグローバル化は社内の人材構成にどのように反映しているだろうか。ここでは一例として雇用者数でインド最大の民間企業となったTCSの人材構成の特徴をみよう（表6-7）。TCSは旺盛なM&A活動などを通じて海外に50を超える販売拠点と20の開発拠点（デリバリーセンター）を展開してきた。同社はインドIT産業のパイオニアであり創業40年の歴史をもつが，それでも近年の雇用者の急増を反映して雇用者の75%が30歳未満と若く，社員の平均年齢は27歳である。さらに外国籍をもつものが1割である。このうち最近の南米地域での事業展開のため同地域での雇用者が増えている。国・地域別の人材配置をみると，インド国内で勤務するものはインド国籍者の比率を大きく下回る6割強となっている。米欧の海外子会社の雇用に加えて，オンサ

イト勤務が引き続き重要な位置にあることを示すものであろう。最後に離職率であるが徐々に高まりをみせ，2007年度は12%弱である。筆者らの訪問調査では「この数字は業界平均より低い」とのことであった*。TCSは最近1年で純増約2万5000人，離職者を考慮すると新卒・既卒含めて4万人近くを採用した計算になる。この産業の人材の出入りの激しさを改めて印象づけるが，逆にこれに対応できている企業の教育・研修制度の充実にも思いが及ぶ（小島〔2004〕;「インドで鍛えろ！」『日経コンピュータ』No.716, 2008年11月1日；大石芳裕・安田賢憲〔2008〕「印系ソフトウェア企業の多国籍企業化に関する一考察」『多国籍企業研究』創刊号などを参照されたい）。

* 2008年8月，TCSバンガロールにおける筆者の聴き取りによる。

3　インドIT産業の発展をみる視点：課題と展望

本章の締めくくりとして，IT産業がグローバル競争の中でいかなる位置に到達しているのか，さらにインドIT-BPO産業がインドの経済発展に対してもつ意味など二，三の論点について近年の研究動向を紹介しつつ検討してみたい。

まず，インドIT産業の発展について1990年代までの研究は国際分業や先進国IT企業との関係で技術的，競争力的に低いレベルにあると指摘した。例えば，R. ヒークス（Richard Heeks）は，インドのソフトウェア輸出はコーディングやテストなど開発工程の下流部門に集中しており，「国際技術分業」の中の低技能工程を担っている。単発のカスタムソフトウェアは従事する人数によって売上げが決まるのであって，インドソフトウェア産業の高度化の課題としてパッケージソフトウェア製品の開発力強化と輸出拡大を指摘した（R. Heeks〔1996〕*India's Software Industry : State Policy, Liberalisation and Industrial Development*, Sage Publications, pp.67-86）。

同様の評価はOECD（2000）においてインドを担当したA.アロラ（Ashish Arora）にも共通する（OECD〔2000〕*OECD Information Technology Outlook 2000*）*。より最近の研究でもインドIT産業の発展における克服すべき課題と

して同様の指摘がある。B. パルタサラティは，1990年代後半からの組み込みソフトをはじめとした研究開発サービスへの展開は，多国籍企業のオフショアデベロップメントセンターの役割を担うものであり，新たな質の高い帰国人材とともに，この産業発展の可能性を示す。一方，ソフトウェア製品やパッケージの不振の背景ともなっているインド国内におけるIT投資，遅れたITインフラが，これまでのITサービス輸出偏重とあいまって，この産業の発展のボトルネックであると指摘する（Parthasarathy, Balaji〔2006〕"The Political Economy of Indian Software Industry," Parayil, Govindan ed.,〔2006〕*Political Economy and Information Capitalism in India : Digital Divide, Development and Equity*, Palgrave Macmillan）。さらに，この産業を牽引してきた業界団体であるNASSCOMも，インド企業が製品の開発を丸ごと担当するオフショア製品開発の技術達成度については，テストや設計の一部を除き，これから修得すべき課題が多いことを自認している（NASSCOM〔2007〕*Startegic Review 2007*, p.67）。

* OECD (2006) はこの評価を自己批判し，インド企業による独自のグローバルデリバリーモデルの構築，高付加価値化・高収益化の追求（ターンキープロジェクト，end to end ビジネスソリューション，コンサルティングなど）を高く評価した。そして「インド企業がより高度なサービスにおいて活力を維持し，グローバルビジネスモデルを提供している」と述べている（OECD〔2006〕pp.127-133）。

インドIT産業がパッケージソフトウェアやITコンサルティングなど高い技術を要する分野では目下萌芽的段階にあることは前節で指摘した。しかし，ITサービスでは途上国の競争相手と比べればやはり一頭地を抜くことも評価が定まっているといえよう*。

* 日本における評価の一例を示す。すなわち「インドへのオフショア開発では，同国のソフトウェア開発の技術力の高さを背景に，要件定義や技術研究・開発もオフショア開発の対象となっており，オフショア開発業務が広範囲に及んでいる」（情報処理推進機構 (2007)『IT人材市場動向予備調査報告書（中編）』110頁）。

では，ITサービスベンダーとしての強さとソフトウェア製品開発力の未成熟というギャップは何に起因するのだろうか。まず，IT企業の研究開発支出が低レベルにあることである。インド大手IT企業の研究開発支出は対収益で

0.2～0.3％程度にすぎない。教育・研修支出が同5～7％に達するのと対照的である。ここではサクセニアンの見解に従い一応の結論を提示する。サクセニアンは「インドのソフトウェアサービス企業は，カーネギーメロン大学のソフトウェア工学研究所が開発した能力成熟度モデル（SEI CMM）で事実上すべての企業が最高水準のレベル5で活動している。アメリカの企業はたいていレベル2か3に止まっている」と述べ，「彼らは先端技術やアプリケーションを開発できるようになったわけではないが」，生産現場での経験値の積み重ねによって頭角を現してきた（Saxenian〔2007〕p.103），と評価している。つまり，開発志向ではなく，国際的信認の厚い認証を武器にサービスの品質保証で評価を高めてきたのである。

次にIT-BPO産業がインド経済発展にもつ意味という広い視角からの問題を考えてみよう。まず，インドIT産業の「飛び地（enclave）」という評価に関してである。（絵所秀紀〔2008〕『離陸したインド経済』ミネルヴァ書房；Saxenian〔2007〕）。絵所は「ソフトウェア産業（IT活用サービス業を含む）は製造業とは異なり，産業の裾野が広くないし，雇用吸収力にも限界がある。——（中略，引用者）——英語を使いこなすことができるインド人は人口の5％程度であることを考えると，現在までのところ，ソフトウェア産業はエリートによるエリートのための『飛び地』でしかない」（絵所〔2008〕142頁）と主張する。また，最近のインドでの社会学的研究を援用し，人材の社会経済的背景については，彼らの出自が高学歴者，中間層，上・中カーストおよび都市出身であって，社会における労働力とその階層のモビリティには余り貢献していないと指摘している（同上）。

筆者はこれらの見解に概ね同意する。さらに，少し補足するならば，前節で明らかにしたインドIT産業（ハードウェアを含む）におけるインド企業と外資・多国籍企業との棲み分けのようにみえるが，実は近年ますます後者がプレゼンスを増している産業構造の特徴が考慮されるべきであろう。IBMインドのようにハード，ソフト両分野においてインドで活動を拡大しながら，研究開発やサービスの輸出に力を傾注している企業はインドの労働力とIT産業集積をグローバルな経営戦略からたくみに活用しているといえる＊。

第6章　グローバル化とインドIT-BPO産業の発展

　　＊　この産業の分析には多国籍企業（特にアメリカの）の企業内国際分業という視角も欠
　　　かせない。

　ハードウェア関連の多国籍企業はインド国内市場を掌握している。製造業との関連，裾野産業との関連というのであればインドにおけるハードウェア育成政策が問題であったということができる。輸出にばかり関心を向け，産業政策や人材確保などで次第に発言力を増してきたインドIT産業は，この点では我関せずという立場であり，もっぱら輸出主導による高収益を追求してきた＊。近年，インドIT企業による研究開発，R＆Dなど新しい分野（さらには半導体設計，航空機の一部製造）への進出がみられるが，これらが国内の技術革新システムにより密にかかわる動きは希薄である。今後インドでは，特にITサービスやBPOではインド企業と多国籍企業の競争がより激しさを増してゆくことであろう。どちらの企業側でも主力となっている人材はインド人である。グローバルなアウトソーシングの盛行の中で，インドが文字通り中国の向こうをはって「世界のサービスセンター」としてこれまでの発展軌道に拍車をかけるのか，インド国内産業とくに製造業とのつながりを密にしたり，人材という面から社会のモビリティを高めるような方向にいくのか注目される。

　　＊　インドIT大手の税引前利益に対する実効税負担は10～12％程度にとどまり，一般の
　　　企業の30％前後という負担に比べてはるかに低い。これはIT企業がソフトウェアテク
　　　ノロジーパークや経済特区（SEZ）に立地して輸出に特化することによって得られる恩
　　　恵である。IT大手は収益（ほぼ売上げに該当）の5割程度を人件費にあて，同2割が純
　　　益になった。借入金・利子負担もゼロに近い（主要企業の年次報告書による）。

　最後に，2008年下半期以降の世界金融危機とこれに伴うリセッションのインド経済への影響とIT産業について簡単に述べる。世界銀行はインドの2009年のGDP成長率を5.8％と予測した。これは2007年の実績（9.0％）から大きく落ち込む。インド国内では「景気減速が鮮明になり，底堅いとされてきた内需主導型経済を支えてきた消費の失速が最大のリスクとして浮上してきた」。また，IT産業にも「業界の離職率が5-15ポイント低下し，今年の昇給率は1ケタにとどまる」といったおそらく予期せぬ影響もでている（以上『日本経済新聞』2009年1月6日付）。米欧の銀行・金融・保険業界などを主たる顧客とす

▶▶ Column ◀◀

2008年8月，バンガロールの車中にて

　調査などでインドに滞在する時，近頃頭を悩ませるのはホテル代の高騰です。しかし，これは安い！といつも実感するものもあります。調査には欠かせない借り上げのタクシーがその1つです。1～2名用であればエアコン付きで1日8時間，走行距離50キロまでという条件でだいたい1000～1500ルピー程度（日本円2000円から3000円，2008年10月末のルピー安時［1ドル＝49ルピー，近年の通例は1ルピー＝2.5円程度］）。もちろん運転手がつきます。悪路とマナー不在のインドの道路ではとても自分で運転する気にはなれません。運転手の賃金，人件費がこの国ではとても安いことに驚かされます。彼の取り分，月収ははたしていくらになるのか。1日500円くらいだろうか。彼らは個人営業ではなく会社から車を借りているのです。しかし，さすがにインド。運転手の多くは英語を話すので助かります。

　2008年8月のバンガロールの路上ではこんなことがありました。チェンナイ（旧マドラス）出身でムンバイ（ボンベイ）に住んだことがあるというその運転手はヒンディー語の他にタミル語，カンナダ語，マラーティ語など現地語を5～6理解し話せる他に，英語も運転手としては不自由なく使える人でした。夕方，調査を終えての帰り道，狭い十字路の対面，進行方向で車線（これはそもそも無いようなものだけれど）を越えて自転車・バイク等がはみだして前進できなくなってしまいました。彼は当然のことながら大声で，「何をやっているんだよ」「道を空けろよ」（と，たぶん。現地語で筆者には理解不能）と怒鳴りました。向こう側のバイクに乗って進路を塞いでいる初老の男性が何か答えたようです。すると運転手はすかさず英語で「あんたのように教養のあるものがルールを守らずにどうするんだ！」（これはしっかり聴き取れました）とやり返したのです。瞬時に言語を変える能力だけでなく，このような議論の仕方，キレずに痛いところを突いてくるやりとりには思わず感心してしまいました。

　最後に，これは安くうまいと思うもの。それは筆者の大好きな南インドのベジタリアンのターリー（丸か四角のプレートで出される定食）。おかずの各種カリーもご飯もお代わり自由。場所にもよるが100～150円くらいからある。是非，'South Indian thali, please.'と注文しましょう。必ずスィートも付いてきます。

るインド国内IT企業も強い逆風にさらされている。IT大手3社の2008年度10～12月期の決算は，「ウィプロは前年同期比12.4%の増収だったが，インフォシスは8%増，TCSは横ばいにとどまった」（同上，2009年1月26日付夕

刊)。

　さらに，2009年の年明けに「インド版エンロン」とでもいうべきインドIT業界を揺るがす大問題が明るみに出た。すなわち，業界4位のサティヤムの創業者のラマリンガ・ラジュ会長が「貸借対照表上の現預金を504億ルピー（約1000億円）水増ししてある」「2007年度7-9月期の営業利益は6億1000万ルピー（約12億円，公表値の1割以下）」などと数年間にわたり粉飾決算を行ってきたことを全取締役にメールで送ったことに端を発する（同上，2009年1月11日付）。インドIT企業はサービスの品質とともにコーポレート・ガバナンス（企業統治）が米欧流に確立しつつあることが評価され顧客を獲得してきた。しかし，今回の事件は創業者経営者が多いインドIT企業の企業統治に不信の目を向けさせ，経済減速で初めて大きな試練に立たされたこの産業に追い討ちをかけることとなった。

〔推薦図書〕

絵所秀紀（2008）『離陸したインド経済——開発の軌跡と展望』ミネルヴァ書房
　　著者書下ろしの最新作である。ゼミ生に語るように書いたというだけあり，読み込んでゆくと次第に著者の世界にはまる。

小島眞（2004）『インドのソフトウェア産業』東洋経済新報社
　　日本におけるパイオニア的著作である。TCSの主要事業所での業務に関する聞き取り調査の成果が十分に盛り込まれている。

ジェトロ編（2008）『インドオフショアリング——拡がる米国との協業』ジェトロ
　　アメリカのオフショアリングという視点からインドを捉えた。豊富な事例研究による叙述は有益である。アメリカにおける議論の紹介も興味深い。

〔設問〕

1. インドのITサービス産業はなぜアメリカとの結びつきが強いのかを双方の視点から考えてみましょう。
2. インドIT企業の日本支社の活動とその特徴を各社のホームページから得られる情報で整理してみよう。それらはアメリカやヨーロッパでの活動と比較してどのような違いがありますか。

（石上悦朗）

第7章

ロシア企業の多国籍化

　ロシアは社会主義国ソ連の中核をなす国でしたが，1992年から市場経済に移行しました。その移行過程では，著しい不況に襲われましたが，1999年にはGDP年成長率がプラスに転じ，現在（2008年）まで5％前後の成長率を記録し続けています。近年，世界舞台でロシア多国籍企業の活動が目立ちます。ロシア企業の多国籍化はなぜ起こり，世界経済と国内経済にどのような影響を与えているのでしょうか？

1　ロシア企業の多国籍化

　1991年にソ連が解体してロシアが独立し，本格的な市場経済移行が始まって以来，ロシアは西側多国籍企業の重要な進出先の1つとなってきた。ロシアは，製品市場，原料供給基地，科学技術人材供給源として注目されてきており，BRICsの一国として認知されるようになってから，なおさらその重要性を増してきた。

　しかし同時に，2000年ごろからロシア企業の多国籍化が急速に進んできたことも見逃せない。ロシアからの対外**FDI**は，2000年の201億ドルから，06年には1803億ドル，07年には2096億ドルへと約10倍の伸びをみせた（http://www.cbr.ru）。それに伴い，ロシア有力企業の多国籍化が進んできた。

　ロシアの多国籍企業のうち国外資産規模上位25社についての調査結果が2007年に発表された。表7－1をみると一目でわかるように，その多くは石油・天然ガス産業と金属加工・採掘産業，すなわち天然資源関連産業に属して

FDI（Foreign Direct Investment）：外国直接投資。対内（外国から当該国へ）と対外（当該国から外国へ）がある。外国直接投資とは，支配を目的に外国企業に投資したり，企業を外国で設立するために投資したり，外国の支配下企業に投資すること。

第7章 ロシア企業の多国籍化

表7-1 ロシア多国籍企業上位25社：主要指標（外国資産規模基準，2006年）

(単位：100万ドル，従業員数)

順位		名称	産業	資産		売上高		従業員		多国籍度(%)[d]	外国子会社数	進出国数
外国資産	多国籍化指数			国外	総計	国外	総計	国外	総計			
1	4	Lukoil	石油・天然ガス	18,921	48,237	56,706	67,684	22,000	148,000	46	182	43
2	12	Gazprom	石油・天然ガス	10,572	204,228	66,909	82,774	5,470	432,000	29	105	32
3	11	Severstal	金属加工，採掘	4,546	18,806	7,519	12,423	8,000	99,700	31	9	5
4	5	Rusal[a]	金属加工，採掘	4,150	14,200	10,790	13,000	10,900	100,000	41	19	15
5	1	Sovcomflot	輸送	2,530	2,601	489	511	164	3,542	66	4	3
6	8	Norilsk Nickel	金属加工，採掘	2,427	16,279	10,569	11,550	1,600	83,600	36	13	9
7	22	AFK Sistema	通信・小売	2,290	20,131	2,537	10,863	11,700	92,000	16	25	9
8	16	VimpelCom	通信・小売	2,103	8,437	468	4,870	7,630	21,300	23	12	4
9	2	Novoship[b][c]	輸送	1,797	1,999	503	561	0	4,980	60	6	5
10	13	TNKBP	石油・天然ガス	1,601	23,600	24,092	35,512	4,000	70,000	27	1	1
11	17	Evraz	金属加工，採掘	1,322	8,522	4,075	8,292	4,400	110,000	23	9	5
12	7	FESCO[b]	輸送	1,074	1,685	n.a.	577	500	3,800	38	102	12
13	3	PriSCo[b]	輸送	1,055	1,093	150	200	0	1,000	57	2	2
14	14	Novolipetsk Steel	金属加工，採掘	964	8,717	3,572	6,045	5,252	71,000	26	17	7
15	25	RAO UES	電力	514	58,619	1,119	32,979	16,000	469,300	3	16	9
16	20	TMK	金属加工，採掘	490	3,548	1,076	3,384	4,700	49,670	18	12	10
17	10	Eurochem	肥料	456	1,850	1,452	1,964	1,170	26,400	34	6	4
18	24	GAZ	製造	366	2,162	885	4,512	900	110,000	12	10	7
19	9	OMZ	製造	354	913	356	667	1,965	16,990	35	12	7
20	19	Alrosa	金属加工，採掘	294	7,556	1,912	3,584	20	35,814	19	7	7
21	23	ChTPZ (Arkley Capital)	金属加工，採掘	244	1,978	509	2,632	1,800	25,000	13	2	2
22	15	Alliance Oil	石油・天然ガス	211	1,144	370	1,677	2,700	8,400	24	20	3
23	6	Acron	肥料	200	1,073	650	897	4,000	13,150	40	8	6
24	21	Euroset	通信・小売	147	896	488	2,970	7,050	34,300	18	11	11
25	18	Mechel	金属加工，採掘	116	4,449	2,112	4,397	8,424	76,566	21	20	12
計				58,744	462,722	199,308	314,523	130,345	2,106,512		630	

(注) a) 2006年の数字は統合会社Rusalのものである。Basic Element, Renova, Glencoreのアルミニウム事業が統合されて統合会社Rusalが設立されることが，2006年10月に発表された。
b) 最終的にロシアの海運会社に属するが，外国で登録されている船舶は国外資産とみなされている。しかし，船員はロシア従業員に数えられている。
c) NovoshipはSovcomflotに吸収される予定である（両社とも国の支配下にある。《Коммерсант》21/06/2007）。
d) 国外の資産，従業員数，売上高の国内外合計に対する比率を単純平均したもの。
(出所) SKOLKOVO-CPII〔2007〕p.6に加筆作成。

いる。

　したがって，元来，天然資源関連産業優位の産業構造をもつロシアにおいて，それらの産業に属する企業が先頭となって，海外投資を展開し，多国籍化しているのである。

　本章では，このようなロシア多国籍企業の特徴を明らかにする。それは，ロシアの企業・経済の重要な特徴に光を当てることにもなろう。

ただし，ロシア多国籍企業の特徴を明らかにするためには，まず，世界の多国籍企業の現状について整理しておく必要がある。近年，世界の多国籍企業の全体的な見取り図に大きな変化が起こっているからである。

2　発展途上諸国・移行諸国発の多国籍企業

国連貿易開発会議（UNCTAD）は『世界投資報告』を毎年，発表している。それの2006年版の副題は「**発展途上諸国・移行諸国発のFDI：発展への示唆**」であり，2007年版の副題は「多国籍企業，採取産業，発展」である。すなわち，発展途上諸国・移行諸国発のFDIが増大していること，採取産業における多国籍企業についても発展途上諸国・移行諸国発のFDIが増大していることが注目されているのである。

ロシア企業の多国籍化は，まさにUNCTADが注目するこの2つの世界的流れの中で起こっている現象なのである。

そこでまず，『世界投資報告』2006年版（*World Investment Report*, 2006）から，発展途上諸国・移行諸国発の多国籍企業の活発化の理由，それらの多国籍企業の特徴を整理してみよう。そして次に，2007年版から，採取産業における状況を整理してみよう。

1　発展途上諸国・移行諸国発の多国籍企業

発展途上諸国・移行諸国発のFDIの累積額は，1995年の3350億ドルから，2005年の1兆4000ドルへと急増した。発展途上諸国・移行諸国の中でもアジアとロシアが重要性を増している。部門では第三次産業（ビジネスサービス，金融サービス，貿易），製造業（エレクトロニクス）が多いが，最近では第一次産業（石油）も増大している。受入国の観点からは，南―南投資が多いが，近年，

発展途上諸国（developing economies）：未開発または低開発の産業基盤を有した国々。先進諸国（developed economies）の対語。

移行諸国：社会主義計画経済から市場経済へ移行しつつある国々。ロシアを含む旧ソ連諸国（15カ国）のほかに，東欧諸国，モンゴル，中国，ベトナムなどの国々がこの中に含まれる。これらの国々の企業には社会主義経済を経験したことからくる共通性があるが，同時に差異も大きい。

先進国向け投資も増大してきた（UNCTAD〔2006〕*World Investment Report,* pp.101-139）。

発展途上諸国・移行諸国は，既存理論が想定するよりも早い段階からFDIを増大させている。その理由は，グローバル化により競争が激しく，同時に機会も多いからである。

多国籍企業は何らかの競争優位を基盤に対外進出する。多国籍企業の競争優位のタイプの分類は**表7-2**のとおりである。主要な競争優位は，企業の専門知識と技術（1），本国の資源と活動へのアクセス（2），企業の生産・サービスの能力（4）の3つ。先進国の場合は，企業の専門知識と技術が主だが，発展途上諸国，移行諸国の場合は他の2つのほうが主であり，他の様々な優位も重要な役割を果たしている。

多国籍企業のFDI戦略には4種類がある。市場志向型，効率志向型，資源志向型，**創造的資産志向型**。ほかに，国家戦略志向型もある。天然資源の少ない発展途上国（中国，インド）のFDIには資源志向型が目立つ。創造的資産志向型は発展途上国・移行諸国の多国籍企業では少ない。国家戦略志向型は，発展途上国・移行諸国の特に国有多国籍企業に顕著である（UNCTAD〔2006〕pp.141-168）。

FDIの本国経済に与える影響は，多国籍企業の競争力の改善に由来するのであり，それが全体としての産業・経済の競争力の改善につながるかどうかにかかっている。先進国の場合，全体として肯定的な影響。発展途上諸国・移行諸国については，まだデータがないが，同じような影響が想定される。政治的，社会的，環境的影響はよいと思われる。

対外FDIが本国経済に及ぼす利益を最大化し，否定的影響を最小化するためには，政治が主要な役割を果たしうる（UNCTAD〔2006〕pp.182-183）。

創造的資産志向型FDI戦略：技術，ブランド，供給網，R&D組織，経営・管理能力などの獲得をめざすFDI戦略といわれる（UNCTAD〔2006〕p.142）が，特に知識・技術・ノウハウの獲得が重要であろう。この戦略に成功すれば，表7-2の1のセルに示される「専門知識と技術」という企業特殊的優位を獲得することになる。したがって，発展途上諸国，移行諸国の多国籍企業が質的に飛躍するために必要な戦略である。

表7-2 発展途上国TNCがもつ競争優位のタイプ

優位のタイプ	競争優位の源泉		
	企業特殊的優位	本国の環境に由来する優位	発展過程または発展段階に由来する優位
所有とアクセス	1. 専門知識と技術 ・適合した専門的な知識と技術 ・新しい技術の早期利用（例えば，インフラや通信の分野） ・R&Dならびにその他の資源への持続的投資によって確保されたいくつかの先進的な技術または専門知識	2. 資源と活動へのアクセス ・天然資源（時には国有企業によって独占されている） ・知識と経験のクラスター（例えば，インドのバンガロールのIT技術） ・ファンドまたはその他の資金調達形態へのアクセス（例えば，国立の銀行・金融機関，イスラム銀行） ・公益事業，インフラの発展	3. 相対的優位 ・一部の発展途上国の企業は，自国の成長の軸となる産業のおかげで，他の発展途上国の企業に対する一時的・相対的な規模と所有の優位を得るかもしれない
製品・サービス，生産過程ならびに価値連鎖ニッチ	4. 生産・サービスの能力 ・部品・製品の効率的な生産 ・供給・配達能力	5. 創造的資産へのアクセス ・関連した複数の要素インプットを含む生産クラスター	6. 市場ニッチ ・発展途上国市場に適合した製品サービス ・安価な製品
ネットワークと関係性	7. ビジネスモデル ・優位を利用するためのネットワークの開発 ・顧客または供給業者ベースと関係性の強調	8. 血縁関係 ・移住者（例えば，海外にいる中国人，インド人，レバノン人）	9. 発展途上国同士の関係 ・政府間のイニシアティブ
組織構造とビジネス文化	10. ガバナンスの諸形態 ・家族企業 ・国有，集団所有 ・ネットワークをより多く利用する新しい組織構造	11. 文化的親和性 ・他の国々との文化的・歴史的結びつき	12. 組織的親和性 ・類似の発展段階，発展過程から生じるビジネスの文化・構造，政府・財界関係

（出所）UNCTAD (2006) p.148.

２ 発展途上諸国・移行諸国発の多国籍企業と採取産業

　1970年代まで，欧米の少数の主要な多国籍企業（**石油メジャー**）が資本主義諸国の石油産業を支配していた。1970年代に入って発展途上諸国の石油産業国有化の波が起こり，メジャーの支配的地位は失われた。その後，移行諸国の

石油・天然ガス産業民営化の際に，メジャーが利権を得たが，2005年の石油・天然ガス採掘企業ランキング（生産高基準）の1～3位は発展途上諸国，移行諸国の国有企業である。

歴史的にメジャーは技術，輸送，配給ネットワークにおいて支配的な地位を占めていた。しかし現在では，専門のサービス会社があり，地元の国有企業がそれに委託することができる。

発展途上諸国，移行諸国のいくつかの石油・天然ガス企業は，急速に海外生産に乗り出している。その中には，資源保有国の企業も，資源を保有しない国の企業もある。また，海外で下流部門に進出している企業もある。

FDIとの関連で考えた場合，資源採取産業の3つの特徴を念頭に置くべきである。①投資が巨大で，リスクを伴い，準備期間が長い。②環境的・社会的影響が大きい。③特に，石油・天然ガスなどは国にとって戦略的に重要である。

採取産業多国籍企業の主要な競争優位は，やはり企業の専門知識と技術（1），本国の資源と活動へのアクセス（2），企業の生産・サービス能力（4）の3つ。企業の専門知識と技術は，それほど重要でないが，難しいプロジェクトの場合は専門的な知識が重要であり，またリスク管理能力も必要である。本国の資源と活動へのアクセスでは，天然資源や資金へのアクセスが重要である。企業の生産・サービス能力では供給・配達能力が重要である。

採取産業における多国籍企業のFDI戦略の場合も次の4種類プラス1種類があるといってよい。市場志向型，効率志向型，資源志向型，創造的資産志向型。ほかに，国家戦略志向型。

　市場志向型：資源豊富な国の多国籍企業が，下流分野に進出する場合。

　効率志向型：金属資源保有国で加工に進出する場合。

　資源志向型：資源豊富な国に進出する場合。

　創造的資産志向型：先進的な技術をもつ企業を買収する場合。

石油メジャー：1970年代には「セブン・シスターズ」と呼ばれる7社が大手石油メジャーとされていたが，現在では，Exxon Mobil（アメリカ），BP（イギリス），Royal Dutch Shell（イギリス，オランダ），Total（フランス），Chevron（アメリカ），Conocophillips（アメリカ）が，生産高基準で世界20位以内に入っており，「スーパーメジャー」と呼ばれている。

国家戦略志向型：特に国有企業が政府の政策に従って進出する場合（UNCTAD〔2006〕pp.182-183）。

特に石油・天然ガスなど国家戦略上重要な資源については，競争優位を得やすいのは国有企業であり，また，発展途上国，移行諸国の政府は採取産業を国有企業に任せる方向の政策を展開している。しかし，それが必ず効率的かどうかは，十分明らかでない（UNCTAD〔2007〕pp.99-128）。

3　ロシア多国籍企業上位25社

『世界投資報告2007』では，2006年現在のロシアの対外FDIの状況がわかる。それによると，対外FDIフローでロシアは，**新興市場諸国**第3位（香港，ブラジルに次ぐ），対外FDI累積額で新興市場諸国第2位（香港に次ぐ）であった。フローが179億7900万ドル，累積額が1568億2400万ドルである（UNCTAD〔2007〕pp.251-258）。

ロシアの個々の多国籍企業の最近の状況を知るためには，コロンビア大学（アメリカ）とスコルコヴォ・ビジネススクール（ロシア）の共同研究の成果（SKOLKOVO-CPII〔2007〕"Russian Multinationals Bullish on Foreign Markets"〔Press Release〕）が利用できる。これは，2006年時点でのロシア多国籍企業上位25社の概要を明らかにしている。また，コンサルタント会社Deloitte & Touche社は2007～08年に有力多国籍企業の調査を行っており，そのレポートはそれら多国籍企業の事例をより詳細に分析している（Deloitte & Touche Regional Consulting Services Limited〔2008〕"Russian Multinationals: New Players in the Global Economy,"〔http://www.deloitte.com〕）。主としてこの2つの調査研究の成果をもとに，ロシア多国籍企業上位25社はどのような企業なのかみてみよう。

ロシアの多国籍企業上位25社の多国籍化は近年，急激に進んできた。2004～06年の間に国外の資産，売上高，従業員数が2倍以上に増大した。同時に，

新興市場諸国（emerging economies）：発展途上諸国と移行諸国を含めた概念。20世紀末ごろから新たに世界市場に統合された国々。

第7章　ロシア企業の多国籍化

表7-3　ロシア多国籍企業：成長の軌跡
(2004-2006，単位10億ドル，1000人)

変　数	2004	2005	2006	2006/2005(%)
資　産				
国　外	23	38	59	54
総計	274	366	463	26
国外比率（％）	**8**	**10**	**13**	
雇　用				
国　外	57	90	130	44
総計	1,718	1,858	2,107	13
国外比率（％）	**3**	**5**	**6**	
売上高（輸出を含む）				
国　外	90	143	199	39
総計	163	236	315	33
国外比率（％）	**55**	**61**	**63**	

(出所)　SKOLKOVO-CPII（2007）p.6.

　国内の資産，売上高，従業員数も増大している（表7-3）。25社の多国籍化度は3～57％であり，平均を取ると27.4％である。25社のうち18社が，1999年以後に最初の国外子会社を設立した。近年，この25社を中心とするロシア多国籍企業は，国外でのM&A，国外でのグリーンフィールド投資を積極的に行っている（表7-4，表7-5）。

　25社全体では，587億ドルの国外資産を有し，約1993億ドルを国外で売り上げている。国外従業員は13万人である。25社の国外総資産は，ロシアの対外FDI累積額の38％を占める。

　25社の多くは採掘産業に属する。石油・天然ガス産業の4社の国外資産総額が全体の53％，金属加工・採掘産業の9社の国外資産総額が全体の25％であり，合計で全体の78％に達する。その他の産業では，通信・小売業が8％，海運業が11％である（前掲表7-1）。

　25社は全体で70カ国に630の国外子会社を有しており，平均では9カ国に25子会社である。Lukoil社は43カ国に182の子会社を有しており，Gazprom社は32カ国に105の子会社を有している。25社の国外資産はヨーロッパに最も集中している。地域指数から計算すると資産の63％がそうである。同時に，アジア，アフリカ，北米，南米にも広がっている（表7-6）。

151

表7-4 ロシア企業の国外でのM&A

日付	買収企業	買収企業の産業
2007・8・14	OAO MMC Norilsk Nickel Group	金属加工・採掘（ニッケル）
2007・1・12	Evraz Group SA	金属加工・採掘（鉄鋼）
2005・12・6	Lukoil Overseas Holding Ltd	金属加工・採掘（石油）
2005・11・8	Alfa Group	金融産業グループ
2007・9・20	RusPromAvto（GAZの子会社）	機械製造（自動車）
2006・12・20	Novolipetsk Steel OJSC（NLMK）	金属加工・採掘（鉄鋼）
2006・10・31	OAO SeverStal	金属加工・採掘（鉄鋼）
2006・7・14	Evraz Group S.A.（Credit Suisse Groupと共同）	金属加工・採掘（鉄鋼）
2005・4・20	OAO SeverStal	金属加工・採掘（鉄鋼）
2007・5・21	Basic Element Co	金融（投資会社）

（出所）SKOLKOVO-CPII（2007）をもとに，各社HPを参照して筆者加筆。

表7-5 ロシアの外国へのグリーンフィールド投資上位10件（2006-2007年10月発表）

（単位：10億ドル）

日付(年・月)	企業名	産業	投資国	投資対象産業	投資額
2006・2	Gazprom	天然ガス	セルビア・モンテネグロ	金属	2.0
2006・3	Rosneft	石油	中国	保管施設	2.0
2007・6	Gazprom	天然ガス	アルメニア	金属	1.7
2006・12	SUAL	アルミニウム	カザフスタン	金属	1.5
2006・5	Russkiy ugol（Russian Coal）	石炭	ベトナム	金属	1.5
2007・1	Rosneft	石油	アルジェリア	石炭,石油,天然ガス	1.3
2007・5	MMK	鉄鋼	トルコ	金属	1.1
2006・9	Renova	金融（投資会社）	南アフリカ	自動車	1.0
2007・7	MMK	鉄鋼	アメリカ	倉庫	1.0
2007・1	Itera Group	天然ガス	トルクメニスタン	輸送	0.6

（出所）SKOLKOVO-CPII（2007）のほかに，各社HPを参照して，筆者加筆。

4 ロシア多国籍企業の競争優位，戦略，本国経済への影響

　上のように，ロシア多国籍企業上位25社の状況を概観したところで，それらの競争優位はどこにあるか，FDI戦略はどのようなものか，そして，それらの企業の海外進出がロシア本国の経済にどのような影響を与えているかをみてみよう。

上位10件（2005-2007年11月） (単位：100万ドル)

買収対象企業	産業	国	シェア(%)	買収額
LionOre Mining Intl Ltd	金属加工・採掘	カナダ	100	6,287
Oregon Steel Mills Inc	金属加工・採掘	アメリカ	91	2,088
Nelson Resources Ltd	金属加工・採掘	イギリス	100	2,000
Turkcell Iletisim Hizmetleri	携帯電話	トルコ	13	1,602
Magna International Inc	自動車・自動車部品	カナダ	18	1,537
Steel Invest & Finance SA	その他の金融	ルクセンブルク	50	805
Lucchini SpA	金属加工・採掘	イタリア	51	700
Highveld Steel & Vanadium Corp	金属加工・採掘	南アフリカ	50	681
Lucchini SpA	金属加工・採掘	イタリア	62	579
Hochtief AG	建設・エンジニアリング	ドイツ	7	525

表7-6 ロシア多国籍企業上位25社：地域指数[a]（2006）

順位	名称	CIS諸国	ヨーロッパ	中東	アフリカ	北米	南米	東南アジア	オフショア[b]
1	Lukoil	15	59	3	2	7	1	1	12
2	Gazprom	12	76	1		2	1	1	7
3	Severstal	11	22			22			44
4	Rusal	16	32		11		16	5	21
5	Sovcomflot		50						50
6	Norilsk Nickel		31			15		31	23
7	AFK Sistema	20	20			16			44
8	VimpelCom	8	17						75
9	Novoship		33		17				50
10	TNKBP	100							
11	Evraz		22			33	44		
12	FESCO	13	2			11		7	68
13	PriSCo		50						50
14	Novolipetsk Steel		88			6			6
15	RAO UES	50	44						6
16	TMK	17	58			8		8	8
17	Eurochem		50						50
18	GAZ	80	10						10
19	OMZ	25	42						33
20	Alrosa		29	29	14	14		14	
21	ChTPZ (Arkley Capital)	50	50						
22	Alliance Oil	100							
23	Acron	25	38			13			25
24	Euroset	73	27						
25	Mechel	10	40			5			45

(注) a) 地域指数＝世界のある地域におけるある会社の外国子会社数／その会社の外国子会社総数×100。
  b) ロシア中央銀行がオフショア地域として分類している国または地域。バハマ諸島，キプロス，リヒテンシュタイン，マーシャル諸島など。
(出所) SKOLKOVO-CPII (2007) p.7.

1　競争優位

　まず,資源採取関連産業の場合,資源と活動へのアクセス（前掲表7-2中の2:天然資源,資金）が最も大きいと思われるが,ソ連時代以来,自国で生産し輸出していたので,生産・サービスの能力（4）は一定の水準に達している。また,その進出先がCIS諸国である場合については,発展途上国同士の関係（9）,文化的親和性（11）も有利に作用するであろう。通信事業では,資源と活動へのアクセス（2:国からの補助金）,発展途上国同士の関係（9:CIS諸国との関係）が優位性となっているであろう。

　全体的にいえば,現在のロシア多国籍企業の精力的な活動の最も大きな基盤は,天然資源価格の高騰によって得られた巨額の資金であるといえよう。

2　FDI戦略

　『世界投資報告』が指摘していたのと同様に,ロシア多国籍企業のFDI戦略にも,市場志向型,効率志向型,資源志向型,創造的資産志向型,さらには国家戦略志向型がある。

①市場志向型戦略

　市場志向型戦略は特に石油・ガス産業にみられる。Lukoil社はM&Aにより製油所,販売施設,保管施設を獲得している。2007年半ば現在でLukoilが外国に所有しているガソリンスタンドは,アメリカに1600,ヨーロッパに約200,CISとバルト諸国に600以上ある。Gazprom社はヨーロッパで天然ガスの輸送・保管施設を多数獲得している。両社ともこの方向での活動をさらに推進しようとしている。通信業の場合も市場志向型である。AFK Sistema社の子会社MTS社ならびにVimpelComは携帯電話会社であり,ロシアからCIS諸国全域に市場を拡大している。

②資源志向型戦略

　資源志向型戦略は特に金属加工・採掘産業と石油・ガス産業にみられる。金属加工・採掘産業では,Norilsk Nickel社の場合,アメリカ,イギリス,オーストラリア,フィンランドなどの企業と,買収・合弁などの形で提携し,外国での希少金属の開発・採掘を始めている。そのような海外進出の動機となって

いるのは，ロシアでの採掘費用が上昇していることである。Rusal 社の場合も，世界各地で M&A や合弁を繰り返し，ヨーロッパ，中国，オーストラリア，アフリカ，南米などにボーキサイト鉱山やアルミ加工工場を獲得している。設備フル稼働のためには国内埋蔵資源だけでは不足していることが進出動機になっている。石油・ガス産業では，国内資源が豊富とはいえ，それはやはり有限なので，資源を永続的に確保しようとして海外投資が行われている。Lukoil 社はイラクに石油利権を獲得，カザフスタンとウズベキスタンで石油・天然ガス生産を行っている。

③創造的資産志向型戦略

創造的資産志向型戦略は，ロシア多国籍企業では全体的にあまり重視されていない。それは，ロシア多国籍企業の多くが資源産業に属しており，その産業では技術がすでに成熟しているからである。しかし Lukoil 社経営幹部は，非常に重要な FDI 動機の 1 つとして，原油の探査技術，増進回収技術，最新の石油精製技術の獲得をあげている。また TMK 社はアメリカの鋼管工場を買収した際，「アメリカ市場に参入できるだけでなく技術も獲得できる」と述べた。

④効率志向型戦略

効率志向型戦略は，ロシア多国籍企業の主要な FDI 動機ではないが，いったん海外進出すると，それはグループ内資源を国際的な規模で最適利用するのに利用されている。Alrosa 社は，国により採掘コスト，気候条件，税制などが違うので，世界展開は生産の最適化の重要な手段になると考えている。Severstal 社は，生産施設を地理的に分散しておくことは，欧州，アメリカ，ロシアの各地域市場の変化を利用する上で有利だとしている（Deloitte & Touche Regional Consulting Services Limited〔2008〕）。

ロシア多国籍企業ランキングに海運業 2 社が含まれている。海運業は世界的にみて多国籍化が極端に進んだ産業であり，他の産業と同列に論じるのは難しいかもしれないが，海運業の戦略も，しいていえば効率志向型である。ロシア海運企業には「ロシアの制度に対する不安感」があり，資産を「外国に置くほうが安全」であるとの認識で多国籍化を進めている（今井雅和〔2006〕「ロシア企業の多国籍化を概観する」『ユーラシア研究』第 34 号，5 頁）といわれる。

⑤国家戦略志向型戦略

　国家戦略志向型戦略については，特に石油・ガス産業がそうであるといわれている（WIR〔2007〕p.122）。ロシア政府の欧州，CIS 諸国，中東への地政学的関心と石油・ガス企業の戦略との間に関連があることは疑いない。ただし，両者の関連の具体的なありようについては，それほど明確になってはいない。比較的，強い関連を示唆する材料としては次のようなものがある。Gazprom 社は，政府が株式の過半数を所有する国有企業であり，同社の海外進出，とりわけ CIS 諸国と EU 諸国をカバーする国際エネルギー帝国形成への方向性は，ロシアの国家戦略と緊密に結びついているといわれる（Peeter Vahtra〔2007〕*Expansion or Exodus*,（PEI Electronic Publications）p.25）。また Gazprom 社の国内での精力的な企業買収について，次のような見方もある。すなわち，Gazprom 社は一見，自主的に企業買収を行っているようにみえるが，実は「国家から課せられた義務を果たしているに過ぎない」のであり，この「義務を遂行しなければならないという宿命が，企業体力を弱体化させている」という（坂口泉〔2007〕「ユコス消滅後のロシア石油業界」『ロシア NIS 調査月報』2007 年 8 月号，68 頁）。Lukoil 社は民間企業であり，自発的に海外進出を始めたが，2003 年に Alekperov 会長が，「政府の支援なしに外国投資を行うことはますます難しくなっている。最近，支援してもらえるようになった。特にカスピ海や近東でそれを感じる」（Вагит Алекперов〔2003〕Трамплин для прыжка,《Экономика россии XXI век», No 13）と述べている。

　他方，2007～08 年にロシア多国籍企業の調査を行った西側コンサルタント会社のレポートはロシアの特殊性を否定して，次のように述べている。「ロシア企業の外国投資の動機が経済的論理に反していて，通常の市場行動として解釈できないような事例は，1 つも発見できなかった。(中略) 最近，ロシア多国籍企業と政府は FDI の発展の領域で相互作用を始めている。ロシア実業界の側が，この相互作用を積極的に働きかけているのである。ロシア実業界は，エネルギーや鉱物資源関連の伝統的に競争優位のある部門において特に，外国におけるロシア政府支援を確保しようとしている。これらの部門は通常，戦略的部門として受け入れ国によって最も強く保護されているからである。多国籍企

業が自己の投資を保護するために政府機関との相互作用を働きかけるというこのモデルは，一般的に言って，先進国でも発展途上国でも非常に普遍的であり，この点で，ロシア企業は他の多国籍企業と何も異なるところはない。」(Deloitte & Touche〔2008〕)

　しかし，民間企業である Lukoil 社の場合でも，対外進出に関して同社が常にイニシアティブを握っており国家が受身の支援をしているかというと，そうともいえない。例えば，2004 年にロシア政府が保有していた Lukoil 社の 7.6% の株式をすべて Conocophillips 社（アメリカの石油垂直統合企業であり，石油精製高において民間企業としては世界第 5 位）に売却した。その際，両社は，ロシア国内ならびにイラクでの石油開発について協力しあうことを約束した。現在では Conocophillips 社の持ち株比率は 20% に達している（Lukoil 社と Conocophillips 社の 2007 年度年次報告書，《Ведомости》2008. 9. 1）。ここではロシア政府が Lukoil 社の対外進出に大きな役割を果たしているといってよいであろう。これに対して，2003 年春に Yukos 社が Sibneft 社（石油会社）と合併してこの新会社の株式の約 20% を米国の石油メジャーに売却する計画をもっていることが明らかになったことは，政権による Yukos 弾圧（2003 年 7 月に社長が逮捕され，2006 年にユコスは破産）の原因の 1 つになったという推測がある（小森吾一〔2008〕「石油企業」田畑伸一郎編著『石油・ガスとロシア経済』北海道大学出版会；А. Радыгин, Россия в 2000 - 2004 годах : К государственному капитализму,《Вопросы Экономики》No.4, 2004 г. Кокшаров, Александр〔2003〕, Не для продажи,《Эксперт》No.38.）。対比して考えてみると，外資を大株主として迎えることができるかどうかは，政権の意思に大きく依存しているのである。

　また，Alekperov 氏は最近も，同社と国家との関係に関連して次のように述べている。「ロシアには国有企業も民間企業もない。すべての企業がナショナルな企業であり，国益に沿って活動する」（《Ведомости》2008. 9. 1）。

　要するに，石油・ガス産業では，民間企業であっても外資との提携は政権の承認・支援を必要とするということは，少なくともいえそうである。

　鉄鋼業の場合については次のような見解がある。鉄鋼大手企業の所有者・経営者と政権との間には暗黙の合意を基礎とした特別な関係がある。合意の内容

は，企業側は政権に忠誠を近い，要請されたら資金・組織面で協力するし，政権側は企業に必要・可能な保護・サポートを与える，というものである。進出の主要な動機は，企業所有者の個人的野心だが，政権側がロシアの国際影響力の強化，「偉大なロシアにふさわしい国際的位置づけの確保」に関心をもっているのを知った企業が，対外拡張こそ政府のサポートを得られる分野と判断したことも，進出動機の1つである（シュヴィトコ「ロシア鉄鋼メーカーの成長と国際化」『ロシア・NIS 調査月報』2008 年 4 月号）。

また，UNCTAD の報告書が発展途上国 FDI の戦略として指摘するこれら 5 つの戦略のほかに，ロシア多国籍企業に特徴的な戦略として「合法的節税」(Хейфец) の指摘がある。また，これに関連して，ロシア多国籍企業の中には「逃亡者・脱法者」(P. Zashev, P. Vahtra & K. Liuhto〔2007〕"Outward FDI of Russian Enterprises," Valtteri Kaartemo(ed.), *New Role of Russian Enterprises in International Business* (PEI Electronic Publications), 2007, p.91) と分類できる企業があるとの指摘もある。この点については，あとで別に検討してみよう。

3 本国経済への影響

対外 FDI の本国経済への影響について検討してみよう。表 7-3 にみるように，2004～06 年に多国籍企業の国外の資産，雇用，売上高が増えているが，同時に国内のそれらも増大している。そのことを捉えて，「国際進出は国内の投資，成長または雇用を阻害してはいない」(SKOLKOVO-CPII〔2007〕p.3) と，とりあえず，いうことはできる。

しかし，ロシアの世論は企業の海外進出について否定的である。2005 年 9 月に行われた世論調査によると，回答者の 54% が「ロシア資本の海外進出を制限すべきだ。なぜなら，それはロシア人の職場とロシア企業の資金を海外に移転することになるから」という考え方に賛成している（http://www.wciom.com）。

前述のように，ロシア企業の対外進出戦略は主として市場や資源を求めるものであり，このような戦略が企業の長期的な競争力改善につながるとは限らない。やはり，長期的な競争力改善のためには創造的資産志向戦略が重要であろ

う。また，国有企業などは政府の政策に従って海外進出しており，必ずしも経済的動機による企業行動ではないかもしれない。仮に多国籍企業の競争力改善が実現されているとしても，それが産業全体の競争力強化につながるとは限らない。むしろ，国内産業から資金を引き離しているとの指摘もある（Хейфец, Б., Внещний сектор Российской экономики,《Вопросы экономики》2007 г., No.11)。

　企業多国籍化は企業のコーポレート・ガバナンスには好影響を与えていると思われる。25社のほとんどがロシアの有力証券取引所に上場しており，ロンドン証券取引所やニューヨーク証券取引所に上場しているものもある（表7-7）。これらの企業は，上場基準を満たし，投資家を引き付けようとして，コーポレート・ガバナンス，透明性，社会的責任，環境対策などの問題に取り組み始めている（EIU〔2007〕"Corporate Transformation in Russia's emerging multinationals"〔http://www.eiu.com〕)。

　このようにみてくると，ロシア企業の多国籍化がロシア企業自身の国際標準への適合化に役立っていることは事実だが，長期的な競争力向上につながっているかどうか，本国経済の発展に貢献しているかどうかについては疑問がある。対外FDIが海外進出企業自身の競争力向上につながり，さらに本国経済に及ぼす利益を最大化し，否定的影響を最小化するためには，やはり政治がそのような方向で対外FDIを誘導することが必要であろう。その際の「誘導」は，ロシア多国籍企業を一層「国家戦略志向型」に誘導することではない。この点についても，次に検討しよう。

5　ロシア企業の多国籍化の問題点

　上で検討課題として残した項目，つまりFDIはロシアにおいて脱税戦略として機能しているのではないかという問題，ならびにロシア企業の多国籍化が企業自身の競争力向上と本国経済発展に貢献しているかどうかという問題，政治が対外FDIをどのように誘導すべきかという問題について考えてみよう。

　ヘイフェツは，「ロシア経済の外部セクター」という論文の中で，ロシア企業の海外進出は現実であり，企業と国民経済にとってよい効果を期待でき，か

表7-7 ロシア多国籍企業上位25社：主要製品・サービス，所在地，所有形態，上場
（外国資産規模基準，2006年）

(単位：百万ドル)

順位	名称	産業	主要製品・サービス	所在地	所有形態[a]	上場	
						RTSとMICEX[b]	LSEとNYSE
1	Lukoil	石油・天然ガス	石油・天然ガス	モスクワ	私有	RTS, MICEX	LSE
2	Gazprom	石油・天然ガス	天然ガス	モスクワ	国有	RTS, MICEX	LSE
3	Severstal	金属加工，採掘	鉄鋼	チェレポーヴェツ	私有	RTS, MICEX	LSE
4	Rusal	金属加工，採掘	アルミニウム	モスクワ	私有	RTS	
5	Sovcomflot	輸送	海運	モスクワ	国有		
6	Norilsk Nickel	金属加工，採掘	ニッケル，パラジウム，コバルト，銅	モスクワ	私有	RTS	LSE
7	AFK Sistema	通信・小売	通信，ハイテク，不動産，小売，金融，マスメディア	モスクワ	私有	RTS, MICEX	LSE
8	VimpelCom	通信・小売	通信	モスクワ	私有	RTS	NYSE
9	Novoship	輸送	海運	ノヴォロシースク	国有	RTS	
10	TNKBP	石油・天然ガス	石油	モスクワ	私有	RTS	
11	Evraz	金属加工，採掘	鉄鋼	モスクワ	私有		LSE
12	FESCO	輸送	海運，鉄道・自動車輸送	ウラジオストック	私有	RTS	
13	PriSCo	輸送	海運	ナホトカ	私有	RTS	
14	Novolipetsk Steel	金属加工，採掘	鉄鋼	リペーツク	私有	RTS	LSE
15	RAO UES	電力	電力	モスクワ	国有	RTS, MICEX	
16	TMK	金属加工，採掘	鋼管	モスクワ	私有	RTS, MICEX	LSE
17	Eurochem	肥料	肥料	モスクワ	私有		
18	GAZ	製造	自動車	モスクワ	私有	RTS	
19	OMZ	製造	重機械製造（原子力，石油・天然ガス，鉱業用）	モスクワ	私有	RTS, MICEX	LSE
20	Alrosa	金属加工，採掘	ダイヤモンド	ミールヌィ	国有	RTS	
21	ChTPZ（Arkley Capital）	金属加工，採掘	鋼管	モスクワ	私有	RTS	
22	Alliance Oil	石油・天然ガス	石油	モスクワ	私有		
23	Acron	肥料	肥料	ノーヴゴロト	私有	RTS, MICEX	
24	Euroset	通信・小売	携帯電話	モスクワ	私有		
25	Mechel	金属加工，採掘	石炭採掘，鉄鋼	モスクワ	私有	RTS	NYSE

(注) a)「国有」は国の過半数所有，「私有」は国有でないもの．
　　b) RTSとMICEXはロシアの証券取引所．
(出所) SKOLKOVO-CPII (2007) のほかに，各社HP，各証券市場HPを参照して，筆者作成．

つ不可避であるとしながら，現時点では否定的な影響も大きいとしている．そして，ロシア多国籍企業の戦略の問題点，それが本国経済に与える影響，政府の政策に必要なことを，概略，以下のように指摘している

　ロシア多国籍企業の戦略の中に，実際には「合法的節税」が含まれている．

すなわち，オフショア会社を利用した節税が企業多国籍化の多くの事例の実態である。さらには「非合法の資本逃避」が目的であることさえある。このような戦略に基づくロシア企業の多国籍化は，国の租税基盤を侵し，国内投資の制約となる。

また，創造的資産志向型の戦略がなく，海外進出の構造は，国内経済の資源産業優位の構造をほとんどコピーしている。これでは企業の海外進出がロシア経済の近代化や産業構造多様化に役立つようにはならない。

したがって政府は，不法な資本流出を食い止め，国民経済の近代化に役立つような，企業の海外進出支援政策を策定・実施すべきである（Хейфец, Б., Внещний сектор Российской экономики,《Вопросы экономики》2007 г., No.11）。

また，ザーシェフらは，ロシアの多国籍企業が国の外交政策に従属させられていること，同時に事業活動が不透明であることを強調し，ロシア多国籍企業を「愛国者」，「体制順応者」，「逃亡者・無法者」，「市場主義者」に分類できるとしている（図7-1。Zashev, et al.〔2007〕p.91）。

結局，ロシア多国籍企業は全体としてみれば，前掲表7-2のセル2（特に天然資源）の優位性をもって海外に進出しているのであるが，ロシア多国籍企業がその優位性を利用して海外で獲得しようとしているものがしばしば，一時的な利益であったり，さらには非合法的な利益であったりすることが問題なのである。

多国籍企業が海外進出により，先進国多国籍企業に特徴的な優位性であるセル1（専門知識と技術）を獲得していくことが，ロシアの社会と経済にとってより重要と考えられる。政権が資源産業に対する国家管理を強めていることは，それ自体，誤りではないが，政権はさらに多国籍企業が創造的資産志向型戦略を取るように，国内産業への投資も進むように誘導していくことが必要となっている。

6　ロシア企業多国籍化の光と影

以上のように，ロシア企業の近年の急速な多国籍化は，世界のFDIの構造

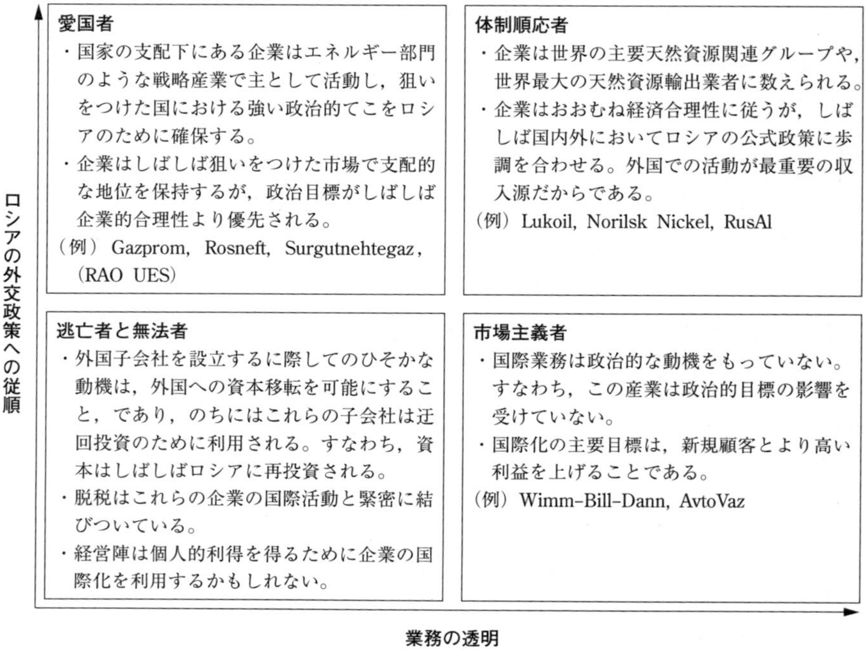

第Ⅱ部　BRICsの台頭とグローバル経営

愛国者 ・国家の支配下にある企業はエネルギー部門のような戦略産業で主として活動し、狙いをつけた国における強い政治的てこをロシアのために確保する。 ・企業はしばしば狙いをつけた市場で支配的な地位を保持するが、政治目標がしばしば企業的合理性より優先される。 （例）Gazprom, Rosneft, Surgutnehtegaz,（RAO UES）		**体制順応者** ・企業は世界の主要天然資源関連グループや、世界最大の天然資源輸出業者に数えられる。 ・企業はおおむね経済合理性に従うが、しばしば国内外においてロシアの公式政策に歩調を合わせる。外国での活動が最重要の収入源だからである。 （例）Lukoil, Norilsk Nickel, RusAl
逃亡者と無法者 ・外国子会社を設立するに際してのひそかな動機は、外国への資本移転を可能にすることであり、のちにはこれらの子会社は迂回投資のために利用される。すなわち、資本はしばしばロシアに再投資される。 ・脱税はこれらの企業の国際活動と緊密に結びついている。 ・経営陣は個人的利得を得るために企業の国際化を利用するかもしれない。		**市場主義者** ・国際業務は政治的な動機をもっていない。すなわち、この産業は政治的目標の影響を受けていない。 ・国際化の主要目標は、新規顧客とより高い利益を上げることである。 （例）Wimm-Bill-Dann, AvtoVaz

（左軸）ロシアの外交政策への従順
（下軸）業務の透明

図7-1　ロシアの大規模産業企業の海外事業の分類
（出所）Zashev〔2007〕p.91.

的変化の一部として起こっている。すなわち、発展途上諸国・移行諸国発のFDIの増大と、採取産業におけるそれの増大が、ロシアで重なり合って起こっているのである。

　そして、その特徴は次のことにある。本国の豊富な天然資源保有と、現在の原料価格高騰に伴う豊富な資金を競争優位の源泉として、市場志向、資源志向、国家戦略志向の競争戦略で、海外進出を果たしている。しかし、不法に近い資本流出を伴っていること、創造的資産志向型の戦略がないこと、必ずしも市場合理的でない海外進出もみられること、政府の一貫した対外FDI支援政策が策定されていないことなどの問題がある。

第7章 ロシア企業の多国籍化

▶▶ *Column* ◀◀

Lukoil：ロシア多国籍企業のモデル

　Lukoil 社は，ロシア多国籍企業の首位にランクされています。積極的に海外展開していること，資源産業に属すること，民間企業でありながら国家と緊密な関係にあることにおいて，ロシア多国籍企業のモデルといえます。

　ソ連時代，他の産業と同様，石油産業も国営であり，石油工業省の監督下にありましたが，1990年代初めに，いくつかの垂直統合企業グループに分割，民営化されていきました。Lukoil 社もその1つでした。

　Lukoil 社は2007年の統計では，原油生産量でロシア第2位，シェア18.61%です（『ロシアNIS調査月報』2008年5月号）。ロシア第1位のRosneft 社をはじめとして，他の有力石油企業が外国での生産をあまり行っていないのに対して，Lukoil 社は価値連鎖の上流から下流まで積極的に海外展開を進めてきました。上流についていえば，中央アジア，中東，中南米，アフリカで探査・採掘を行っています。最近では2005年に Canadian Nelson Resources 社を20億ドルで買収してカザフスタン，アゼルバイジャン，ウズベキスタンの石油・ガスの採掘権を獲得しました。また，M&Aによって東欧諸国に製油所も所有しています。小売に関しては，2000年に米国の Getty Petroleum Marketing 社（大手ガソリン・石油製品販売業者）を買収して米国大西洋岸に1300店のガソリンスタンドを獲得したのを皮切りに，世界各地で主としてM&Aにより，ガソリンスタンドならびに保管施設を獲得しています。2007年半ば現在で，アメリカに1600，ロシアを除くヨーロッパに約2000,CISとバルト諸国に600以上のガソリンスタンドを保有しています（Deloitte & Touche Regional Consulting Services Limited〔2008〕pp.13-14）。

　現在の株式所有構造は，会長（CEO）の Alekperov 氏が19.09%，Conocophillips 社が20%を保有しており，50%以上は浮動株です（Lukoil 社と Conocophillips 社の2007年度年次報告書，《Ведомости》2008.9.1）。政府保有株式はありません。

[推薦図書]

加藤志津子〔2006〕『市場経済移行期のロシア企業──ゴルバチョフ，エリツィン，プーチンの時代』文眞堂
　　ロシア企業が，ゴルバチョフ時代からプーチン時代までに，市場経済化に対応してどのように変貌してきたかを全体として明らかにしている。

田畑伸一郎編著〔2008〕『石油・ガスとロシア経済』北海道大学出版会
　　ロシア経済が石油・天然ガスに強く依存した経済であり，そのことがロシア経

済に様々な特殊な性格を与えていることを明らかにしている。

『ユーラシア研究』第34号，2006年（「ロシア資本の多国籍化」特集）。
ロシア資本の多国籍化の全般的な状況，ならびに石油産業における状況について明らかにしている。

設　問

1．発展途上諸国・移行諸国発の多国籍企業は，先進国発の多国籍企業と比べたとき，どのような特徴をもっていますか？
2．ロシア多国籍企業はどのような特徴をもっていますか？

（加藤志津子）

第8章
BRICsブラジルの自動車産業の構造転換

ブラジルの自動車産業において，組立部門は外国の多国籍企業によって構成されており，部品部門はブラジル・ローカル企業と多国籍企業の混合となっています。構造転換というのは，ブラジルの従来の輸入代替型発展からの脱却，比較優位部門への転換を意味しますが，比較優位部門とはどういうことでしょうか。また，これが生産様式上の発展と部品供給関係の変化によって実現されている点を確認しましょう。

1 ブラジルの自動車産業の発展過程の概要と問題の所在

戦後におけるブラジル自動車産業は外国資本の進出によって発展するが，その基点は1953年の完成車輸入の禁止措置である。世界市場をめぐる市場の再分割競争を展開していた独占資本は，ブラジル政府の輸入禁止政策に直面するとそれまでの輸出市場の喪失を恐れ，狭隘な現地市場に進出する。フォルクスワーゲン，メルセデス・ベンツをはじめサーブ・スカニア，シムカおよびトヨタがそれぞれ進出している。ブラジル系FNMとすでに進出していたベマーグおよびウィリスとともにヨーロッパ車（一部アメリカ）がブラジル市場を席巻した。

1960年代半ばになると，戦後の自動車供給不足はほぼ満たされ市場は飽和状態に達し，60年代末葉よりアメリカ・ビッグスリーの参入により輸入禁止措置を利用した製品差別化戦略を実施し国内富裕層開拓戦略に転換する（田中祐二〔1996〕『新国際分業と自動車多国籍企業——発展の矛盾』新評論）。20万台前後で低迷していた自動車市場は再び活況を取り戻し，70年代のオイル危機時にも着実に成長を続け78年には106万台の生産を実現し，100万台の大台を突破したのである。

ところが，その後ラテンアメリカはいわゆる「失われた10年」を経験することにより市場の低迷に直面し，100万台ラインを上下する振動状態に入ることになる。ブラジル自動車産業が再び成長を取り戻し，しかも質的転換を遂げるためには，1990年のコロル大統領の自由化政策および94年のカルドーゾ大統領のレアル計画（カルドーゾの大蔵大臣時代）によるマクロ経済の安定化政策（ハイパー・インフレーションの収束）を待たねばならなかった。

　本章の議論は，この90年代以降のブラジル自動車産業の成長の原因と生産様式上の質的転換を課題とする。手順は以下のとおりである。まず，この質的転換を考える理論的枠組みを示す。小島—ダニング—オザワの理論の接合はブラジル自動車産業の90年代の転換過程を比較劣位産業から優位産業への転換過程として把握することを可能にしてくれる。この転換過程は，同時に，生産様式の鮮やかな革新過程をもって競争優位の進展として現れる。この点を，「モジュール・コンソーシアム」および「インダストリアル・コンドミニアム」にみて，サプライチェーンの形成によるローカルな技術革新過程を考察して，先の比較優位へのトレンドを裏打ちする。

2　ブラジル自動車産業の変化と直接投資理論

　多国籍企業の直接投資が投資国の**比較劣位部門**から投資先の**比較優位部門**に行われる場合と反対に比較優位部門から比較劣位部門へ行われる場合を区別したのは小島清であった。小島によれば，前者を順貿易型直接投資として経済発展に効果的であるのに対して，後者を逆貿易型直接投資と呼び経済発展に否定的に機能すると考えた。

　ここで議論するのは，ブラジルの自動車産業に起こりつつある転換を判断する理論的基準の設定である。すなわち，上記2つの直接投資における逆貿易型から順貿易型への転換がブラジルに起こりつつあるということ，さらにそれを，

比較劣位部門，比較優位部門：リカードによって提唱された貿易・国際分業の理論からきている。2国間の相互比較において，それぞれの国の相対的に（同国内の他部門に比べて）低い費用で生産できる部門を比較優位部門，逆の場合を比較劣位部門という。

第8章　BRICsブラジルの自動車産業の構造転換

ダニング（J. Dunning）のマクロ的投資発展経路（IDP）のT. オザワ（T. Ozawa）による部門概念への導入によって理論化されたメゾIDPによる自動車産業部門の評価を行う。

1　直接投資の小島理論と順貿易型直接投資

一国の経済発展を考える場合その比較優位産業が継起的に高度化してゆくことを経済発展と捉えると，日本経済においては労働集約的産業である繊維産業から資本集約的産業である鉄鋼，さらには知識・技術集約的な電気機械，機械・輸送機械へと時間的継起をもって，自国の主導的輸出産業を順次高度化させてきた。この傾向は日本だけでなく東アジアの経済発展の態様に引き継がれているが，東アジアの場合日本の経験と著しく異なるところは先進国からの直接投資がこの比較優位部門の転換連鎖過程に結びついていることである。

ここで，小島命題が理論的に関係する（小島清〔1987〕「貿易志向型海外直接投資——小島理論の骨格」『世界経済評論』）。まず2つの命題が提示される。第一命題は「諸国は比較生産費に従って，自国の比較優位品を輸出し，代わりに比較劣位品を輸入すれば，貿易利益が獲得でき，国民経済の厚生を極大化することができる」というものであり，一般に広くいわれているものでもある。

問題は次の第二命題である。「（直接投資を両産業に導入すれば生ずるであろう）潜在的比較生産費を目処として，ホスト国の比較優位産業（＝投資国の比較劣位産業）を選び，投資国の比較劣位産業の企業から経営資源がホスト国の潜在的比較優位産業へ移転され（つまり直接投資がなされ）れば，後者に生産性改善効果が生ずるので，比較生産費差は拡大され，より利益の大きい貿易が創造される」というものである。このタイプの直接投資を順貿易型直接投資とおく（小島清〔2004〕『雁行型経済発展論』［第2巻］文眞堂）。

Ⅰ国はX財を生産するのに100人，Y財を生産するのに120人，Ⅱ国ではそれぞれ90人，80人の労働力が必要であるとする（図8-1〈a〉）。したがって，Ⅰ国ではX財が，Ⅱ国ではY財がそれぞれ比較優位であり，両国がそれぞれの比較優位部門に完全特化したとする（完全雇用を維持）。その場合，Ⅰ国ではX財を（1+120/100）単位，Y財をゼロ単位，そしてⅡ国ではX財をゼロ単位，

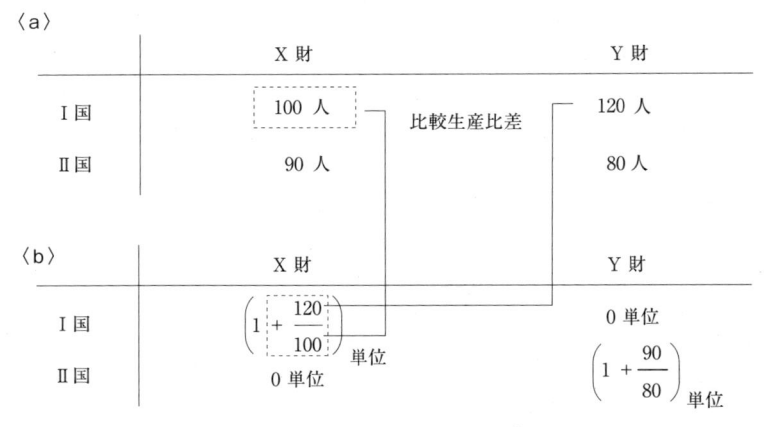

第Ⅱ部 BRICsの台頭とグローバル経営

⟨a⟩

	X財		Y財
Ⅰ国	100人	比較生産比差	120人
Ⅱ国	90人		80人

⟨b⟩

	X財	Y財
Ⅰ国	$\left(1+\dfrac{120}{100}\right)$ 単位	0 単位
Ⅱ国	0 単位	$\left(1+\dfrac{90}{80}\right)$ 単位

図8-1 比較優位と比較生産費

Y財を（1＋90/80）単位得ることになるので，貿易後は，貿易前には両財2単位ずつであったのが，X財 20/100 単位，Y財 10/80 単位増えている（図8-1⟨b⟩）。

その際，この増分をよくみてみるとX財は，図8-1⟨b⟩の120/100，あるいは90/80においてそれぞれ分母と分子の数値の差が大きければ大きいほどそれぞれの増分は大きくなることを示している。これは，図8-1⟨a⟩のそれぞれの国の両財の生産費の差である。そう考えると，もともとの両国におけるそれぞれの両財の生産費差が大きければ貿易による利益が大きくなることを示している。

そして，直接投資は貿易前の生産費差を拡大するように行われた場合，貿易後の利益は大きくなる。これは順貿易型直接投資と考えられている。例えば，先進国（とみられる）Ⅱ国の比較劣位部門（X）から後進国（とみられる）Ⅰ国の比較優位部門（X）に直接投資が成立すれば，Ⅰ国の生産条件は改善し図8-1⟨a⟩における必要労働量は95人に低下するであろう。その場合図8-1⟨b⟩に倣って増分を考えると（120/95 －1）＝25/95＞20/100 となり増えることになる。以上が小島の第二命題の主旨だと考えられる。

逆に，Ⅱ国からY財における直接投資がⅠ国に行われると，Ⅰ国の貿易前の生産費差は縮小することになり貿易の増分も小さくなることになる。このタ

イプの直接投資は逆貿易型直接投資と呼ばれる。さらに，この場合 I 国の比較劣位部門への投資となり資本受入国 I の政府は当該部門を保護するために保護主義政策を遂行するであろう。1950〜60 年代におけるラテンアメリカ，とりわけ 1960 年代から 70 年代初頭の「ブラジルの奇跡」の要因になった自動車や家電部門の直接投資は，強力な関税保護のもとに先進国企業が進出したのである。これこそが，輸入代替型発展戦略そのものである。

2　ダニング–オザワ理論とメゾ IDP

　J. ダニングはある時点でのある国の直接投資流出絶対額と同流入絶対額の差をネットの流出額（Net Outward Investment Flow : NOI）として縦軸にとり，各国の 1 人あたり GNP を横軸にとることによりその時点での各国の値をプロットすれば，**図 8–2** のようなラインの近傍に集中することを示した。このラインは投資発展経路（Investment Development Path : IDP）と呼ばれる。各国は 5 つの主要な発展段階を経て進展し，通常段階を経るに従って資本を受け入れ続け（NOI がマイナス），ある時点で流入絶対額より流出絶対額の方が大きくなりラインは上昇に転ずる。第四段階では先進国の水準に到達し，以後流出・流入額のポジションは様々な条件により小刻みに振動することになる（H. J. Dunning & R. Narula〔1996〕"The Investment Development Path Revisited," H. J. Dunning & R. Narula eds., *Foreign Direct Investment and Governments : Catalysts for Economic Restructuring*, Routledge）。

　T. オザワはこの投資発展経路は世界の様々な発展段階にある諸国によるヒエラルキー構造を示しており，しかも U 型部分（図 8–2 の実線で示された第一段階から第三段階まで）は産業上の知識の国際的な吸収の流れを示し，小刻みの振動部分は技術普及の均等化，つまり先進国とキャッチアップ諸国との間の産業技術格差の縮小化を意味しているとする（T. Ozawa〔1996〕"Japan : The Macro-IDP, Meso-IDP and the Technology Development Path (TDP)," *Ibid*.）。

　さらに，オザワは部門別投資発展経路と考えられるメゾ IDP（Meso-IDP）という概念を導入する。例えば，**図 8–3** にあるように労働集約的部門から資本集約的部門への動きの中で，それぞれの部門経路は当該国の**要素賦存状況**の

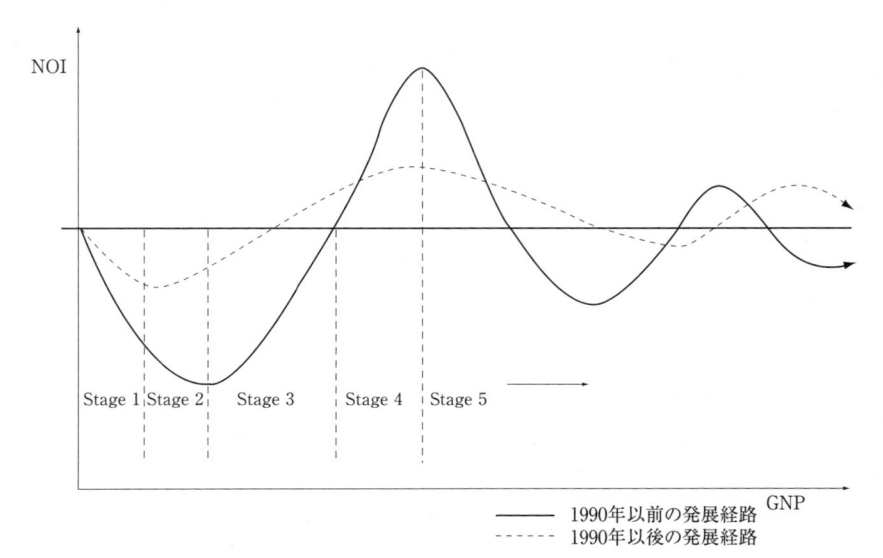

第Ⅱ部　BRICsの台頭とグローバル経営

図8-2　ダニングの直接投資ポジションと1人あたりGNPの関係
(出所)　J. H. Dunning & R. Narula (1996) Figure 1.1 より。

――― 1990年以前の発展経路
------ 1990年以後の発展経路

変化（例えば賃金の上昇）に応じて最初は流入し，後に流出に転じるといった動きを示す（図8-3の〈a〉がそれぞれの部門の流出と流入の絶対額を示しているが，〈b〉は前者から後者を引いたネットの値である）。そして，それぞれの経路が継起的に現れ，ひいてはそれらがダニングの投資発展経路，換言すればマクロ的投資発展経路（マクロIDP）を構成することになる，という。

このように考えれば，図8-3〈b〉のメゾIDP，メゾIDP′およびメゾIDP″はそれぞれ各部門の投資発展経路を示し，先の小島理論の順貿易型直接投資論を考え合わせれば，当該国の当該部門の資本受入部分（マイナスの部分＝メゾU型部分）は当該部門が比較優位であることを示し，流出（プラスに転じた部分）は劣位化したことを意味する。

要素賦存状況：要素賦存状況は，各国は相対的に（国内の他要素に比べて）豊富に存在する要素（価格が低い）をより集中的に用いて生産される財を輸出する（比較優位財）といわれているが，その様々な要素の存在状態をいう。例えば，国内に労働力が豊富に存在し機械に比べて相対的に賃金が安い場合，労働力を相対的にたくさん使用する労働集約産業が比較優位をもつことになる。

⟨a⟩

IFDI
OFDI

（グラフ：IFDI、OFDI、IFDI′、OFDI′、IFDI″、OFDI″ の波形）

t

⟨b⟩

NOI

(+)

0   メゾ IDP   メゾ IDP′   メゾ IDP″

t

(−)

マクロ IDP

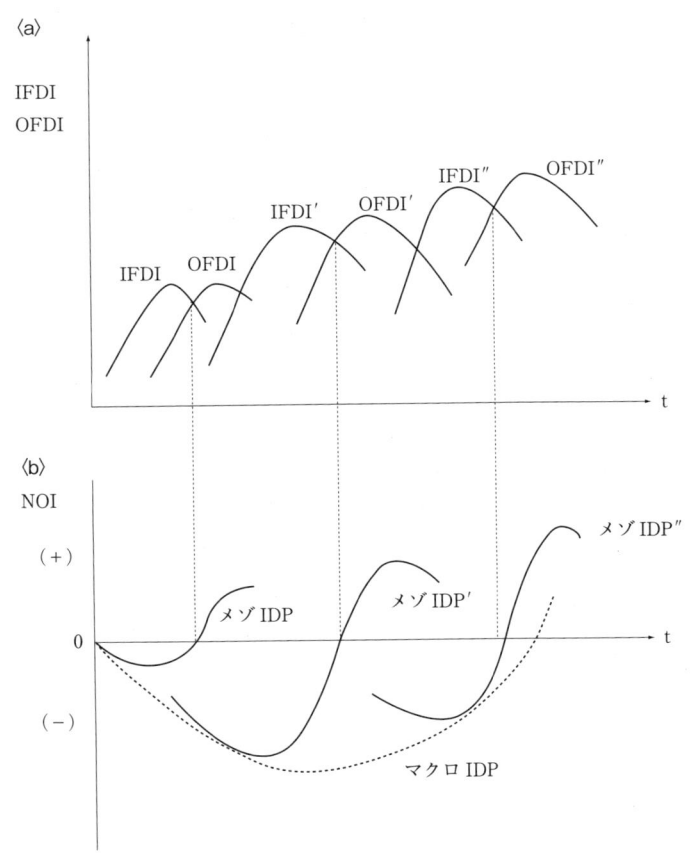

図8-3　メゾ IDP とマクロ IDP

(注)　IFDI は直接投資流入（絶対）額，OFDI は直接投資流出（絶対）額，そして NOI は後者から前者を引いた直接投資純流出額である。

(出所)　宮城和宏（2003）『経済発展と技術軌道──台湾経済の進化過程とイノベーション』創成社。

3　ブラジルにおける自動車産業の変化

　それでは，ここでブラジルの自動車産業（組立企業）の発展動向を部門別投資経路であるメゾ IDP を参考に考察してみよう。図8-4 はブラジル自動車産業の投資発展経路を示している。戦後より1950年代末葉にかけて，ブラジル政府による完成車輸入禁止の保護政策の下でヨーロッパの資本を中心に流入し，

(百万ドル)

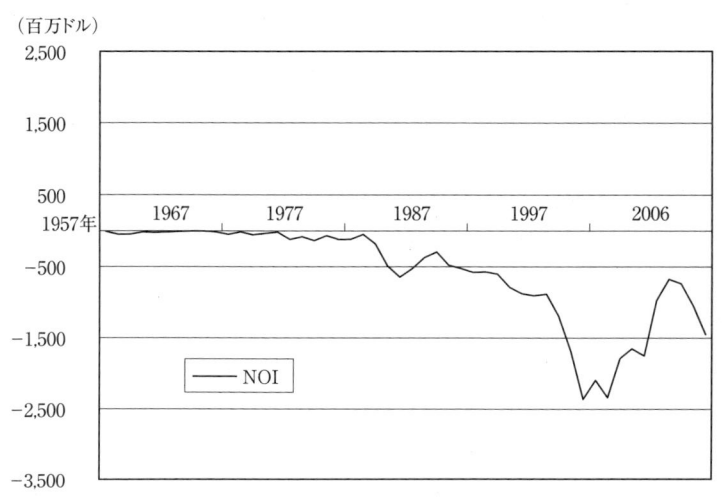

図 8-4　ブラジル自動車産業部門のメゾ IDP
(出所)　1957 年から 79 年までは，ANFAVEA (1989) *Anuário Estatístico 1957-1988 : Indústria Automobilística Brasileira*, Tabela 3.3 より，1980 年から 07 年までは ANFAVEA (2007) *Anuário da Indústria Automobilística Brasileira 2007*, Tabela 1.7 より作成。

60 年代後半にはアメリカ・ビッグスリーの参入によりブラジル自動車市場は世界の多国籍企業のショウウィンドウの感を呈した。ところが，メゾ IDP に現れている資本流入額は 1990 年代前半までという長期にわたって低位の水準で経緯しており，90 年代中葉に急激に拡大している。つまり，この曲線の形状に現れている長期にわたる資本流入の低位の水準は輸入禁止措置あるいは関税保護の下にいわば比較劣位部門である自動車産業への直接投資を示しており，まさに小島のいう逆貿易型直接投資の典型であった。

ところが，図 8-4 における 90 年代中葉の U 型の曲線（の一部）が描かれたことはこれまでの投資とは質的に異なる現象であることを示唆している。90 年代初頭における市場開放政策により自動車産業部門の関税は 35% に，同部品部門のそれは 17% にそれぞれ引き下げられ，完全自由化に近づいた。このような状況の下での直接投資の流入である。

一方，表 8-1 はブラジルにおける乗用車生産と輸出を表しているが，それによれば 1980 年に 93 万台まで拡大した生産はそれ以降 92 年まで一進一退を

第8章 BRICs ブラジルの自動車産業の構造転換

表8-1 ブラジルの乗用車生産と輸出 (単位:台)[1]

年代	合計	燃料別生産台数				輸出	輸出合計
		ガソリン	アルコール	フレックス	ディーゼル		
1957	1,166	1,166					
1958	3,831	3,831					
1959	14,495	14,495					
1960	42,619	42,619					
1961	60,205	60,205					380
1962	83,876	83,876					170
1963	94,764	94,764					
1964	104,710	104,710					57
1965	113,772	113,772					129
1966	128,821	128,821					210
1967	139,260	139,260					35
1968	135,045	135,045					9
1969	244,379	244,379				3	25
1970	306,915	306,915				52	409
1971	399,863	399,863				656	1,652
1972	471,055	471,055				6,611	13,528
1973	564,002	564,002				13,891	24,506
1974	691,310	691,310				47,591	64,678
1975	712,526	712,526				52,629	73,101
1976	765,291	765,291				62,079	80,407
1977	732,360	732,360				56,636	70,026
1978	871,170	871,170				77,388	96,172
1979	912,018	908,690	3,328			76,486	105,648
1980	933,152	693,901	239,251			115,482	157,085
1981	585,834	464,900	120,934			157,228	212,686
1982	672,589	407,859	214,406		50,324	120,305	173,351
1983	748,371	181,755	549,550		17,066	132,804	168,674
1984	679,386	174,052	496,653		8,681	151,962	196,515
1985	759,141	181,600	573,383		4,158	160,626	207,640
1986	815,152	191,042	619,854		4,256	138,241	183,279
1987	683,380	271,051	388,321		24,008	279,530	345,555
1988	782,411	288,419	492,967		1,025	226,360	320,476
1989	730,992	383,152	345,605		2,235	164,885	253,720
1990	663,084	590,764	71,523		797	120,377	187,311
1991	705,303	575,755	128,857		691	127,153	193,148
1992	815,959	647,941	163,127		4,891	243,126	341,900
1993	1,100,278	863,477	227,684		9,117	249,607	331,522
1994	1,248,773	1,120,755	120,177		7,841	274,815	377,627
1995	1,297,467	1,259,940	32,628		4,899	189,721	263,044
1996	1,458,576	1,444,604	6,373		7,599	211,565	296,273
1997	1,677,858	1,657,527	1,075		19,256	305,647	416,872
1998	1,254,016	1,220,123	1,188		32,705	291,788	400,244
1999	1,109,509	1,068,791	10,197		30,521	204,024	274,799
2000	1,361,721	1,315,885	9,428		36,408	283,449	371,299
2001	1,501,586	1,466,375	15,406		19,805	321,490	390,854
2002	1,520,285	1,456,354	48,022		15,909	369,925	424,415
2003	1,505,139	1,416,324	31,728	39,853	17,234	440,957	535,980
2004	1,862,780	1,499,118	49,796	282,706	31,160	603,052	758,787
2005	2,011,817	1,151,069	43,278	776,164	41,306	684,260	897,144
2006	2,092,003	815,849	758	1,249,062	26,334	635,851	842,812

(注) 1) 輸出合計は商用車を含む。
(出所) 1957年から79年までは,ANFAVEA (1989) *Anuário Estatístico 1957-1988 : Indústria Automobilística Brasileira* より,1980年から07年までは ANFAVEA (2008) *Anuário da Indústria Automobilística Brasileira 2008* より作成。

続ける。ところが，93年以降急拡大し2006年には209万台に至っている。輸出については90年代に本格的に急拡大し始めるのは少し遅れて97年からであるが，それまで30万台のラインを超えなかったのが特に02年の37万台以降急拡大し03年の44万台，そして05年および06年はそれぞれ68万台，64万台に達している。さらに，小型商用車，トラックおよびバスを含めた輸出合計では，05年には実に90万台近くの輸出を実現している。

もっとも，アルゼンチンとメキシコについてはブラジルはそれぞれ自動車協定を結び輸出枠が存在しており（06年に自由化予定であったが，協議継続），いずれにしてもブラジル有利に推移し不均衡容認率の上昇に従い，当然のことながらこれらの国へのブラジルの自動車輸出が増加し輸出の半分を超える勢いで拡大している。この点は，完全自由化のもとでのブラジル自動車産業が比較優位を獲得しているというのではないことを示しているが，その傾向をうかがえることに変わりはない。このように考えれば，この産業が以前の状況を脱して比較優位部門に発展しつつあると判断できると考えられる。もっとも，そのためには，変化するブラジル経済の要素賦存状況に適した状況に産業自身が生産上の内的構造を変えなければならない。次に考察する生産様式上の変化こそこのことを示している。

3　ブラジル自動車産業の生産様式の変化

先にみてきたように，経済における比較優位が形成されていくためには，実は物理的タームにおける絶対的意味での優位形成が実現しなければならない。これは生産性上昇あるいは生産効率の拡大として現れるが，ブラジル自動車産業は「インダストリアル・コンドミニアム」および「モジュール・コンソーシアム」という新しい生産様式を築きあげることにより生産性を拡大していく。サレルノ等は「**リーン生産**」のための哲学と戦略上の重要な変化の1つとして

リーン生産：製造工程における無駄を排除し，製品および製造工程上の全体的なコストを縮減することを狙いとしてトヨタの生産方式を念頭に置いた言葉。マサチューセッツ工科大学（MIT）のJ.ウォマックやダニエル・ジョーンズらによって提唱された。

「地域ブロックの形成と新生産様式（モジュールとインダストリアル・コンドミニアム）の導入による新しい部品供給関係の再配置」（Salerno, Marx & Zilbovicius〔2003〕"A Nova Configuração da Cadeia de Fornecimento na Indústria Automobilística do Brasil" *Revista Adoministração da USP*, 38（3））であるという。

1 インダストリアル・コンドミニアム

この十数年の間のブラジルに起こっている自動車部品産業の再編過程を，これまでのフォード主義型生産・取引関係において主として行われていたグローバルソーシング（ワールドソーシング）形態から以上のような**ローカルソーシング**とグローバルソーシングとの補完共存状態への移行として特徴づけ，前者のローカルソーシングを基軸に据えた国内部品供給体制を近接関係（部品企業が自動車組立プラントの近くに配置されていること），企業間の協力関係，共同開発，グローバル・アンド・ローカルソーシングなどをその内容とした「インダストリアル・コンドミニアム」と呼んだのが，M. S. サレルノ（Mario Sergio Salerno）らのグループであった。彼らによれば，「コンドミニアム」概念は自動車組立工場内あるいはその同じ拠点への部品企業の生産設備の配置を意味する。組立企業は，毎日部品企業から部品を「拾い集めていく」（ミルクラン）ロジスティカル・オペレーターを雇い，そのトラックが毎日決まった時間に部品販売者のところを通るので，計画された部品量が利用可能となる。また，トラックが通る部品企業は近接しているので，同じ部品の大量在庫を抱えることなく全体的なロジスティクスに照応する費用が有効となる（Salerno, Abix & Dias〔1998〕"Changes and Persistences on the Relationship between Assemblers and Suppliers in Brazil" *GERPISA*, juin）。

この点は，すでに当時から混流生産を実現していたブラジル自動車組立産業においてはトヨタ式ジャストインタイムを念頭に置いて部品工場が配置されて

ローカルソーシング：原文はフォローソーシングとなっている。これは，多国籍自動車組立企業の母国で取引関係のある第一次供給企業（ティア1部品企業）が，組み立て企業の進出先について行って（follow）供給したり，進出先の移動もまた同様の形で実施されるので「フォローソーシング」といわれている。いわば，主としてローカル企業でない外資によるローカルな供給であるということだ。

いたと考えられる。この形態をとっているのは，グラバタイのGMプラント，アマゾン地域のバイアのフォード・プラントが有名である。

さて，やや広く捉えることになるが一拠点に直接供給する部品企業（ティア1）を集めているという意味で，フィアットの例でみれば以下のようになる（田中祐二〔1998〕「世界標準をめぐる多国籍企業のソーシング戦略とラテンアメリカ」『立命館国際研究』第10巻第4号）。ワールドカーPalioは1996年4月に発売が開始され，その最初の年の販売台数は前代未聞の25万台に達している。そして，97年2月にはPalioのラインが併設されPalio Weekendが販売を開始された。このモデルはブラジル国内ばかりでなくヨーロッパに輸出されており，CKD（Completely Knocked-Down）形態ではポーランド，アルゼンチン，およびベネズエラに輸出されている（FIAT〔1997〕*Fiat Automoveis : 21 Anos de Brasil*）。

フィアットは「ミナス化」政策を推し進め，ミナスジェライス州の自らの工場より基本的には半径100km以内に部品工場を集めてきた。ごく最近にも53の部品企業をベチン（Betim）に受け入れ，その投資額は1億3000万ドル以上で，従業員数は1万8000人にも上る。そして，直接供給企業の数を削減し，統合供給システムをつくり部品供給関係のヒエラルキー化を促している。すなわち，その数は品質基準により1988年の510社から95年には180社へ減らし，さらに97年以降100社前後になっている（Carvalho, R. de Quadros〔1997〕*Aberutura Comercial e Mudança Estrutural na Indústria Automobilística Brasileira*, EPEA-FUNCAMP）。

モデルTempraのダッシュボード・コントロール・パネル生産の場合，ティア1部品企業がサブ・アセンブリ段階の部品を供給し，このティア1部品企業が全部で100の部品を納品する15の下位部品供給企業を管理する。その場合，このティア1部品企業はフィアット工場とオンラインで結ばれ，リード・タイム2時間で自動車を組み立てるに必要なサブ・アセンブリの品種と量に関する情報を受ける（ECLAC〔1995〕*Restructuring and Changing Market Conditions in the Brazilian Auto Component Industry*, LC/R, 5 January）。このように，フィアットはミナスジェライス州において着々とより完全なジャストインタイム供給体制

を築き上げつつあるが，先にも指摘したようにティア１部品企業の役割が決定的に重要であることを確認する必要がある。

さらに，ボディ・スタンピングは自らの工場で行うのではなく，スタンピング工程を薄板供給企業ウジミナス（Usiminas）に移し，そこから溶接された完成ボディを購入している。この分益制は新工場の設立の必要がなく，1989年には日産800台の乗用車生産であったのが，これにより96年には2000台に飛躍的に生産性が上昇した。

以上のような再編が着々と進行しているとはいえ，すべての自動車組立企業の近くに部品企業を配置することは不可能である。したがって，部品企業はより多くの固定資本が必要なメイン・プラントに生産工程を集中し，部品組立，在庫および配送機能をもつ最終工程のみを組立企業の近くに置くことになる。例えば，マグネッティマレリーはミナスジェライス州のフィアットの工場の近くに4000万レアルの新しい工場（排気装置その他）を建設する（コンタージェン）と発表した。この企業はMBBの「インダストリアル・コンドミニアム」（Aクラス・プロジェクト）に参加している。コンタージェンの工場はフィアットへの供給用で，メイン・プラントで生産された部品の組立のみを行うコンドミニアム・プラントである。すなわち，よりたくさんの顧客をもつメイン・プラントにより多くを投資し，自動車組立企業に献身的なコンドミニアム・プラントにはそこにおいて可能な限りの小規模な資本を投資するという戦略である。

2 ブラジルにおけるモジュール・コンソーシアムの展開

インダストリアル・コンドミニアムのうち，自動車組立企業内に部品企業の生産設備と労働力を配置したプラント・レベルの限られた範囲を対象にした概念としてモジュール・コンソーシアムが登場した。すなわち，上述の基幹部品企業のプラントが組立企業内に入り込んだものである。そして，実際にこのような生産方法はリオデジャネイロ州レゼンデにあるVWのバス・トラック工場に現れた（L. Peluso & R. Moraes〔1996〕"Revolução Industrial: Em Tempo de Globalização, a Volkswagen Traz os Fornecedores para dentro de Sua Nova Fábrica em Cria um Moderno Sistema de Produção," *Revista Isto é*, No. 1413, 30 de

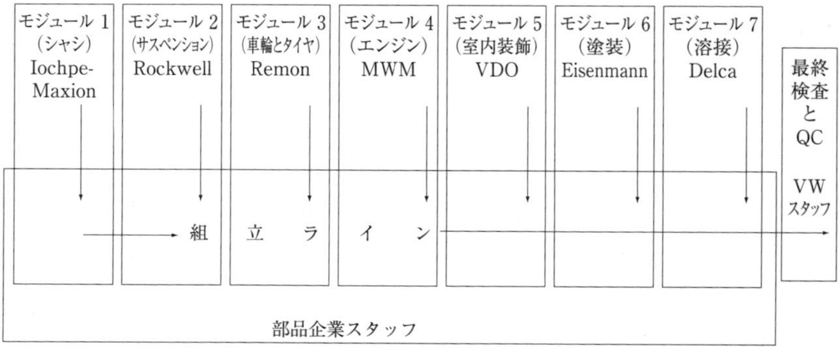

第Ⅱ部　BRICsの台頭とグローバル経営

モジュール1 (シャシ) Iochpe- Maxion	モジュール2 (サスペンション) Rockwell	モジュール3 (車輪とタイヤ) Remon	モジュール4 (エンジン) MWM	モジュール5 (室内装飾) VDO	モジュール6 (塗装) Eisenmann	モジュール7 (溶接) Delca	最終検査とQC VWスタッフ

組　立　ラ　イ　ン

部品企業スタッフ

図8-5　VWのトラック生産におけるモジュール・コンソーシアム
(出所)　The Global Automotive Industry: Between Homogenization and Hierarchy, *GERPISA*, June 1996, p.261. Figure 1; *Revista Isto e,* No.1413, 30 de outubro 1996, pp.142-143.

Outubro)。この工場は当時のVW副社長イグナシオ・ロペス (Ignacio Lopez Arriortua) が10年間あたためてきた生産方法の実践であるといわれている。これが単なるインダストリアル・コンドミニアムではなくモジュール・コンソーシアムといわれるのは7つの供給企業 (いわゆるティア1企業) がVWの工場の中に入り込んで実際にライン上で組み付け作業を行い、VW従業員はその後の検査と全体の管理のみを受けもっているというきわめてユニークなスタイルを取っているからに他ならない (図8-5)。VWは1400人いた労働者のうち200人を直接組み立てに残し、残りの1200人を部品企業にまわした。

そこで直接VWが関係する部品企業の役割が次のように規定される。

①主要部品企業はトラックとバスの全部品の組立に責任をもつ
②組立企業と直接関係している下位供給者の契約にも責任を負う
③これらの部品企業は実際に7つのモジュールに分けられて、組立企業の工場内に存在する
④コンソーシアムと呼ばれるおのおののモジュールは生産のある段階を管理する

例えば、イオシュペ・マキシオン (Iochpe-Maxion) は、以前は車輪とシャシの2つの部品のみを供給していたが、いまは300以上のコンポーネントの組み立てに責任をもつことになった。すなわち、他の部品供給企業と分益契約を

取り交わし，いわばコンソーシアムは「運命共同体」となる。この形態を取ることによって，主として在庫，輸送，保管部面にて20〜25%のコスト削減が実現し，在庫そのものも以前は2カ月分であったのが4時間から2日間に大幅に短縮した。

価格と品質の世界標準の必要性はこの「モジュール・コンソーシアム」の技術と管理上の中心点であるティア1部品企業群に高い能力を要求する。この要求はやはり組立企業の本国で当該企業に部品を納入していた高い技術をもつ部品企業をはじめとする多国籍企業の進出を加速し，こういったモジュール供給企業を核とする部品供給体制の形成は企業間技術移転を促進する。VWレデンデ工場の場合，7つのコンソーシアムのうち4つが多国籍企業によって支配されており，その内訳は塗装のアイゼンマン（Eisenmann）および車内設備部品組立のVDOがドイツ系，車体懸架装置のロックウエル（Rockwell）がアメリカ系，そしてエンジンのトータル・システムのMWMはアメリカとの合弁となっている。

このように，特に乗用車の場合はワールドカーに結実する世界標準の進行の中にあって，多国籍企業グループと合同できる部品企業が生き残れ，そうでない企業は苦しい立場に追い込まれる。1993年下半期より96年にかけて3年間にブラジル自動車部品企業で多国籍企業に吸収されたのが22件，7件の合弁，そして4件の合併が登録され，12企業が閉鎖に追い込まれた。

この極端なまでに部品企業にその生産活動の重心をシフトさせたコンソーシアムは次のような組織によって管理運営されている（Marx, Zilbovicius & Salerno〔1996〕"The 'Modular Consortium' in a New VW Truck Plant in Brazil" *GERPISA*, juin）。①VWと部品企業の代表者によって構成される重役会（Executive Commitee）がトップに位置し，長期戦略とその主要な履行過程に責任をもつ。②VWと部品企業の代表によって構成される調整委員会（Coodination Commitee）が経営の中短期的部分に責任をもつ。③総勢400人の直接労働者は同一階層に属し，彼らのほとんどがレゼンデ近郊から雇われている。④マイスター（Meister）と呼ばれるVWの従業員が品質保証と会計監査に責任をもつ。

組織の概要を含めて以上の考察より，いくつかの問題点が浮かび上がる。す

なわち，第一に，自動車組立企業であるVWが組立工程を担わない点，自ら付加価値活動を行わずして資本の充当が可能であろうかということである。また，他企業と知識を共有することによるリスクをVWはもつことにもなる。第二に，同一工場といえども異なる場所でしかも異なる企業によって組み立てられていくのでラインバランスが大変難しいであろう。これに関わって，VWの管理命令に異なる企業の労働力が同期的に従わなければならないという困難が付随している。そして第三に，品質保証手順の均質化がきわめて困難であろうということである。

いずれにしても，従来の大量生産型生産方法と部品取引システムは，先進諸国のみならずブラジルにおいても変容を遂げ，よりフレキシブルなシステムへ転換しつつある。

4　ブラジル自動車産業のサプライチェーン・マネジメント

先に述べた「モジュール・コンソーシアム」および「インダストリアル・コンドミニアム」はティア1部品企業が完成部品あるいはモジュールを組立ラインに直接的あるいは間接的に投入することにより，混流生産を実現して柔軟性を獲得し生産効率をわがものにする生産様式である。その際，決定的に重要な役割を担うのはこのティア1部品供給企業であり，これのマネジメント機能が中枢的ポジションを担うのである。

１　サプライチェーン・マネジメントの構造

さて，ブラジルの自動車産業の生産様式に対応して取引形態も変化せざるをえない。その変化の態様は，自動車組立企業のフレキシビリティを有する多品種少量生産（小ロット生産）に対応して部品産業はこれまでの大量生産型（フォード主義型）の水平型部品企業組織構造から階層構造に再編されつつあり，しかもその頂点ともいうべき中心に基幹部品企業が位置することになる。いま，組立企業に直接供給されるモジュールあるいは完成部品であるコンポーネントを組立生産する企業，ティア1部品企業のイノベーション活動に関する限りで

の役割と特徴をあげるなら次の4点においてまとめることができる（BNDES〔1996〕*Informe Setorial*, 5 ; Zilbovicius, Marx & Salerno〔2002〕*A Comprehensive Study of Transformation of the Brazilian Automotive Industry*)。

① 技術やロジスティックスのような様々な面で効率的であること。
② R&D 計画をもち，デザイン，開発，および検査工程を実施しており，**コ・デザイン**を通じてデザイン段階から組立企業と共同生産をしている。
③ このようなティア1部品企業はほとんどが外資であり，世界的契約により製品および生産工程の開発の国際チェーンに統合されているので，サプライチェーンのより末端に配置されたローカル企業のデザイン活動は低下することになる。
④ ティア1部品企業は様々な部品供給企業関係（ティア2以下）を統合管理し，価格交渉を行い，自動車組立企業の生産ラインに組み立てられた部品セットを直接引き渡す。サプライチェーンに沿った部品搬送の頻度の増加と企業間契約の長期化が起こり，デザインや技術上の統合管理の基盤をなす。

以上の項目を満足する部品企業は一般に従来よりヨーロッパ，アメリカや日本の同国籍の組立企業と取り引きしている。このような状況を考慮に入れると，図8-6のようになる。もっとも，横の関係すなわちグローバル・スタンダードを前提にしながらも，縦の関係であるローカルな特有化が存在し，ティア1部品企業は組立企業とのコ・デザインを行う一方，それ自体をより下位の部品供給企業群への管理・調整を行うことで実現する。これはイノベーション活動として現れブラジル自動車産業の競争力を担うことになる。

2 イノベーション活動の推進と多国籍企業のブラジル拠点の新しいポジション

ダニングが90年代の直接投資ポジションの決定要因としてまとめた項目の中に，進出先企業間で相互取引し学習することから利益を得ることができるク

コ・デザイン（co-design）：複数の企業によって同一財のデザイン段階から協力して開発を行うこと。

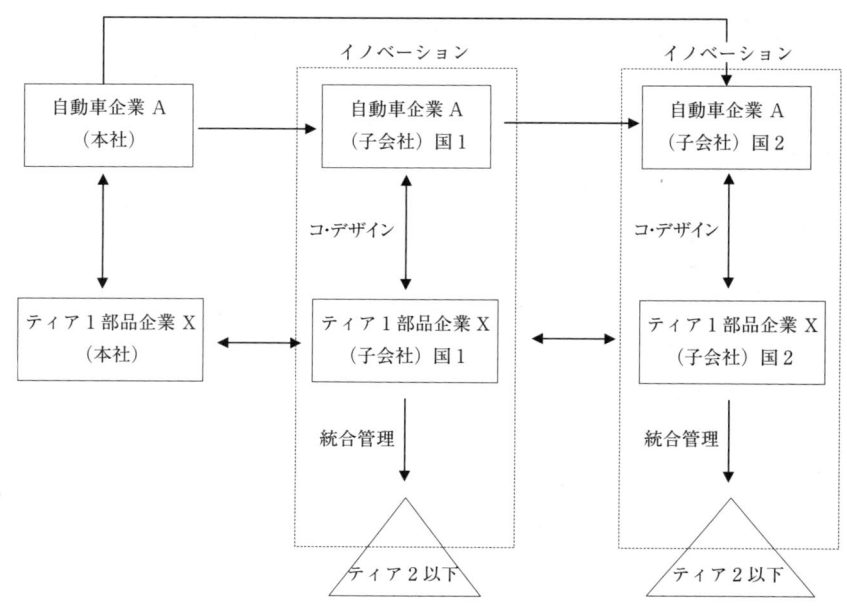

図8-6 部品企業間の情報ルート

(出所) J. Humphrey, A. Mukherjee, M. Zilbovicius & G. Arbix (1998) "Globalization, FDI and the Restructuring of Supplier Networks: the Motor Industry in Brazil and India," M. Kagami, J. Humphrey, M. Piore eds., *Learning, Liberalization and Economic Adjustment*, Institute of Developing Economies, Figure 5.3 を加筆修正。

ラスター空間の出現をあげている。それは，多国籍企業が自らの世界的規模で分散所有する資産に結びつけてさらなる競争優位を獲得しようと資産拡大および資産獲得・利用のために最適立地を選好する傾向があるという。つまり，自らのコアコンピタンスに他企業のそれを結びつけて補完し，自らの競争力を維持拡大するように知識連関資産を引きつけようとするニーズが高まったきたという（J. H. Dunning〔1998〕"Reappraising the Eclectic Paradigm in an Age of Alliance Capitalism," M. G. Colombo ed., *The Changing Boundaries of the Firm*, Routlege）。そして，ブラジルにおいて現れたローカルな特有化がグローバルに分

コアコンピタンス：他の同業競争企業に真似のできない核となる能力（技術）のこと。20世紀の中葉以降企業のM&Aを通じてコアコンピタンスの周辺の機能を取り込む傾向（内部化）にあったが，最近は逆の動き（外部化）が起こっている。

第8章　BRICsブラジルの自動車産業の構造転換

表8-2　乗用車のサイズ別税率

サイズ（ℓ）	IPI 税率（%）
1.0（燃料に関係なく）	7.0
1.0≦2.0（ガソリン）	13.0
1.0≦2.0（フレックス）	11.0
2.0<（ガソリン）	25.0
2.0<（フレックス）	18.0

（出所）　*BizPoint Monthly Watching*, No.103, November 2007.

散所有されている資産に結びつき，固有のイノベーション活動が現れることになる。

1990年以降の税制政策に応じて（表8-2），1000ccまでの排気量エンジンを搭載した車（リッター・カー）の導入および二種類燃料型フレキシブル・エンジン（フレックス・エンジン）の開発が必要になった。この2つの開発に関して，在ブラジル自動車多国籍企業は在外本社に対して自立性をもつ。表8-2によれば，ブラジルの乗用車のエンジンの燃料はガソリンに加えて，1970年代のオイル・ショック時に導入されたアルコール，さらに，最近導入されたガソリンおよびアルコールの混合比率が自由なフレックス・タイプと多様である。その際，今回の議論は最近導入されたフレックス・エンジン開発に関わる。アルコール・エンジンの場合，ガソリン・エンジンの需要を上回ったのは80年代の一定期間のみであるが，フレックス・エンジンの場合は急成長し2003年に導入されてわずか3年後の06年にはガソリン・エンジンを追い越している。

また，リッター・カーに関しては図8-7のように90年に導入されて以来01年に至るまで着実に増加し，導入時には新車登録に占める割合はわずか4.3%であったのが96年に50%になり01年には71.1%と圧倒的シェアとなっている。以後若干低下傾向にあるが，今回の投資，生産および輸出の増加という新しい動きをリッター・カーおよびフレックス・エンジンの導入が牽引したのは紛れもない事実である。

さて，このような2つのタイプの開発はブラジル固有の条件によるものであり，図8-6の縦の関係による独自の開発を意味する。その際，自動車組立企

(単位：％)

年	リッター・カー	その他
1990	4.3	95.7
91	11.3	88.7
92	15.6	84.4
93	26.9	73.1
94	40.0	60.0
95	42.8	57.2
96	50.0	50.0
97	43.9	56.1
98	38.2	61.8
99	38.2	61.8
2000	33.9	66.1
01	28.9	71.1
02	33.3	66.7
03	36.8	63.2
04	42.7	57.3
05	44.7	55.3
06	43.8	56.2
07	46.0	54.0

図 8-7 リッター・カーのシェア

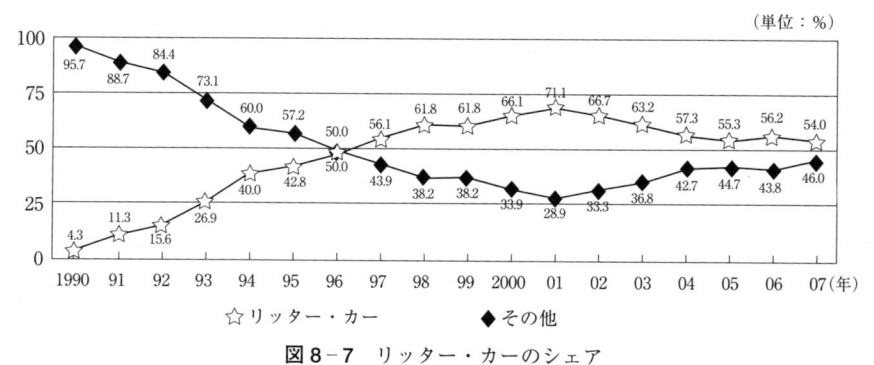

（出所） ANFAVEA（2008）*Anuário da Indústria Automobilística Brasileira 2008*, Tabela 2.12 より。

業（エンジン組立企業）と部品企業との協力関係は，①自動車組立企業が指定し部品企業が特定部品を開発・生産する場合，②組立企業が製品デザインの情報を部品企業にあたえ，部品企業が生産に責任を負う場合，そして③組立企業が部品企業と協力して製品開発から行う場合（コ・デザイン）と，3つのタイプが存在する（A. L. Cerra & J. L. Maia〔2008〕"Desenvolvimento de Produts no Contexto das Cadeias de Suprimentos de Setor Automobilístico," *Revista de Administração Contemporânea*, Curitiba, v. 12, n.1, Jan./Mar. 2008）。

セーハとマイアの研究では，3つのエンジン組立企業の製品開発とコ・デザインの関係が**表8-3**に示されているように，従来のエンジンの追加的開発は本社と関わりなくブラジル拠点で独自に行われているのに対して，アルコールならびにフレックス・エンジンあるいは1.0リッター・エンジンの新規開発は本社からの技術スタッフの派遣を仰いでいる。すなわち，追加的開発は前掲図8-6の特有のイノベーション（縦の関係）で完結しているのに対して，ブラジル特有のリッターカー・エンジンやフレックス・エンジンの新規開発はこれまでの多国籍企業の技術にブラジル特有の技術を結びつけ補完する作業であり，多国籍企業全体では資産拡大活動の一環となるので，どうしても親会社の技術スタッフの派遣が必要になると考えられる。

しかし，表8-3にあるようにそれぞれの企業が数百名規模でエンジニアを擁しているが，上記の場合に必要となる派遣スタッフ以外はブラジルで充足可

第8章　BRICsブラジルの自動車産業の構造転換

表8-3　エンジン組み立て3企業の供給関係とコ・デザイン

エンジン生産企業	A	B	C
主な製品	自動車エンジン (1.0~1.6リッター)	自動車エンジン (1.0~1.8と2.0~2.4)	自動車エンジン (1.0~1.8)
最近のプロジェクト	○エンジンの排ガス適正化 ○ガソリン・エンジン ○輸出乗用車用エンジン ○新タイプのエンジン用トランスミッション	新しいプロジェクトは発表されていない	新しいプロジェクトは発表されていないが、多くのプロジェクトをもつとの情報あり
製品開発活動に携わっている従業員数	製品のエンジニア部門には全部で680名。うち、エンジニアが約550名。 〈エンジン部門〉180名 高等教育機関修了者：180名 大学院修了者：108名 技術者：その他の大部分	製品のエンジニア部門には全部で900名。うち、エンジニアが約430名。 〈エンジン部門〉190名 高等教育機関修了者：100名 大学院修了者：20名 技術者：13名 その他：62名	製品のエンジニア部門には全部で470名。 〈エンジン部門〉163名 高等教育機関修了者：130名 大学院修了者：エンジニアの大部分
本社との関係	○現存エンジンからの開発はブラジル拠点の自立性あり ○本社からの派遣の受入れ：アルコール・エンジン 未だ未開発の1.0リッター・エンジン 輸出用16バルブ1.0リッター・エンジン ヨーロッパで使用される乗用車用1.4リッター・エンジン フレックス・エンジン ↓ 次第に、イノベーションは本社から自立	○現存エンジンからの開発はブラジル拠点の自立性あり ○本社からの派遣の受入れ：トランスミッション アルコール・エンジン 腐食防止剤 1.0リッター・エンジン フレックス・エンジン ↓ 次第に、イノベーションは本社から自立	○現存エンジンからの開発はブラジル拠点の自立性あり ○本社からの派遣の受入れ：アルコール・エンジンの先駆け 腐食防止剤 ブラジル・エンジニアの参加の下で本社で開発されたエンジン生産ラインフレックス・エンジン ↓ 次第に、イノベーションは本社から自立
製品開発戦略	新興市場向け製品開発：低排気量かつ高性能エンジン フレックス・エンジン	新興市場向け製品開発：低排気量かつ高性能エンジン フレックス・エンジン	新興市場向け製品開発：フレックス・エンジン 目標は新興市場向け製品開発において自立性をもつこと
直接取引部品企業数	129	80	80
部品企業選択基準	価格, 技術力, 品質	品質, 価格, 技術力, 取引関係	品質, 価格, 技術力, 取引関係
主要部品企業取引率	70%	80%	80%
専属部品企業	存在	なし	なし
契約	形式的契約	契約期間1年	契約期間1年
コ・デザイン	○ブローバイ・システム ○ガソリン・エンジン ○フレックス・エンジン	○トランスミッション ○フレックス・エンジン	○インジェクション・システム ○フレックス・エンジン

(出所) A. L. Cerra & J. L. Maia (2008) "Desenvolvimento de Produtos no Contexto das Cadeias de Suprimentos de Setor Automobilístico," *Revista de Administração Contemporânea*, Curitiba, v. 12, n.1, Jan./Mar, Tabela 1, 2, 3より作成。

▶▶ Column ◀◀

生産様式の変化と労働者の生活

　サンパウロのサンベルナルドドカンポおよびジアデーマ地区に存在する鉄鋼労働組合は現ブラジル大統領ルーラの若き日の活動舞台でした。本章で分析したようなブラジル産業の新しい発展形態は，ある意味で大統領を支えていることになりますが，皮肉にも同トレンドは労働組合に実質的に壊滅的な影響を与えています。

　以前の大量生産型システムに存在していた狭い職務範囲と契約的労資関係が利害対立型労資関係と結びついていましたが，今日の新しい生産様式においては技術・生産様式上の変化に従ってブルーカラー労働者のホワイトカラー化が進み，労働者の生産効率・品質改善活動への参加などを通じて安定的・協調的労資関係の構築が展開しています。この点は労働争議の低下に現れ，ストライキ件数も劇的に減っています（例えば，92年当時スト権数は554件であったのが98年にもなればわずか150件になっている）。

　これに照応して，製造業の総雇用数は92年を100とすればすでに2000年に75％水準まで低下しています。また，雇用のインフォーマル化が勢いを増し，91年当時には正規雇用が60％程度であったのが2000年には50％に減少しており，特に人口20万人以下の都市ではなんと70％が非公式就労となっています。

　成長と貧困の同時進行は最近の資本制経済の特徴というべきかもしれませんが，われわれはこの傾向に目をつむるわけにはいかないのであって，目下ヨーロッパで展開しているような失業者のリカレント教育や再訓練を通じて経済活動に復帰する機会を与えるべく積極的政策が肝要といえるでしょう。

能であり，エンジニアを海外から充足しなければならない中国と比べると労働の質がよいと考えられる（鈴木孝憲〔2008〕『ブラジル――巨大経済の真実』日本経済新聞社）。鈴木によれば，電装部品のティア1部品企業であるボッシュはディーゼル・エンジン部品の生産ラインをアメリカとメキシコからブラジルに移し，ブラジル拠点から中南米をはじめ欧米，中国へ輸出供給する体制を作り上げている。この点は前掲図8-4で確認したブラジル自動車産業の自動車産業のメゾIDPのNOIのマイナス分の拡大要因として，したがって比較優位産業として当該部門が成長しつつあることの証左である。いずれにしても，多国籍企業の資産拡大戦略と結びついた在ブラジル生産拠点の経済効率の高まりは，

第8章　BRICsブラジルの自動車産業の構造転換

1980年代までのこの国の当該産業とは質的に違うものであり，それ自体「モジュール・コンソーシアム」および「インダストリアル・コンドミニアム」あるいは，そんな動きに照応する部品供給体制の再編として現れ，再編の結果作られたサプライチェーン・マネジメント空間がイノベーションの進展の場としての生まれ変わった点を強調しておかなければならない。

推薦図書

宮城和宏（2003）『経済発展と技術軌道――台湾経済の進化過程とイノベーション』創成社
　　本文で取り上げたダニングのIDP理論と赤松要の雁行形態論，そしてオザワのメゾIDP論を駆使して，台湾の直接投資ポジション（NOI）を分析したもの。
鈴木孝憲（2008）『ブラジル――巨大経済の真実』日本経済新聞社
　　ブラジル経済を平易に解説した和書はほとんど存在しない中，ブラジル経済をマクロ的およびミクロ的観点の両方から最近の事情を解説したもの。
藤本隆宏（2003）『能力構築競争――日本の自動車産業はなぜ強いのか』中公新書
　　日本の自動車産業は，品質や世界シェアでトップ水準にあり，その国際競争力の秘訣は生産開発現場における「能力構築」にあるとする。

設問

1．本章のブラジルの変化は，ポスト・フォード主義的な生産への転換として捉えることができますが，前世紀の初めにアメリカで確立したフォード主義の生産様式とどのように異なるのかを考えてみましょう。
2．多国籍企業の資産拡大活動は自らのコアコンピタンス（本文図8-6の横の関係）に当該国・企業に特有なイノベーション（本文同図の縦の関係）を追加するというものでした。最近中国などの国からの多国籍企業の資産拡大活動が活発化していますが，同様の事例をリサーチし，同じ傾向と違った側面を考えてみましょう。

（田中祐二）

第Ⅲ部

反グローバリズムの潮流

第9章
グローバリゼーションと市場問題

　21世紀に入り資本主義経済のグローバル化はますます進んでいますが，他面では，1992年の欧州通貨危機，1997年に始まるアジア通貨危機，アメリカのサブプライムローン問題と金融危機の発生にみられるような経済的混乱も一層深刻になっています。グローバル化の進展を理解する際に，政治，経済，文化，イデオロギーなど多面的なアプローチが試みられています。本章では，市場問題との関係でグローバリゼーションの理論・歴史・現状を考えてみましょう。

1　グローバリゼーションは何をもたらすか

　グローバリゼーションは，歴史的・多面的な拡がりをもつ。15～16世紀のヨーロッパは，資本主義の胎動期に「大航海時代」を経験した。17世紀になると，ヨーロッパ諸国は相次いでアジアへと進出する。18～19世紀には，産業革命による機械制大工業の進展が，その後の大量生産・大量消費の時代を準備したし，交通革命はその後の近代的交通手段の登場を促すことで，移動の自由・時間節約に貢献した。

　20世紀半ば以降には，多国籍企業が出現し，資本（企業）が国境を越えて活動するようになると，貿易や市場（原料・資源，製品，技術，ソフトなど）の拡大をもたらすことになった。20世紀末から21世紀初頭の現在は，情報化革命によるスピード化の時代でもある。そして，今日のグローバリゼーションは，単なる市場の「外延化」ではなく，金融・情報ネットワーク基盤を駆使した資本（企業）の国際的活動の展開と捉えることができる。

　アジアでは，中国が1978年以降の経済改革により，「世界の工場」から「世界の市場」へ発展を遂げつつある。他方で，1999年のケルン・サミットでは

ヘッジファンドの規制が議論され，IMF・世銀総会の開催されたシアトルやワシントンには，先進国と途上国との格差拡大，途上国の窮状を訴えて，グローバリズムに反対する運動が大々的に展開（「人間の鎖」）された。

アジアでは，人口爆発と農産物・水産物に対する需給の逼迫が大きな問題となりつつある。発展途上国での食料や穀物などの需要増大が価格高騰を後押ししているのはたしかであろう。また，原油市場は，中国など新興経済国でモータリゼーションが進んだこともあってガソリン消費が増加したものの，原油価格の上昇自体は，「投機マネー」が原因であり，必ずしも需給関係に起因していないとの見解もある。

20世紀後半には，「アジアの世紀」が喧伝され，NIEs（韓国，台湾，香港，シンガポールなどの新興工業経済地域）やASEANが経済発展を経験した。21世紀になると，BRICs（ブラジル，ロシア，インド，中国）の成長が目覚ましい。こうした新興経済国の発展が，かつての「南北問題」を変容させているともいわれている。

だが，他方で，アジア通貨危機やアメリカの「**サブプライムローン問題**」の発生とその後の事態にみられるように，「投機マネー」の暴走は資本主義経済の根幹を揺るがすとともに，過剰資金が世界的な穀物価格・原油価格の乱高下（小麦，大豆，トウモロコシやサトウキビは代替燃料としてのバイオエタノールの生産に起因する）をもたらしている。

2　グローバリゼーションと「市場問題」：新自由主義か管理主義か

人間社会の歴史を振り返ると，初めは異なる共同体相互間での余剰品の交換，

サブプライムローン問題：アメリカで住宅バブルが崩壊し，価格が急落したのを契機に，短期の転売を目的に住宅を購入していた借り手のローン支払いが滞り，金融機関が債権を回収できなくなったことから，一部の金融機関が倒産した。それが，イギリスやドイツなどヨーロッパの銀行にも飛び火したことで，金融危機が深刻化した。要因は複合的に存在し，本来が低所得者向けのローンであり，過去に返済を滞った経験があるなど借り手の側の信用リスクが高いこと，銀行が借り手に直接に資金を貸し付ける形ではなく，代理店を通じて行ったこと，しかも銀行は貸し付けにあたり，比較的信用度の低い貸し出しを「証券化」したこと，代理店が手数料を目当てに無理な販売を続けたことなどに起因する。9月の「リーマン・ショック」で投資銀行モデルは消滅した。

第9章　グローバリゼーションと市場問題

すなわち物々交換が市場の形成を促し，やがて市場での交換を容易なものにするための貨幣の登場とその使用を経て，生産技術の進歩が市場を広範に拡大させ，社会的分業の発展とあいまって商品・貨幣関係がさらに発達したことにより，今日の資本主義社会にみられるように，財（あるいは物資）や労働力の「商品化」の過程へと至る。

　ところで，資本主義経済にとっての市場の役割は，市場取引の機能，価格の安定化，自由価格（オープンプライス）の普及，寡占価格問題などにみられる。通常，市場とされているのは，以下のようなものである。

　①生鮮三品（野菜・果物，鮮魚，生肉）の市場のように，需給関係によって日々価格が変動する。これと同じように，②株式市場や為替市場では，グローバルに取引が行われており，価格の変動が各国の経済に及ぼす影響も激しくなりつつある。アジア通貨危機，サブプライムローン問題の発生と不安定化の加速という事態をみればそれは明らかである。しかも，商品相場はますます投機市場と化し，市場のもつ本来の機能である商品や穀物の安定した価格での取引をもたらすはずが，原油，穀物（大豆・小麦・トウモロコシ）価格の高騰にみられるように，その機能を逸脱してしまっている。さらには，「**資源戦争**」，「食料戦争」，「ウォーター・クライシス」というやっかいな問題をも引き起こそうとしている。そして，③労働力市場では，失業の発生，非自発的失業や所得格差の発生が大きな問題となっている。しかも，「情報格差（デジタル・デバイド）」という新たな格差を生み出した（R. セネット／斎藤秀正訳〔1999〕『それでも新資本主義について行くか？』ダイヤモンド社）*。

　*　この点に関して，山家悠紀夫は，経済のグローバル化が国民生活を豊かにするというのは，単なる神話にすぎず，むしろ社会保障の切り捨て，賃金の抑制など正反対の結果をもたらしていると批判する。また，小泉政権下での「構造改革」が，景気回復のためであるというが，それは，法人企業とりわけ大企業にとって利益の増加に貢献しているのだが，他方で，中小企業や勤労者には大きな負担を課す結果となっており，社会的な格差の拡大を引き起こしたとして，「構造改革」とは正反対の政策を追求すべきだとす

資源戦争：マイケル・クレアによる著作に『世界資源戦争』（廣済堂出版，2002年）がある。湾岸戦争やアフガン侵攻には，アメリカによる石油利権の獲得が背景にあると告発したものである。また，中東地域での水資源の獲得をめぐる競争が激化すると指摘した。

る（山家悠紀夫〔2008〕『日本経済見捨てられる私たち』青灯社）。

さて，「市場問題」については，様々な見方がある。ここでは，市場の拡大（商品，株，為替取引など国内市場，国際市場，外国貿易）や，資本主義経済における商品・資本の「過剰・過少消費」に関する諸説についてみておこう。

まず，R. ルクセンブルクが『資本蓄積論』で説いたように，資本主義社会の発展につれて資本の蓄積が行われ，生産の増加が市場を拡大するが，他方で，労働者の収入はそれに比例して増加せず，消費が生産に追いつかない状況が生じてしまう。その結果，過剰生産による恐慌が不可避であると説き，資本主義の「自動崩壊論」を擁護してしまった。

また，スイスの経済学者 S. シスモンディーは，恐慌の原因が生産の側にあるのではなく，消費主体の側にあると主張し，いわゆる「過少消費説」を展開した。

こうした解釈に対して，V. レーニンが『いわゆる市場問題について』で，これらの諸説を批判した上で，資本主義の発展に伴う国内市場の拡大と，「生産と消費の矛盾」を明確にし，後進ロシアの資本主義的な発展の可能性を論じた。

他方で，アメリカの初期マーケティング論者のA. W. ショー（丹下博文訳・解説〔1992〕『市場流通に関する諸問題』白桃書房）は，商品生産の拡大と企業による自社製品の価格設定，販路開拓の重要性を指摘した。

そして，経済学の分野では，イギリスの経済学者ケインズがJ. B. セーの「供給は自ら需要を創り出す」との説を批判する中で，資本主義経済の救済策の1つとして「有効需要論」を唱える。これに対して，貨幣数量説の立場からマネタリズムを主張するミルトン・フリードマンがケインズ経済学を批判した。「新自由主義」，「マネタリズム」による市場万能論（＝市場原理主義）が代表的である。この理論は，その後，アメリカのレーガン政権の経済政策やイギリスのサッチャー政権，日本の中曽根政権の政策に大きな影響を及ぼす。

ここで，19世紀のフランス人経済学者，J. B. セーが提唱した「セー法則」＝「セーの販路法則」について，市場の理解という視点からケインズとマルクスの見解をみておこう。19世紀と20世紀に活躍した立場の異なる2人の経済

学者の見解は次のようにまとめることができよう。

ケインズもマルクスも「セー法則」について疑義を唱えたという点では一致している。すなわち，ケインズは，「セーやリカードの時代このかた，古典派経済学者は供給はそれみずからの需要を創り出すと説いてきた」（J. M. ケインズ／間宮陽介訳〔2008〕『雇用，利子および貨幣の一般理論』岩波書店）と述べている。

生産者が自己の生産物を市場で販売して，それと引き替えに消費者から貨幣を受け取るためには，消費者がその対価に見合うだけの貨幣をすでに所有していることが前提となる。そして，資本主義経済の下では，この支払いに充てられる貨幣はすべての人々が自分の生産物を販売して得たものである。したがって，生産物の購入は直接的には貨幣でもって行われるのであるが，元はといえば，他の生産者の生産物によって置き換えられているわけであって，貨幣は単に両者の交換を仲立ちしているにすぎない。つまり，貨幣は単なる媒介手段の役割を果たしているだけである。そこで，仮に一方の生産物がその販路を見いだしえない，すなわち，他の生産物と交換できないとすると，それらの交換に貨幣は何ら役割を果たすことができない。このように，生産物が購入されるべき貨幣を見いだしえなければ，それは，実は他方の生産者の生産物が市場に供給されなかったからということであり，この供給不足が交換の不成立の直接的原因であって，他の生産者がもっと多くの生産物を市場にもち込めば，つまりは，より多くの生産物を市場に供給することで生産物の需要が生み出されることになる。この種の理解が「セー法則」の基本である。したがって，ある種の生産物が過剰であるのは，他方において，他の生産物が不足しているからであって，部分的な過剰状態は生じても，そこには全般的過剰生産は起こりえないということになる。こうして，「セー法則」に従えば，生産者は自らが生産しただけ，自ずと市場で販路が開かれることになり，より多くの利潤を獲得しようとするには，可能な限り生産を増やして，生産物を増大させようとするであろう。その結果，資源の完全な稼働はもとより，生産に従事する労働者も完全に雇用されることになるはずである。完全雇用は常に実現されることとなり，失業などは存在しえなくなるのである。

以上のような新古典派経済理論を受け継いだのが、新自由主義＝マネタリズムであり、市場の自由に任せるという「市場原理主義」であり、これに対立するのが「自由放任の終焉」を訴えて登場したケインズの理論であって、「管理通貨制度」の導入や失業対策として「有効需要の原理」を積極的に活用するという「管理された資本主義」の考え方である。

3 グローバリゼーションをめぐる諸見解

　国際経済論（貿易論），国際経営論，**多国籍企業論**などからのアプローチがある。また，グローバリズムという視点からみると，アメリカによる世界標準「グローバル・スタンダード」の押しつけとする見解も見受けられる。グローバル化とは，国民経済を超えて国際規模で企業活動を展開すること，と理解する。また，グローバリゼーションとは，一国の国民経済レベルでみるならば，途上国の経済発展を促進するという見解があり，他方で，むしろ途上国の発展を阻害するとする見方もある。後者の見方は，「反グローバリズム」の立場に多い。さらには，グローバル化によるモノやサービスの貿易，金融（為替や通貨），情報，さらには地球環境や資源問題（原油・食料・水など）をも視野に入れる必要がある。

1　グローバリズムとグローバリゼーションの違い

　ここでは，グローバリズムとグローバリゼーションとを区別して考える。まず前者については，グローバリゼーションを推進する勢力の思想・志向と捉え，

多国籍企業論：1970年代に多国籍企業の問題を取り上げて論じた書籍が，いくつかある。まず，R.ヘルマン／小林規威監訳，田口統吾訳（1971）『多国籍企業の抗争　アメリカに挑戦するヨーロッパ』日本生産性本部（現：社会経済生産性本部）がある。ヘルマンは，アメリカのビッグビジネスが，ヨーロッパに直接投資の形で進出を開始したことをうけて，その行動に警鐘を促した。R. バーノンは，『多国籍企業の新展開』（霍見芳浩訳，ダイヤモンド社，1971年），『多国籍企業を襲う嵐』（古川公成訳，ダイヤモンド社，1977年）などで多国籍企業の行動を分析した。バーネット＆ミューラーは，『地球企業の脅威』（石川博友訳，ダイヤモンド・タイム社，1975年）で多国籍企業とはいわず，地球企業と呼んでいた。S. ハイマーの著作では，『多国籍企業』（宮崎義一訳，岩波書店，1979年）というタイトルが付けられた。なお，R. バーノンは，国際貿易において生産拠点の海外移転に伴う現象を捉えて，プロダクト・サイクル論を展開した。

第9章　グローバリゼーションと市場問題

　また，後者のグローバリゼーションとは，経済超大国における多国籍企業の地球規模の活動であると理解する。すなわち，1980年代半ば以降の情報化の進展，旧ソ連に代表される社会主義国家の挫折，貿易と市場の拡大，国際的な「モノ・人・カネ・情報」の移動が激しくなったことなどの表れとして理解する。ただし，この種の理解は皮相なものといえる。たしかに，資本主義の発展とともに，国と国との相互交流が盛んになるにつれて，国境に対する意識は薄れてきた。貿易の拡大によりモノやカネ，人，情報の流れが急速になった。

　他方では，「アメリカによるグローバリゼーション」の推進という捉え方での理解がある。この意味での「グローバリズム」は，通常の場合，「市場原理主義」，「新自由主義」，「ネオ・コンサバティブ（新保守主義）」などの思想との結びつきで語られることが多い。さらには，「規制緩和」あるいは「規制改革」とも大いに関連がある。それは，先進国のみならず，発展途上国においても，しばしば「民営化」を旗印にしつつ，「市場経済化」を推し進める「アメリカン・グローバリズム」として理解されている。

　ところで，本来は，人々が自分たちの便利さのために便宜的に生み出したはずの「お金」に，今日では，むしろ自分たち自身が翻弄され，支配されている。その端的な例が，近年の原油価格，穀物価格の高騰という現象である。短期の投機資金が世界中を駆けめぐり，人々を混乱の渦に巻き込んでいる。こうした現象は，先進各国や途上国内の一部の富裕層が有利な資金の投資先を探して行う「投機」行為によってもたらされる。決して，一部の機関投資家やハゲタカ・ファンドの行為によるものではなく，これらの富裕層が一部の機関投資家やハゲタカ・ファンドに資金運用を依頼することから生じる現象である。これを見誤ってはならない*。

　*　アメリカのファンドマネジャーの1人であるJ.ソロスが資本主義の危機を懸念し，アメリカの石油王J. D. ロックフェラーの直系のひ孫が今日の石油メジャーの横暴に対して「自分達の首を絞めかねない行為である」と非難するのも，投機という行為のもたらす結果を憂いてのことである（ジョージ・ソロス／大原進訳『グローバル資本主義の危機』；立野純二「ロックフェラー家の危機感」『朝日新聞』2008年7月6日付）。

以上のように,「グローバル・スタンダード」とは, 実は「アメリカ流のスタンダード」のことをいう。「新自由主義」,「市場原理主義」あるいは「市場万能主義」とは, 市場にすべて委ねておけば間違いはないとするもので, この場合, アメリカ企業の行動の自由をいかに保証するかが最大の関心事となる。自国のルールを他国に強制する「ワシントン・コンセンサス」である*。

　　* J. グレイは, アメリカによる世界の多様な経済を最終的に単一のグローバル自由市場に統一しようとする試みのことを「ワシントン・コンセンサス」と呼び, こうした啓蒙思想によってグローバル自由市場が世界中に押しつけられている, という。そして,「規制なきグローバル自由市場と資本の国際移動」が, 健全な資本主義を駆逐し, 最悪の資本主義を蔓延させる事態に導きつつあることに警鐘を促す。この「悪しき資本主義による健全な資本主義の駆逐」を,「新しいグレシャムの法則」に喩えている (J. グレイ／石塚雅彦訳〔1999〕『グローバリズムという妄想』日本経済新聞社)。

　スティグリッツは, BRICs の成長, 世界貿易機構 (WTO), フェアトレードのあり方, 不公正な貿易の是正, オランダ病と「雇用喪失」などの問題を取り上げる中で, グローバリズムを批判する (J. E. スティグリッツ／楡井浩一訳〔2006〕『世界に格差をバラ撒いたグローバリズムを正す』徳間書店)。そして, 資本市場の自由化とは,「短期的かつ投機的なホットマネーが自由に出入りできるように市場を開放すること」(スティグリッツ〔2006〕) である。しかもそれは, アメリカ財務省と国際通貨基金 (IMF), 世界銀行との間での合意を意味している「ワシントン・コンセンサス」と, その合意による「貿易の自由化と資本市場の自由化」という包括的な政策枠組みの二大構成要素の内の1つでもある。「ワシントン・コンセンサス」は, 至る所で常に,「小さな政府と規制緩和と迅速な自由化・民営化の重要性を強調する」(スティグリッツ〔2006〕54頁) のである。また, インドのバンガロールでは,「富と貧困」が混在していると述べて, 格差是正の必要性を説いている (スティグリッツ〔2006〕66-67頁)。

　とはいえ, これまでの事態を冷静にみるならば, このアメリカ型市場万能主義が, 実は金融の不安定性を強め, 市場の秩序を破壊し, 資本主義経済を絶えず不安定・不均衡にしているのであって, そうした現状を目のあたりにするにつけ, 人々はアメリカ主導の「グローバル・スタンダード」そのものを拒絶するのである。いうまでもなく, それこそが経済的秩序の破壊要因を秘めている

からである。

　資本主義の危機的な状況について，20世紀末から21世紀初頭にかけての主な出来事を振り返ると，1991年のソ連崩壊と冷戦終結後のロシアや東ヨーロッパの事態はいうまでもなく，通貨・金融をめぐる危機的状態が相次いで起きている。

1992年：イギリスのポンド危機
1994年：メキシコ通貨危機
1995年：アルゼンチンの危機
1997年：アジア（タイ，マレーシア，韓国など）の通貨危機
1998年：アメリカLTCMの破綻，ロシア，ブラジルの通貨危機
1999年：アメリカN・Yダウの暴落，サマーズ財務長官「IMF機能縮小論」を表明
2001年：インターネットバブルの崩壊，9・11同時多発テロ事件の発生
2002年：アメリカ住宅価格の上昇が始まる
2006年：アメリカ住宅価格の下落が始まる
2007年2月：アメリカ・住宅ローン会社の経営危機が顕在化
　　　7-8月：アメリカサブプライムローン問題の深刻化
2008年3月：ベア・スターンズ証券会社関連企業の破綻，欧州でもサブプライム関連の損失拡大。イギリス・大手銀行HSBC（香港上海銀行）が最大約30億ポンド（約6200億円）に上る損失計上を発表。スイス金融大手UBS，イギリスのロイヤル・バンク・オブ・スコットランドに次ぐ規模での損失が発生。
　　　9月：投資銀行リーマン・ブラザーズ破綻

　特に，サブプライムローン関連の事態はいずれもアメリカの景気減速と金融市場の混乱の原因となっている（以上について，みずほ総合研究所編〔2007〕『サブプライム金融危機』日本経済新聞社；春山昇華〔2007〕『サブプライム問題とは何か』宝島社新書；倉橋透・小林正宏〔2008〕『サブプライム問題の正しい考え方』中公新書などを参照のこと）。

第Ⅲ部 反グローバリズムの潮流

2 市場のリスクと通貨・金融危機の発生

アメリカン・グローバリズムのもたらすものとは何か，具体的にみてみよう。

1970年代末以降のアジアの新興国の経済発展は目覚ましいものがあった。ところが，1990年代に勃発したアジア通貨危機は，事態を一変させる。その混乱は，1997年夏のタイ，香港，マレーシア，韓国，インドネシアなどに波及した。インドネシア通貨はわずか半年の間にドルに対して約7分の1も暴落した。そして，1998年夏には，ロシアがモラトリアム（債務支払いの猶予）を表明した。こうした危機の連鎖は，やがてアメリカにも飛び火する。1998年夏には，ニューヨーク株の暴落をもたらし，9月には，ヘッジファンドのLTCM（ロングターム・キャピタル・マネジメント）の経営破綻が表面化した。だが，事態はここで収束したわけではない。覇権大国アメリカが，新たな火種を蓄えていたのである。

そこで次に，ベア・スターンズ倒産の危機とサブプライムローン問題のヨーロッパへの波及に端を発した金融危機についてみておこう。

ウォール街のM&A（＝吸収・合併）の激しい動きについてみると，アメリカの証券会社の買収合戦は，1997年2月のバンカース・トラストによるアレックス・ブラウンに始まり，モルガン・スタンレーとディーン・ウィッター，同年夏にはINGによるフォーマン・セルツ，ネーション・バンクのモンゴメリー・セキュリティーズの買収と続いた。そして，9月には，トラベラーズがソロモン・ブラザーズを買収する。さらに，トラベラーズはシティーバンクと合併してシティーグループの一員となる。

ソロモン・スミス・バーニー（旧ソロモン・ブラザーズ）とトラベラーズとの関係について，モルガン・スタンレーから同社に移籍し，その**クオンツ**（高度な数式を行使する金融商品開発の専門家のこと）としてデリバティブ商品の開発・取引やリスク・マネジメントに携わった経験をもつリチャード・ブックス

クオンツ：高度な数式を駆使して，統計的な手法でデータを分析し，先行きを予測するトレーダーのことをさす。金融デリバティブ商品を開発するなど，確率論，統計学，金融工学などの専門家集団である。また，クオンツ理論は，ポートフォリオ選択に理論的な起源をもつとされ，様々な証券を組み合わせて，リスクを分散する手法が，70年代に始まる「証券化」の考え方につながった。

第9章　グローバリゼーションと市場問題

テーバーは，金融危機の発生原因が，突然の景気後退や天災などの「経済の不確実性にある」のではなく，「金融市場の複雑な構造に起因」するとし，「皮肉にも，規制が増えたことによって，そのリスクが増幅している可能性がある」という。しかも，「新古典派経済学の基礎となる最適行動に関するエレガントな数学的枠組みは，現実の人間の行動とは相容れない。人は，統計分布では表されない現実世界のリスクと向きあって」おり，「この行動は新古典派経済学のある理論を反駁することにもつながる」と述べている（R．ブックステーバー／遠藤真美訳〔2008〕『市場リスク暴落は必然か』日経BP社）。

　2001年1月に政権についたブッシュ大統領は，白人は4分の3が自分の家をもっているのに対して黒人やヒスパニックなどの貧困層の半数が住宅を所有していないことに着目し，こうした貧困層に家をもたせることこそが，「アメリカン・ドリームを実現させる道」であるとして「住宅政策」を打ち出した。これが，今日の「サブプライムローン問題」のそもそもの発端となったブッシュ政権による「住宅持ち家政策」であり，今日の危機のきっかけを作ったのは，他ならぬブッシュ大統領自身であった，ということである。しかも，これには，さらなる裏話がある。貧困層に対して住宅購入時に「サブプライムローン」という形での資金を貸し付けることを考え出したのは，ブッシュ陣営に選挙資金を提供した人物である。

　そこで，この間の事情をみておこう。アメリカの住宅価格が2006年7月をピークに下落し始めたのである。これによって，シナリオは変わった。住宅価格の上昇を前提に自己の家屋を販売してきた所有者は，価格下落で自分の家を転売することができなくなったからである。

　米証券取引委員会元委員長（2001～03年）ハーベイ・ピットが後に証言したように，「銀行のようなマネーのプロたちでさえこの先どうなるかわからないという状態に陥った」のである。そして，大手証券会社ベア・スターンズがよもや倒産という危機に陥った際，JPモルガン・チェースが資金供給して救済役を買って出た（2008年3月）が，政府も90年代のS&L危機のときと同じように「公的資金」を投入すると表明した。2007年，カリフォルニアのビーチファースト銀行は，ベア・スターンズの他にも25の金融機関に「サブプライ

ムローン」を販売していた。

　やがて，サブプライムローン問題は，地方に飛び火する。サウスカロライナ州のある地方銀行は，住宅貸し付けだけでなく，通常の貸し出し業務を縮小させ，以前にも増して慎重に資金提供先を選別するようになった。いわゆる「貸し渋り」である。ブッシュ大統領（当時）のいう「アメリカン・ドリーム」はこうして打ち破られた。住宅ローンを返済できなくなった人々は，銀行から借金返済に代わってやっと手にした住宅の明け渡しを迫られた。

　FRB（連邦準備制度理事会）は，「低金利政策」を復活させた。中央銀行の「悪夢」が始まった。FRB議長（当時）グリーンスパンは，自らの信条である「市場原理」をより重視する立場から，過度な介入を避けていた。こうしてアメリカの金融機関からあふれ出た資金は，投機に向かった。投機の主役は，短期に大量の資金を運用するヘッジファンドばかりでなく，「カルパース（カリフォルニア州の退職者年金基金）」のような機関投資家も参加する。そして，一方では，「大恐慌以来の経済危機」が懸念され始める中で，市場にあふれた過剰な投機マネーが行く先を原油先物市場に振り向けたため，他方で，強大な投機資金となってガソリン価格を押し上げ始めた。自由主義経済を標榜するアメリカ市場では，過剰な資金の動きを「規制する」ことはタブーである。マネーの暴走をだれも止められない。

　100年に一度あるか無いかの危機に対処するため，アメリカ政府は，一方で，間接的ながら「公的資金」を投入して巨大金融企業を救済し，他方で，投機マネーは止められないとして市場の規制には反対する。こうした相矛盾する行為に対しても，自らは何ら疑問をもつことなしに平然とそれを実行することこそが，まさにアメリカ資本主義にとってばかりでなく，グローバル化した資本主義にとっても未曾有の深刻な事態を生み出したのである*。

　　*　以上のような金融の不安定性について，H. ミンスキーは，だれが不安定をもたらすのかを，次のように述べている。すなわち，金融機関による「ヘッジ金融」，「投機的金融」，「ポンツィー金融」に関して，短期のキャッシュフローを重視するあまり，利子の資本化を伴うような「無責任な」資金調達が行われることで，脆弱な金融構造を出現させ，金融に不安定をもたらしやすい，と指摘する（H. ミンスキー／吉野純・浅田統一

郎・内田和男訳〔1989〕『金融不安定性の経済学』多賀出版，第3部第9章「金融取引契約と不安定性」242-273頁，を参照）。また，グローバリズムと通貨危機との関係について，アイケングリーンは，グローバル経済の下で各国が採用する通貨制度のあり方として，中国などの「ドル・ペッグ制」や「インフレ・ターゲットゾーン制」などは，一部の例外であり，各国はいずれ「変動相場制」か，ユーロのような「地域通貨制」を採用せざるをえなくなる，としている（B. アイケングリーン／藤井良広訳〔1997〕『21世紀の国際通貨制度——二つの選択』岩波書店）。さらに，自身がヘッジファンド・マネジャーでもあるジョージ・ソロスでさえ，国家のコントロールは不能となるという。もちろん，いうまでもなくソロス自身は資本主義の「不安定性」を危惧するだけで，根本的な変化を望んでいるわけではない。したがって，当然のことながら，「トービン・タックス」のような投機マネーの規制についても言及していない（J. ソロス／大原進訳〔1999〕『グローバル資本主義の危機』日本経済新聞社）。

ところで，以上のような容易に投機マネーに変身し，短期の移動を繰り返すグローバル資本の行動をいかに規制すべきであろうか。これは，トービン税は導入可能か，という問題に帰着する。世界的な通貨危機を引き起こす可能性のある「投機マネー」を規制する方法の1つに，トービン税がある。グローバル化の進展に伴って，各国の通貨を為替市場で短期間に取引して金利差を稼ぐ手法が盛んになったが，1990年代になると，ヘッジファンドが投機的な売買を強めた結果，各国に深刻な経済危機をもたらすこととなった。

このトービン税は，1970年代後半にアメリカのケインズ経済学者であるジェームス・トービンによって国際的な投機資金の移動を規制するために低率の税を課すことが構想された。そして，アジアの通貨危機以降，ヘッジファンドなどによる「投機マネー」の抑制に一定の効果が発揮できるものとして再び注目された。2004年にはベルギーで実際にこの税が導入され，フランスでも導入のための法案が議会を通過した。しかしながら，この税の実施には，世界の主要各国が同時に導入する必要があるとされており，しかも，課税の対象であるヘッジファンドが各国の課税権が及ばない「タックス・ヘイブン」に逃避するので，効果的な実現は難しいとされている。また，課税により国際貿易が阻害される恐れがあるとの意見もある。とはいえ，巨額の資金を動かすファンドは，いずれも先進国企業であり，補足は十分可能であって，課税も広く・薄くが原則とすれば，むしろ為替取引が安定する分だけ，貿易はそれで促進され

るといえるわけで，マイナスよりもプラスの効果のほうが大きいといえよう（トービン税をめぐる議論については，さしあたり，伊東光晴〔1999〕『「経済政策」はこれでよいか』第2章「世界経済危機の本質」，岩波書店；益田安良〔2000〕『グローバルマネー』日本評論社などを参照のこと）。

③　アメリカ資本主義の行方とグローバリズムの功罪について

　アメリカ主導のグローバリゼーション，すなわち「パックス・アメリカーナ＝トップランナー」の交代はあるのであろうか。さらには，食料・資源・水の争奪戦が激しくなりつつある現状も直視する必要があろう。

　資本主義の発展という面からみれば，グローバリゼーションは，先進国にも発展途上国にとっても，経済成長にプラスの面とマイナスの面とをもっている。各国は，それぞれ異なる文化，歴史，伝統がある。法的制度も同様である。遅れて経済発展を経験する途上国にとっては，先進国の発展を手本にし，その経験（失敗策も含めて）を生かせるという点ではプラスであるが，一国の国民経済に対して外部からアメリカ流の「グローバル・スタンダード」なるものを強要するのは，グローバリズムの負の側面といえる。しばしば問題とされるアメリカン・グローバリズムは後者にあたる。

　グローバリゼーションが不可避であるとすれば，それぞれの国が独自の政策判断をしながら，自国の市場に対する制度改革なり，政策手段を採用するという自立的な対応があってしかるべきである。

　かつて，イギリスの経済学者アダム・スミスは，国内における産業の振興，とりわけ製造業の健全な発展こそ「国富」の源泉である（実は労働力こそが真の源泉）と指摘した。彼は，その意味で，国外の資源に依存するやり方，すなわち海外からの製品輸入や大陸への商品輸出で外貨を稼ぐ「重商主義」を厳しく批判した。今日でも同様である。今日の多国籍企業は，グローバル化の名の下に，国内よりもむしろコストの安い海外での生産活動に自己の資金投入を強める傾向がある。

　また，食料問題でも，国家としては自国の食料自給率が低下するものの，グローバルに利潤追求する多国籍企業にとっては，そんなことにはお構いなしで

ある。企業活動をグローバルに展開し，結果としてより大きな利潤さえ稼げれば，ある国の自給率が低下しようがしまいが，関係ないのである。

　ところで，アメリカの「貧困」と「所得格差」拡大の問題について，アメリカ経済のグローバル化がどの程度に影響しているか。中尾武彦によれば，その原因は，①IT中心の技術革新で労働生産性に偏りが生じた。②グローバル化で低廉な輸入品が流入したり，低賃金国への事務作業がアウトソーシングされたりした結果，競合分野での賃金上昇に圧力がかけられた，③技能をもたない移民の流入で労働者全体の賃金上昇を妨げていることによる，④労働組合の組織率低下や社会民主主義思想の後退で賃金交渉力が弱まった，⑤最低賃金の改定が遅れたこと，⑥経営幹部や企業上層部の報酬が過度に高まったこと，などをあげている（中尾武彦〔2008〕『アメリカの経済政策』中公新書）。

　グローバル化は経済的な強さをもたらしていると同時に，反面で，様々な格差を増長させてもいる。格差が広がる勢いが狭まる勢いを上回っていることに主因がある。

　こうした今日の「株式会社アメリカ」のあり方に疑問を投げかけたのが，ジョン・C・ボーグルである。ボーグルは，「オーナー資本主義」から「マネジャー資本主義」へのシフトに伴い，「カリフォルニアの年金基金」の運用と利益配当のあり方について，ファンドのマネジャーが正常な報酬以上の金を手にした事実に疑問を呈している。もちろん，ボーグルはアメリカ資本主義の「安楽死」をめざそうというのではない。むしろ，かつての栄光を如何にしたら取り戻せるのか，経済危機の真因を明らかにして，軌道修正を図ろうというのが，真の狙いである（ジョン・C・ボーグル／瑞穂のりこ訳〔2008〕『米国はどこで道を誤ったか』東洋経済新報社）。度重なる経済危機が資本主義経済の根幹をも揺るがしかねない事態が生じたことに対して，危機感を抱いたからである。しかも，バーリ＆ミーンズのいう「所有と経営の分離」が極端に展開されていることが，今日の危機を増幅させているともいう。これは，サブプライムローン問題の発生という事態をみれば明らかである。最近，こうした状況を捉えて，これまでの覇権国家アメリカの凋落が始まったとの理解が生まれている。もちろん，ドルが弱まりつつあるのは確かである。とはいえ，こうした事態は一朝

一夕に進むはずがないのであり，かなり長い時間を要するものといえる。

4　アメリカ企業のグローバル化の諸相

　グローバリゼーションの進展により市場の均一化が図られる。一方では，グローバリゼーションが貧富の差，所得格差を拡大しながらも，他方では，同じ過程が一国の経済の平均レベルを押し上げることで，これまで以上に市場が拡大する。

　アメリカのサブプライム問題を契機に，日本と北米，アジアとの関係が変わろうとしている。それは貿易構造の変化となって現れる。日本の輸出先であるアメリカ経済がサブプライム問題の発生で不調であるため，アジア，特に中国へとシフトしつつある*。

　　*　2007年には，日本から中国への輸出がアメリカへの輸出を金額ベースで上回った。

　アメリカは，「自由貿易」を標榜するが，時と場合によって自らの立場を使い分ける。その1つの例を，スティグリッツは，次のように指摘する。労働市場の「自由化」論議については，ウルグアイ・ラウンドでサービス分野まで交渉の範囲を広げたが，その際，対象となったのは，銀行や保険やITなどアメリカが優位性をもつ分野だけ，海運や建設などの非熟練労働サービスは，すべて対象外となった。これは，アメリカ海運業が，優位性をもっていなかったからである（スティグリッツ〔2006〕前出第3章「アメリカを利する不公正なシステム」徳間書店）。

　また，クリントン政権下で労働長官を務めたロバート・ライシュは，アメリカのグローバル化が1970年代に始まったとして，「グローバル化を引き起こした重要な要因は，冷戦に関連した輸送・通信技術の数々だった。貨物船や輸送機，海底ケーブル，鉄鋼製コンテナ，そして大陸間の電気通信を可能にする衛星。これらが地球上のある地点から別の地点へと物資を運ぶコストを劇的に引き下げたのだった」と述べ，この物資輸送用コンテナは，ベトナム戦争以後に広く使われるようになったこと，アメリカの船社はアジアから空のままでコンテナを戻さずに，途中日本に寄港させて時計，テレビ，台所用品などを輸送し

第9章　グローバリゼーションと市場問題

たことで，日本からアメリカへの輸出を増やす結果となったという（ロバート・B・ライシュ／雨宮寛・今井章子訳〔2008〕『暴走する資本主義』東洋経済新報社，81-82頁）。

そして，アメリカ企業が輸送・通信技術の発展を利用して海外に工場を作り，必要な部品を外国企業から調達したこと，すなわちサプライチェーンの高度化が寄与したことも指摘している。このようにして成長したグローバルなサプライチェーンは，商務省のデータによれば，1990年代に海外で操業するアメリカ企業からの輸入全体の約45％を占めるようになり，さらに2006年には約48％にまで達したという（ライシュ〔2008〕84頁）。

1　グローバル・ロジスティクスとSCM

次に，**ロジスティクス**に関係が深い**ICタグ**をめぐるアメリカ企業の戦略についてみておこう。

世界最大のアメリカの小売業ウォルマートは，2004年5月テキサス州においてICタグの導入を試みた。取引先であるジョンソン・アンド・ジョンソン

ロジスティクス：本来は，軍事用語で，「兵站」と訳されている。戦時に軍需物資や兵員を後方（拠点）から前線（拠点）の部隊に向けて，迅速かつ効率的に補給することが目的である。ビジネスの世界では，1960年代にこの考え方が応用され，工場から倉庫などの拠点間で，効率とコスト削減を目的とした物資輸送のことをさす。ビジネス分野では，「ビジネス・ロジスティクス」と呼んでいる。

ICタグ：ICタグは，物流分野の応用として物流業務を飛躍的に効率化・省力化するとともに，製品の販売動向をネットワーク経由で瞬時に製造拠点に伝達することで，JIT（ジャストインタイムシステム）の製品補充や在庫削減を可能とする技術である。アメリカ政府は企業との連携による実証実験で，①低廉なICタグの開発，②ビジネスモデルの構築，③国際標準化，などに取り組んでいる。ICタグに内蔵されるICチップは，半導体集積回路（Integrated Circuit）をパッケージ化したもので，これにアンテナを付けて読み取り装置などとの間で，無線によって情報のやりとりを行う。これには，JR東日本の「スイカ」や携帯電話「エディ」などに利用される非接触型ICカード，商品管理などに利用されるICタグ（電子荷札）がある。このICタグの利用は，食品（肉や野菜，果物），アパレル，自動車，航空機など幅広い産業が対象となる。現在日本では，食品のトレイサビリティー情報として原産地・生産者・品質・消費期限などの情報管理を，ICタグによって行っている。また，物流の現場では，貨物の管理に応用しようとしており，ICタグによる情報でその行く先を管理することができる。欧米の物流市場が世界全体の9割を占めるが，そこでの特定の規格を有したICタグの利用・普及が，ただちに「グローバル・スタンダード」への最短距離となる。アメリカのICタグ普及団体であるEPCグローバル（コンピュータ企業とメーカーなどの関連企業で組織する団体）は，それを念頭に入れてICタグの普及に力を注いでいる。

(J&J), プロクター・アンド・ギャンブルなどの日用雑貨品メーカー8社との間でICタグの利用を目的とする提携を行い「製・販同盟」化に乗り出した。メーカー側は，自社商品やケースにICタグを装着し，そこから発信される情報を無線で読み取る方式で，商品などの情報を一元的に管理することが可能となった。これにより，自社の商品が，メーカーとウォルマートの間の流通段階のどこにあるかも簡単にトレースしてその場所を把握できる。

また，海上コンテナ輸送におけるICタグの利用でも，情報技術が一役買っている。コンピュータによる情報の把握は正確であるため，一定の規定値を超えた場合，ある種の制限を設けることによって，いろいろと用途が広がることになる。例えば，「規程重量測定（コンテナ内積み荷の重量オーバーをチェックする機能）」では，一定の重量以上になるとICタグに書き込まれた情報が働いて，コンテナの扉が閉まらなくなるように予め設定しておくことで，積み荷の重量オーバーをチェックできる。すなわち，コンピュータ管理が可能となる。

ここで，アメリカ製造業のグローバル戦略について，中国とアメリカとの物流システムの現状を，また，小売業によるグローバル戦略と国際ロジスティクスと**サプライチェーン・マネジメント**の展開についてみてみよう。

グローバル・ロジスティクスの一例としてナイキ（本社：米・オレゴン州ビーバートン）の場合を取り上げる。ナイキは，スポーツ用品専門メーカーとして大衆靴を高級なファッション性のある高機能製品に作り替えた。同社の製品は，オレゴンとテネシーでデザイン化され，オレゴンと台湾，韓国などで生産されている。グローバルに展開する同社にとって，戦略的な重要課題となったのが，世界中のマーケットに完成品を送り込むための情報システムとロジスティクスであり，欧米の主要な市場に同社製品を供給するためのサードパーティーに依存したサプライチェーン・マネジメントである。

次に，JCペニー（テキサス州ダラス市，小売業：百貨店）の例は，同社がクリ

サプライチェーン・マネジメント（**SCM**）：コンピュータを利用して商品，資材や資源を最適に管理しようとする経営手法のことをさし，受発注，資材調達，生産管理，在庫管理，物流など自社内の業務のみならず取引先の各部門と相互にネットワークで結んで，コスト削減を実現するための効果的な統合管理をいう。ロジスティクスが一企業の戦略に関わる概念であるのに対して，SCMは，複数の企業にまたがり，共通利益の実現をめざすとされる。

スマス商戦前の10月中旬にセールに間に合わせるようブーツを1800足発注する。発注先は，中国広東省にある工場で，そこではブーツの製造を行っている。周知のように，中国の場合，人件費が欧米諸国の10分の1という安さであり，しかも品質を落とさずに2日間で平常の2倍を増産させる。そこでものをいうのが，JIT（ジャストインタイム）生産方式である。これは，いうまでもなく「店頭での品切れ防止」と「無在庫」を同時に実現させる方法（＝トヨタ式）である。工場では，1時間あたり72足のブーツを製造する。

物流についてみると，工場で製造されたブーツは，およそ10日間でアメリカ・ロサンゼルスまでコンテナ輸送される。これは，海運ブローカーのMJ社が担当する。このほかに日本郵船のコンテナ船（米―中間航路：30隻運航）を利用するコースもある。ロジスティクスの経路は，広東省工場トラック輸送→香港空港［コンテナ船輸送→物流センター（ロサンゼルス）］→ケンタッキー州ルイビル空港へUPS（全米第1位の物流業者）による空輸→物流センター（ロサンゼルス）→高速トラック輸送（ホットシップメント便）［通常は鉄道輸送］→現地小売各店へ，となる。

以上は，アメリカ企業の経済活動のグローバル化に伴う企業の物流効率化の取り組みの具体例である。物流の国際化による企業のIT活用と最適物流計画の立案にとっては，リアルタイムの進捗管理を可能とするグローバル・サプライチェーンマネジメントが必要とされている。それには，①海外生産部品を輸出側と輸入側の双方で集約する方式（「Vender to Vender」事業）と，②複数の発荷主から配送貨物を集荷する（ミルクラン物流）方式，とがある。いずれも，オペレーションの効率化，物流コストの低減，リードタイムの短縮，在庫低減等の取り組みといえる[*]。

* 東アジアにおける物流インフラ整備のニーズについては，経済産業省編（2006）『新経済成長戦略』（（財）経済産業調査会，276-277頁）を参照。なお，国際物流をめぐる問題点としては，①原油価格の高騰による燃料費上昇，②中国の生産増加（「世界の工場」化）のよる船舶需給の逼迫状態，③人件費の高騰などがありうると指摘している。また，貿易論の立場から，福田邦夫・小林尚朗編（2006）『グローバリゼーションと国際貿易』（大月書店）が各国の貿易の現状を紹介している。

2 多国籍アグリビジネスの支配：食料資源をめぐる国際的な競争の展開

アメリカの「穀物メジャー」カーギル（ミネアポリス），コンチネンタルの両社が，世界の穀物取引市場において50%を支配している。ここでは，多国籍アグリビジネスの支配強化と「食料危機」の背景を考えよう。

WTO（世界貿易機関）による農産物自由化の影響を考えると，各国に市場開放を迫ることは，結果的に多国籍アグリビジネスに有利な状況を生み出すことになり，発展途上国のみならず先進国の農業にも歪みをもたらした。すなわち，一方では，途上国の農業生産が以前にも増して後退し，農村地域の衰退を加速化させた。他方，それらの国々からの農産物に依存する先進国側においても，伝統的な食生活を崩壊させ，農産物自給率低下にみられるような事態を生み出した。

2007年頃から顕著となった国際的な穀物価格の高騰は，新興国の経済成長から需要が急増したため，世界規模での農産物需給関係のバランスが崩れたことによるものとされているが，実際は，多国籍アグリビジネスの支配強化と農業生産の不安定化，途上国での消費の拡大，バイオ燃料の増産要求などに起因する。しかも，その背景にブッシュ政権のエネルギー政策転換が横たわる。

3 アメリカの石油獲得戦略：石油市場をめぐる混乱

マイケル・クレアは，アメリカの石油獲得戦略を追究する中で，「最も重要な発見は，アメリカ経済が活力を保ち，成長を続け，いかにもアメリカらしい生活様式を守るためには，安く豊富な石油が不可欠」（マイケル・クレア／柴田裕之訳〔2004〕『血と油』NHK出版）ということであると述べている。すなわち，本来，アメリカを強国として維持するはずの戦略が，逆に自分の首を絞める形になりつつあり，現在の原油価格の高騰は，あらゆる意味でアメリカにとって矛盾したものとなっている。

彼はまた，中国の台頭と中東地域への影響力の拡大は，両国間に危険な緊張関係を醸し出すという意味で，最も注目すべき事柄だともいっている*。

* 2008年のガソリン価格上昇の要因について，岩間剛一によれば，①新興経済発展諸国，とりわけBRICs（ブラジル，インド，ロシア，中国）による石油需要の増加，②アメリ

カ最大油田地帯の瓦解（アラスカ産原油の供給源：北極海プルードベイ油田の生産停止），③中東情勢の先行き不透明に伴う地政学リスクの高まり，④ニューヨーク原油先物市場への投機資金流入，が指摘されている。しかも，アメリカの場合，日本とは異なり，石油企業は短期的な利益の追求に走りがちであるのに対して，日本企業の経営戦略は，市場の論理よりもエネルギーの安定供給を重視する傾向がある。とはいえ，日本の場合，これによって，国内の実需に比べて2割もの過剰な精製設備投資の存在やガソリンの販売競争の温床ともなっているとしている（岩間剛一〔2007〕『「ガソリン」本当の値段』アスキー新書）。

4 グローバル化と環境破壊の問題：地球環境問題と食料・資源戦争の勃発

これからの地球温暖化対策にとって重要なのは，燃料電池，太陽光発電，風力・潮力発電，メタンハイドレートなど新技術・新燃料の開発であり，この開発をめぐって競争が激化している。地球環境問題への対応では，国や企業相互による「協力と協調」の思想が大事である。地球資源は有限で，「成長の限界」（ローマクラブ）を見極める必要がある。

経済のグローバル化が環境に及ぼした影響について，デビット・コーテンは，廃棄物や公害までもが外国に輸出されるようになり，「富裕層が貧困層に環境コストを押しつける機会がこれまで以上に増えた」として，具体例に，日本企業の場合を紹介する。「日本は国内のアルミニウム精錬量を120万トンから14万トンに減らし，現在はアルミニウムの90％を輸入している……」現地企業がアルミ精錬工場を稼働させた結果，地域の水源が汚染され，漁獲量や米の収穫量も減少し，森林破壊も進んだ，として，日本アルミ精錬企業によるフィリピンでの「公害輸出」の事例を告発している（デビット・コーテン／西川純監訳，桜井文訳〔1997〕『グローバル経済という怪物』シュプリンガー・フェアラーク東京，40-41頁）。

地球上の資源は無尽蔵ではない。限りがある資源をいたずらに浪費することはもはや許されない。グローバリゼーションは，われわれに持続可能な成長ははたしていつまで可能であるのかを問いかけているといえる。

第Ⅲ部　反グローバリズムの潮流

5　グローバリゼーションのゆくえを考える

　グローバリゼーションのゆくえを考えるとき，反グローバリズムの台頭は見過ごせない。国民国家の国境を越えて多国籍企業による生産・取引活動の展開が拡大するにつれて，様々な社会問題が発生したことから，こうした企業に反対する行動が展開されるようになった＊。

> ＊　スティグリッツ等は，反グローバリズム運動の台頭と社会的連帯・共生を強調する。そして，格差を生まない経済システムの追求こそが必要とされているという（J. スティグリッツ，A. チャールトン／浦田秀次郎監訳，高遠裕子訳（2007）『フェアトレード』日本経済新聞社，などを参照のこと）。

[1]　グローバリゼーションと反グローバリズム：グローバリズム批判の台頭

　市場原理主義や新自由主義（ニューリベラリズム），さらには「ワシントン・コンセンサス」などに代表されるグローバリズムの潮流に対して，反グローバリズムの動きが台頭してきた。すなわち，労働組合，市民団体，NPO（非営利組織）やNGO（非政府組織）などの運動であり，これらは，「下からのグローバリズム」ともいわれている＊。

> ＊　反グローバリズムには，次のような3つの類型がある。
> 　①地域主義（EU，東アジア共同体構想など地域協力の動き），②市民社会運動（市場経済化の弊害による社会問題・貧困化・人権抑圧・環境悪化などの発生に対して，政策提言により対処していこうという運動），③テロリズム（穏健な行動ではなく，過激な行動や脅しによる対応の動き）である。

　IT（情報技術）が急速に普及した今日では，情報ネットワークを通じての情報の共有や交換が容易に可能となる。企業の行動を監視し，場合によってはネット上で社会問題として告発することができる＊。

> ＊　世界的な規模で進展するグローバリズムに対して最初に反旗を翻したATTACというNPO組織がある。1997年，ルモンドの編集長が，「トービン税」導入に関する記事を書いたのが契機となり，1998年6月にフランスで創設された。欧米各国などにも組織が次々と広がり，日本では2001年にATTAC JAPANが結成され，その後，京都や北海道

などにも支部ができている。2001年から，先進各国による国際会議である世界経済フォーラムの開催に対抗する形で，世界社会フォーラムを主宰したり，欧州社会フォーラムを開催したりするなどして，途上国の貧困問題や不公正な貿易のあり方を議論するなど，グローバリズム批判の運動を展開している。

2 グローバリゼーション下の国家と市場との関係

　グローバリズムは資本主義の「破局」をもたらすか，との問いかけに対して，スーザン・ストレンジは，地域主義の台頭を指摘する。すなわち，グローバリズムに対しては，他方で，国民経済を擁護するために，海外での生産や食料の輸入に依存するのではなく，自国の食料を自給できる農業生産を重視する，地域主義（ローカリズム）が台頭するという。

　しかも，ストレンジは，過剰資本の顕在化と市場のコントロールの必要性を訴えている。何回かの通貨危機にみられるように過剰な資本が市場に猛威をふるうことになる。なるほど，資本移動がますます国際化し，情報ネットワークを武器にスピードを増したことで，一国の政府がこれらの資金の動きをコントロールしにくくなったことはたしかである。したがって，ストレンジのいうように，グローバルなマッド・マネーの国境を越えた活動を効果的に制御することは難しいのかもしれない。その意味では，まさに国家の主権を超えた『国家の退場』（S. ストレンジ；「退場」retreatとは，「撤退」の意味）が現実のものとなる可能性がある。こう理解するのはあながち間違いではないかもしれない。とはいえ，政治や経済は，今日においてもなお，国民国家を基礎にする。

　また，R. ギルピンは，グローバリゼーションとは，冷戦終局後の「米国一極支配」であるとの立場から，金融危機，経済格差の拡大，不安定化する世界と支配への反発，として捉えている（ロバート・ギルピン／古城佳子訳（2001）『グローバル資本主義　危機か繁栄か』東洋経済新報社）。

　伊豫谷登士翁の場合は，21世紀のグローバリゼーション研究の課題として，①植民地支配から脱却した諸国が，いぜんとしてこれまでの帝国主義的な支配の枠組みから解放されないというような，世界秩序の文化的かつ経済的な支配様式は，まさにグローバリゼーション研究の課題であり，②こうした政治や経済が文化的形態をとって支配を浸透させる装置をも含めた全体像であり，帝国

第Ⅲ部　反グローバリズムの潮流

▶▶ *Column* ◀◀

もう1つのグローバリゼーション

　榊原英資は「食のグローバリゼーション」に注目し，マクドナルドに象徴的な「食」の分野での大量生産・大量消費，すなわち「食の工業化」を批判します（榊原英資〔2008〕『食がわかれば世界経済がわかる』文春文庫版）。アメリカの巨大化したファストフード産業は，経済効率を極端に追求する反面で，世界中の人々の健康と食文化を脅かす元凶となっています。コカコーラのような飲料水の量産化と大量販売，ハンバーガーやフライドチキンに代表されるファストフードこそが，アメリカの食料侵略であるといいます。その典型例は，狂牛（クロイツフェルト・ヤコブ）病の発生という問題であり，本来ならば草食であるはずの牛に，肉骨粉の形で羊の骨や肉を与えた結果発生した，と述べています。

　最近の日本は，貧困な農政のおかげで，食料自給率が4割を下回っています。こうした日本農業の現状を考えると，今後も食料の輸入に依存せざるを得ない状況におかれているのはたしかです。しかし，中国など工業化を推進する新興の経済発展国は，これまでのように食料輸出国のままでいられなくなっています。自国の経済成長で，国内需要が高まりつつあり，これまでは日本などの外国に食料を輸出してきた国々が，これからは輸出を制限するという動きも伝えられています。そうした場合，食料自給はどこまで回復できるか，果たして国民への食料供給は十分に保てるか，という問題も生じています。遺伝子組み換え穀物など安全が疑問視された食料の輸入に頼らずに，食の安全を確保しつつ，自給率を向上させていかなければならないことを，「もう1つのグローバリゼーション」が教えています。

主義や植民地主義といわれてきた支配に代わる世界秩序（あるいは無秩序）の現代的形態に関する研究，であるとする。

　そして，「グローバリゼーションは，一般的には，国境を越えるヒト・モノ・カネそして情報や技術の動きの拡大を意味し，そうした越境的な状況を指す語と理解されてき」たのであり，「多国籍企業による世界的統合化，金融による世界支配，世界的規模の移民，メディア産業の発達，文化の均質化等のテーマ」が問題とされてきた（伊豫谷登士翁〔2002〕『グローバリゼーションとは何か』平凡社新書）。

　さらに，デビット・コーテンによれば，グローバル経済の先進国においても「貧困」が見いだされ，人間不在となっている。したがって，これを変革し，

第9章 グローバリゼーションと市場問題

市民社会を復権しなければならないとしている（デビット・コーテン／西川潤監訳，櫻井文訳〔1997〕『グローバル経済という怪物』シュプリンガー・フェアラーク東京）。そして，コーテンは，貨幣中心の市場経済から人間中心の社会をめざすことの大切さを主張する（デビット・コーテン／西川潤監訳，松岡由紀子訳〔2000〕『ポスト大企業の世界』シュプリンガー・フェアラーク東京）。

[推薦図書]

今宮謙二（2005）『動乱時代の経済と金融』新日本出版社
　国際金融論の立場から，金融危機の実態とその本質に迫る分析を行っている。日本経済の「失われた10年」は，何が原因であったのか。グローバリゼーションの下で日本の金融ビッグバンが実行されたが，その後の金融再編とメガバンク誕生の背景などを明らかにする。

森岡孝二編（2006）『格差社会の構造　グローバル資本主義の断層』桜井書店
　ホワイトカラーエグゼンプションの問題点，ニートやフリーターなどグローバル化が進展する中で若年労働者の非正規雇用の増大，所得や教育，医療などの格差の広がりと失業者をめぐる労働政策の問題点などに焦点を当てた考察を行っている。

奥村皓一（2007）『グローバル資本主義と巨大企業合併』日本経済評論社
　主に欧米の先進資本主義各国における自動車産業や石油産業，銀行業，通信・メディア産業などで展開されている巨大企業間のM&Aを紹介する。国境を越えたM&Aの波は，アメリカ主導のグローバリゼーションにとって推進力となっているが，その実態を明らかにする。

[設　問]

1．グローバリゼーションは，資本主義経済の発展にとってどのような影響を及ぼすと考えられますか，あなたの見解を述べてください。
2．グローバリズムとグローバリゼーションとは，異なる意味に理解されると考えられますが，両者の違いについて説明してください。

（青木俊昭）

第10章 グローバリゼーションと異文化経営

近代化の過程では欧米のビジネス・モデルに従うのが当然で，グローバル・ビジネスにおいてもそれにあまり変わりはありません。ビジネス文化の同質化は進展する一方です。しかし他方，文化的固有性を前面に打ち出して登場した新市場が，イスラーム金融市場です。これはいったいどのようなビジネス・エートスに支えられているのでしょう？ 本章では倫理的なビジネスのモデルの1つとして，イスラーム的経営の特徴をみていきましょう。

1 グローバル市場における経営と文化

1 文化の表象としての製品

異文化経営と呼ばれる領域は，研究領域としては比較的新しい。しかしグローバル経営の現場においては，企業戦略の一端を担う重要なスキルとして，年々，その重要性は増している。ただし経営における文化的要素は，これまでも実務者個人の経験の蓄積としてビジネスには重要な役割を果たしてきた。しかしそれは個人的経験にとどまる傾向が強く，それが客観的に体系化され，経営システムに反映されることは一般的ではなかった。

そもそも文化とは何か。その概念は多岐にわたるが，それらをまとめると，信念，道徳といった価値体系とその実践および表現としての慣習，芸術，生活様式といった行為体系からなる複合体であり，それは集団や組織に属する人々の連帯を支えている。文化を意味する culture の原義は「耕す，培う，滋養す

異文化経営：これは多義的な用語である。英語では，managing cultural differences, managing across cultures, transcultural management, multicultural management, cross-cultural management などと表現され，その意味合いは，経営における「文化的相違を管理する，超克する」というものから，「文化的多様性の共存をはかる」というものまで広範である。

る」という意味であり、本来、自然に対しての働きかけであったが、それが人間の精神に対しても用いられ生活一般にまで及ぶようになった。(伊東俊太郎〔1995〕『比較文明』東京大学出版会)。つまり人間を育む習慣から様式、社会、道徳、価値観など、様々なレベルが文化的総体を形成しているのである。

19世紀の産業革命以降、動力機械によって生産された製品は、西欧文化を携えて非西欧諸国に大量に流入した。その結果、西欧の生活様式そのものが西欧諸国からその他の地域に移入され、近代化と一体となる形で文化的変容が非西欧諸国にもたらされた。この段階では、軍事的・政治的優位性にも支えられた西欧諸国の売り手市場であり、輸入国の文化的固有性は問題として浮上することはない。

欧米諸国にみられる**エスノセントリズム**の傾向は、近代市場の拡大や企業経営にも反映されており、西欧的近代化が世界の潮流であった時代には、それは当然のこととして大した問題とはならなかった。しかし西欧諸国に属さない日本が経済成長を遂げ世界の先進国の仲間入りを果たした頃から、欧米文化中心主義の傾向が経営の領域においても明らかとなってきた。例えば1980年代に顕著となった**日米貿易摩擦**は、ある意味では文化摩擦である。自動車に関しては貿易戦争とまでいわれた。価格競争もさることながら、日本車は相手国の顧客のニーズを汲み取って製造され、米国市場においてシェアを拡大し続けたのに対し、アメリカ車はこれまでの売り手市場的な姿勢を変えず日本の顧客には受け入れられなかった。これは当然のことのように思えるが、アメリカのエスノセントリズムの観点に立てば、アメリカ製品を受け入れない日本に非がある。

この点に関しN. アドラーは、アメリカの経営者や経営学者の間では、アメリカ式の経営や行動様式が普遍的で高度であるという観点が根強いという点を指摘している。(N. J. アドラー／江夏健一・桑名義晴監訳、IBP国際ビジネス研究

エスノセントリズム:自文化中心主義、自民族中心主義と訳される。自文化の価値を異文化の価値よりも高くみなし、自文化の価値観で異文化をながめ、異文化の人々や生活習慣を劣位にみなすこと。
日米貿易摩擦:1970年代以降、アメリカは日本車の対米輸出超過に対し、日本にオレンジなどのアメリカ産農産物の輸入拡大や、内需拡大を要求した。アメリカは日本の商習慣も非関税障壁の一種に等しいと主張し、1980年代以降の日米構造調整を経て、日本は2000年以降の小泉改革に代表される構造改革へとつながっていく。

センター訳〔1998〕『異文化組織のマネジメント』セントラル・プレス；櫻井秀子〔2003〕「経営の国際化と異文化経営」中村瑞穂編『経営学——企業の経営と理論』白桃書房）。またモータリゼーションによって国家構築を行ってきたアメリカにとっては，アメリカ車は国家繁栄とアメリカ文化のシンボルそのものであり，そこに切り込んだ日本車が文化摩擦を引き起こすことは当然のことであったといえよう。

　しかし日本の立場からすれば，日本は後発で市場参入し，その相手市場が一層成熟していたため，市場をこじ開けるというよりも，市場に浸潤していくような形でシェアを拡大する必要に迫られていた。技術と価格の優位性はもちろんのこと，相手の好みとニーズにこまやかに対応する文化摂取の戦略も，日本ブランドの名を高めていくためには当然の経営戦略となった。

　現代のグローバル化が進展する以前は，自文化中心的であれ，異文化順応的であれ，製品や技術は，文化のあらわれの1つであった。地域と密着し，直接的な人間関係の成果としてあらわれる製品は，文化的固有性が様々な形をとって熟成されたものでもあった。しかしそのような製品と生産体制は，グローバル化された世界に必要とされる柔軟性とスピードにはそぐわないものとなった。つまり文化は熟成されるのではなく促成されるものとなった。プロダクト・サイクル，マーケティング・サイクルの短縮や，「過去の実績を過小評価し，将来にばかり目を向ける組織の傾向」（R. セネット／森田典正訳〔2008〕『不安な経済／漂流する個人——新しい資本主義の労働・消費文化』大月書店，130 頁）は，飽きやすく次々に新製品をあさるように消費者を仕向ける一方で，企業内においては社交術に長け仕事や人間関係にこだわりをもたない人材を育成していく。それはまさに，土を耕し土壌を豊かにすることに由来する文化を，バイオ促成栽培へと転換するに等しい。

2　グローバル・ウェッブと文化のシンボル化

　1990 年以降，情報技術（IT）が発達しグローバル化が加速する環境において，製造・販売拠点の多国籍化が進展し，製品と技術のサイクルが短期化すると，先進国においてモノがあふれ，次は芸術，教育，情報といった文化的領域がビ

ジネスの対象となり始めた。文化は記号化されITのコンテンツ開発が重要となった。他方，製造においても個別文化の表象としてのモノづくりよりも，グローバルな認知を受けるブランド戦略が一層重要となっていく。

ブランド化は製品差別化の重要な手段であり，そこでは文化が製品や技術に実体化されてブランド化されてきたが，次の段階として，ブランド・イメージ，企業イメージが優先され，その価値がシンボルとなって消費者を刺激する段階に突入する。それらはグローバル・ウェッブといわれる収益構造がITによって構築されることにより，さらに高付加価値商品へと変貌を遂げていく。その過程では，工場，設備，商品，従業員といった固定的で物理的，かつ維持費のかかるものは可能な限り外部化される。そこで重用されるのは，情報・知識であり，世界中のデザイナーやエンジニア，科学者，ディーラーといった知的労働者が縦横無尽につながり，実体経済からの要請よりも，むしろ需要創出の観点から収益機会を拡大していく。このようにグローバル市場の知的労働の頂点で経営戦略を練り，莫大な収益を上げる人々をライシュは「シンボリック・アナリスト」と呼んだ（R. R. ライシュ／中谷巌訳〔1991〕『ワーク・オブ・ネイションズ』ダイヤモンド社）。

グローバル・ウェッブに席巻された世界においては，知的優位性によって新たな金鉱脈を見いだしていく個人や企業が莫大な収益を上げるが，他方では，実際に肉体を駆使し額に汗して働く人々はますます貧しくなっていく。例えば現在の穀物市場の変動は，もはや穀物生産のサイクルからは遊離している状況にある。穀物市場は，科学的な知識や技術，さらには金融技術が物理的空間を超えて一体となり，穀物のバイオ燃料への転化や，穀物市場への投機マネーの流入が始まったことにより，穀物市場は断片化され本質的に変化している。穀物市場は人々が必要とする食と直接つながる穀物の取引の場ではなく，燃料や金融という別の次元で収益を上げる場へと転換しつつある。

このような状況における異文化経営の企業戦略としては，個別的な文化的特性を企業文化へと統合していくことに重点がおかれる。その過程において文化は記号化されるが，さらにシンボル化されうるかが鍵となる（高橋正泰〔2003〕『組織のシンボリズム』同文舘出版）。ここでは多様な文化的固有性を超え

たシンボルが，世界の消費者や企業組織の従業員によって，実体あるものとして認知されることが必要となる。○○ウェイというフレーズによる企業イメージのアピールは，その一例といえる。しかし時としてイメージ先行の文化戦略は，社会が真に必要とする経済をないがしろにし，決して生産的とはいえない経済を膨張させる場合もありうる。その結果として，実体経済を食いつぶしながら経済成長するという皮肉な事態を招くことにもなりかねないのである。

2 反グローバリズムとイスラーム

1 生活に根ざす反グローバリズム

　現代のグローバリゼーションは，「グローバルな規模で市場統合を促進しようとするネオリベラルな政策」と「市場の成長を最優先すべきという脅迫観念」が政治と結びつき（J. ミッテルマン／奥田和彦・滝田賢治訳〔2008〕『オルター・グローバリゼーション――知識とイデオロギーの社会的構成』新曜社，173頁），グローバリズムという1つの主義，運動となって世界を席巻するようになった。グローバルに展開する経済システムの構築は，何も西欧近代に始まったわけではない。これに関してはA. G. フランクが，「ヨーロッパは遅れてすでにそこにあった世界経済に，世界システムに加わった，あるいは少なくともそれまでは弱かった（その世界経済，世界システムとの）結びつきを固めたのである」（A. G. フランク／山下範久訳〔2000〕『リオリエント』藤原書店，34頁）と指摘している。グローバリゼーションに関しては，「西欧近代に始まった」とする西欧中心的な見方を洗いなおす必要があるが，グローバリズムについては，西欧近代において政治と結びつき全世界的に展開されている現象と捉えることができよう。

　反グローバリズムの市民運動は，1999年にシアトルにおいて開催されたWTO（世界貿易機関）の閣僚会議において抗議活動が活発化したことにより明らかになっていった。それは経済的利権と結びついた政治に対する抵抗運動のあらわれであったが，抵抗運動は別の形でも展開された。それは生活習慣を容易に変化させない，「柔軟性を欠く」生活者の姿勢である。スピードのある順

応性としての柔軟性は，グローバリズムには不可欠の資質であるが，その性質を身につけるためには，人々は日常生活や人生の意味を考えたり，生き方へのこだわりもったりしてはならない。つまり内省してはならないのである。あらためて念を押すまでもないが，ここでいう「柔軟さ」とは，軽佻浮薄で信念をもたぬまま，変化に順応することが目的化したような状態をさしている。

ミッテルマンが指摘するところによれば，日本においては暴力的衝突を伴う際立った反グローバリズム運動は認められないが，他方，実質的で多彩な抵抗が存在する（ミッテルマン〔2008〕160頁）。消費者の食に対するこだわりから，企業は，トレイサビリティの徹底，遺伝子組み換え食品の拒絶，**フェアトレード**の実施などに応じるが，これは効率化と高収益化，弱肉強食をやむなしとするグローバリズムに抵抗しているに等しい。反グローバリズムのあらわれは，決して抗議活動のみにみられるものではないのである。

グローバリズムに対し，社会システムとして実質的な抵抗をしている事例で顕著なものに，イスラーム圏の社会生活がある。しかしこれは**アル＝カーイダ**などに代表される破壊活動をさすのではない。イスラームの教えに従って日々生きる庶民の生活そのものが，グローバリズムに対する抵抗となっている。生活規範であるイスラームが人々の生活に根を張っているのである。一時の流行に惑わされず，淡々と生活スタイルを崩さずに日常生活を送る人々は，グローバリズムにとっては手ごわい相手である。そのイスラーム的生活，中でもその経済領域で培われたシステムが，イスラーム経済である。そしてイスラームの長い歴史と高騰する石油価格に支えられて，近年，グローバル市場に頭角をあらわしたのが，イスラーム金融市場である。

フェアトレード：これまで発展途上国は資源や原材料が豊富にあるにもかかわらず，購入者の先進国によって不当に安く買い叩かれてきた経緯があるが，それらを改めて，発展途上国の資源，作物，製品を公正な価格で取引し，生産者の生活の向上と持続的安定をはかる貿易関係をいう。

アル＝カーイダ：オサマ・ビン・ラーディンの率いる過激派集団。1990年代以降，反米活動を活発化させ，2001年アメリカ同時多発テロの実行集団といわれている。当時，アフガニスタンを拠点としていたことが，その後のアフガニスタン戦争の原因となった。

2　宗教倫理とビジネス

　イスラーム金融市場は，原油価格の高騰を受け，最近の5年間に急成長を遂げている。あえてイスラーム金融と呼ばれるのは，イスラーム法に照らして合法的な取引を行うことを原則とするからである。莫大な資金力を背景に，欧米市場が主導するグローバル・スタンダードに基づくコンプライアンスではなく，**シャリーア・コンプライアンス**を前面に打ち出した。シャリーアとはイスラーム法をさし，この呼称からも**イスラーム金融市場**がイスラーム文化に根ざしたものをめざしていることがみてとれる（櫻井秀子〔2008〕『イスラーム金融——贈与と交換，その共存のシステムを解く』新評論）。

　イスラーム圏の伝統経済においては，イスラーム法に基づく，すなわちイスラーム文化に根ざした経済システム，市場が形成されていた（黒田美代子〔1997〕『商人たちの共和国——世界最古のスーク，アレッポ』藤原書店）。イスラーム圏では**伝統経済**が強力ではあるものの，近代的な経済部門と一線を画す傾向にあった。しかし現在のイスラーム金融市場の興隆は，世界の先端を行くファイナンス市場に直接，楔を打ち込むことに始まって，ポスト・グローバル金融市場，ポスト・モダン市場へと世界の市場を転換する契機となる可能性を秘めている。

　イスラームは西暦610年ごろアラビア半島のメッカに住む商人であったムハンマドに，神から啓示が下り，612年以降，預言者ムハンマドによって布教されたことに始まる。預言者が他界（632年）した後，イスラームの版図は拡大し，東南アジア，南アジア，中央アジア，西アジア，北アフリカの地域に広

シャリーア・コンプライアンス：シャリーアはイスラーム法と訳されるが，原義は「水場に至る道」。砂漠の真ん中で水場のありかを教えるがごとく，イスラームの教えは人々の生活の導きそのものである。イスラーム法の遵守を意味する「シャリーア・コンプライアンス」というタームは，欧米法を遵守するコンプライアンスと一線を画すものとして，イスラーム金融市場では一般的に用いられている。

イスラーム金融市場：イスラーム法に基づいて投資を行う金融市場。伝統的にイスラーム圏内では機能していたが，2002年以降の原油価格高騰によりイスラーム諸国において石油収入が急増したことを受けて，既存のグローバル金融市場と一線を画す形で，UAE（アラブ首長国連邦）やマレーシアを中心にグローバル展開された。

イスラーム圏の伝統経済：イスラーム圏では，西欧近代化以降もバーザールと呼ばれる伝統的な市場を中心とした商取引が強力であり，近代経済セクターと互角の機能を果たしている。

まった。現在，ムスリム（イスラーム教徒）の人口は，低く見積もっても13億人はいるとみられている。

14世紀近くに及びイスラームの信仰に実体を与えてきたのは，生活の隅々でシャリーア（イスラーム法）を実践した人々である。シャリーアは，神の啓示を記録したクルアーン（聖典，通称＝コーラン）とスンナ（預言者の言行）を法源とする。しかしシャリーアを遵守することは，西暦7世紀の時代の生活を再現することではない。イスラーム法は時代の変化に応じて解釈されてきた。広い版図のイスラーム圏の文化構成は，宗教的観点からみてもイスラームだけでなく，ユダヤ教，キリスト教，ゾロアスター教，仏教，自然信仰などイスラーム登場以前からの宗教が培った文化がある。また国民国家を単位とする国民文化や，言語や慣習に基づくエスニック文化などが複合的に並存している。さらにITを基盤とするグローバル文化とも関わっている。イスラーム文化はこのような多様性を包み込み，地域によって様々に異なる形を示してきた。このようにイスラーム文化が多様なレベルにおいて展開可能であったのは，その文化的本質が1つの原点に束ねられているからである。

その原点をあえて一言でいえば，「唯一絶対なる神による創造世界に，存在を与えられた自己」という自己存在のあり方を受け入れていることである。自分の生きる世界はすべて，唯一神アッラーによって創造されたものであるという基本は，翻ってみれば，他の手による創造を受け入れないことである。多神教はその代表例であるが，後に説明するように，イスラームにおける「利子の禁止」は，利子が自己増殖するものであり，神の創造の外にあるものだからである。

このように唯一絶対の神による創造された世界というイスラームの世界観は，タウヒードと呼ばれるが，それが意味するところは姉妹宗教であるユダヤ教やキリスト教と異なっている。紙幅の都合上，ここでは詳細な説明はできないが，地上に存在するものはすべて，アッラーに与えられた存在を共有し，それぞれが共在する関係にあることがその基底に横たわっている（黒田壽郎〔2003〕『イスラームの構造——タウヒード，シャリーア，ウンマ』書肆心水）。したがってこの存在に裏打ちされないものは，すべて非存在とみなされ，イスラームでは認

められないという原則がある。イスラームでは，公正なビジネスを行うことは信仰の篤さを示すバロメーターでもあるが，これはその存在論とも深く関わっている。

3 イスラームの存在論から導かれるビジネス

1 トータル・マネジメントの原則

　一般に社会科学の方法論としての経営ないしはマネジメントにおいては，その主体は企業であり，主な利害関係者は投資家や顧客，従業員である。そして社会的な公器として責任を負う主体でもある。しかし**新自由主義政策**以降に顕著となった，過度の効率化と投資家への利益還元重視の姿勢は，企業の社会的責任や従業員に対する責任を軽んじる傾向を強め，企業倫理が問われる事態となっている。しかしイスラームでは元来，倫理とビジネスは不可分の関係にあり，ビジネスそのものがイスラームの教えの実践の結果でなければならない。

　イスラームの教えは観念的なものとしてではなく，実践的な生活規範として人々に示されている。これが上述したシャリーア（イスラーム法）である。個人の私的な行為はもちろんのこと，社会的領域における個人の行為もそれに矛盾することなく，社会の公益をめざすことを究極の目標としなければならない。したがってイスラームにおける企業経営は，社会全体のトータル・マネジメントの一環でなければならず，企業の存続のみを主目的とする利己的経営であってはならないのである。

2 「無いものは無い」の原則

　イスラーム哲学では存在の有無の論証は重要なテーマであり，これはビジネス上のコンプラインスとも深く関わっている。イスラームでは実体のないモノの取引は禁止されている。例えば「空売り」について考えてみよう。所有していることを仮定して売る手法は，現物のモノが存在しなくとも成立する。その

新自由主義政策　→第2章42頁参照

取引は，いわば観念の中で行われ，帳簿上の数値が移動するだけである。だが信用取引と名を変えた現在の投機と比べれば，空売りにはまだモノの残影があるといえるかもしれない。グローバル化以降，年々，急速に発達した投機市場は，まさにシンボル化した価値の取引の場であり，それは実体から遊離した状態にある。さらに，仮想空間の**セカンド・ライフ**などにおける取引は空想の域を超えて，「仮に在るもの」として現実世界の実体経済に組み込まれ，「仮」のはずのものが実体をもつにいたって実体を圧迫するという逆転現象が生じている。

実体をもたない商品の登場を可能にしているのは，人間の知性，知力である。イスラームにおいて知性は，人間が神から授かった重要な属性として位置づけられている一方，知性は決して物質性，身体性に優るものとしてみなされていない。両方とも神が与えたものとして等位の価値を有する。人間の知性は肉体あってのものであり，互いに等位で補完的な関係にある。したがって，知性の多寡によって人間の価値が決められたり，知的労働が肉体労働に優ったりという関係はない。むしろ実体をともなわない労働，知性が浮遊する労働，つまりヴァーチャルな労働やそれが生み出したヴァーチャルな商品は，存在を欠くものとしてイスラームでは認められない。

3 「実体のある労働」の原則

イスラームでは，労働の結果としての利潤は，私有することが認められている。ただし労働といっても「実体のある労働」でなければならない。労働の実体を構成しているものは，直接性と責任である。直接性を欠く労働は行為としてあらわれない労働であり，上述したヴァーチャルな労働がこれにあたる。いま1つ重要なポイントは責任である。

例えばイスラームの代表的な取引形態で，イスラーム金融市場の取引にも取

セカンド・ライフ：3Dオンライン・スペースに創出された仮想世界においてアイデンティティーを確立しながら生活を送り，そこで3Dコンテンツや土地をマイクロ通貨によって取引することができる。マイクロ通貨は実際の現金に交換可能であるので，現実世界のビジネスと直結している。また世界に実在の有名大学がセカンド・ライフ内にヴァーチャル・キャンパスを開設する動きもある。

り入れられているものとして，ムダーラバと呼ばれる取引がある。これは出資者と事業者がパートナーシップを組んで事業を展開する際に用いられる契約である。出資者が100%資金を提供し，事業者はビジネスに専心する。その際，出資者は一切ビジネスに関わらない。しかし利益が上がれば，出資者と事業者は契約当初に互いの合意で決定した配分率によって利益を分け合う。一見，何の労働もしていない出資者がなぜ配分を受けることができるのか。それは事業に損失が発生した時，その損失をすべて出資者が引き受けるという責任を果たす，すなわちビジネスのリスクを出資者が負うことが利益の配分にあずかる根拠となっているからである。

　労働は私有の重要な根拠であるが，誰しもが労働できるわけではない。身体的，ないしは知的ハンディキャップを負って全く労働に従事できない人もいる。またたとえ労働に従事しても，生活を支えるに十分な所得を得られない人もいる。このように財を必要としながらも労働ではまかなえない人々が，次に説明する喜捨を通じて収入を得ることは合法とみなされる。したがって必要も私有の根拠となりうる。

　イスラームにおいて利子が認められないのは有名であるが，利子はリバーと呼ばれ，労働の結果としての利益と厳密に区別される。貨幣はあくまで交換価値を代替するものであり，そのものが価値をもっているのではないという一点が徹底されている。例えば預言者ムハンマドは，貨幣と同じ代替機能をもっていたナツメヤシについて，それを商品として物々交換することを禁じている。商品とするために質によって選別されたナツメヤシがあるとすると，上質なナツメヤシ1キロとそれに劣るナツメヤシ2キロを直接交換することを禁じた。この交換によるナツメヤシ1キロの純増が，リバーにあたるのである。

　ここでは存在の等位性が問題とされる。つまりナツメヤシは味・つやに関係なく，その価値は同等である。したがって物々交換であるならば，質によって選別していない1キロずつを即時に交換しなくてはならない。これは交換によっては価値を増殖させないことを示している。あえて質によってナツメヤシを選別するならば，それぞれを金などの別の貨幣と交換し，価値を算定し交換する。上質のナツメヤシの値段が高いのは，その質の対価ではなく，その質を

もたらした労働に対する対価とみなされる。

　ここから明らかとなるのは，質の差，時間の差などの差異は，全く価値に換算されないということである。実体のある直接的な労働の差異だけが価値に換算され，利潤となりうる。

4　相互責任，相互扶助の原則

　イスラームでは，すべての被造物が存在を共有する関係にあることはすでに述べたが，イスラーム法はこれらの存在者たちが共存するために，相互責任，相互扶助の具体的方法を示している。

　まずその1つは，損益公正配分（PLS：Profit-Loss Sharing）の原則である。例えばそれは，上述したムダーラバ契約に顕著にあらわれているが，出資者と事業者がパートナーシップを組んで実行されたビジネスが損失を被って終結した場合，出資者がその損失をすべて負うことである。事業者が資金を借り入れた場合は，すべての責任を事業者が負うのとは大きく異なる。出資者と事業者の双方が，事業に対して責任をもつ。

　さらに重要なのは，社会的弱者をいたわり，救済し，相互扶助を行うことである。イスラームでは，個々人それぞれが異なる資質と能力を神から授かっているが，長けた能力を授かった者は，それだけ責任も大きい。自分で儲けたものだからといって，自分の勝手に処分できるわけではない。

　例えばある一定以上の収入のある者は，定められた比率に従ってビジネスの利益を喜捨しなければならない。この喜捨はザカートと呼ばれ，イスラームの六信五行のうちの行の1つであり，ムスリムにとっては，礼拝や断食とならぶ重要な義務である。また自由意志で行う喜捨もある。これは所得の多寡にかかわらず行われる喜捨で，決して豊かとはいえない人々も自らの能力の範囲で喜捨を行う。

　クルアーンの中には，儲けをただひたすら貯めこむ者は来世において地獄の劫火にあぶられ，他方，喜捨するものは，天国で神から報奨を授かるという聖句が多く出てくる。これは単なる観念論ではない。来世において永遠の生を受けると信じるムスリムは，現世において善行を積み，神に天国へ入ることを許

されることを心より望んでいるのである。これはムスリム以外の者にはなかなか理解されがたい心情であるが，他方，信心深いムスリムは，来世観をもっていないことこそ信じられないという。

イスラームにおける喜捨のポイントは，実際に喜捨を行う者と，それを受取る者が直接的関係にないことである。たとえ2人の間で金銭が直接手渡されたとしても，その間には神の仲介があり，2人の間に一種の優劣関係のような関係を生じさせない。喜捨をした者は神に対して財を投じ，他方，喜捨を受けた者は神から恵みを受け取ったことと解される。施しを受ける側に哀れな風情はなく，堂々とした印象さえ受ける場合がある。

このようにイスラーム社会では，**セーフティ・ネット**を築くことを自らの責任とし，喜捨を通じてその網目の1つに身をおくのである。他方，喜捨のような贈与だけでなく，無利子による貸付によって起業を援助するシステムもある。これはカルド＝ル＝ハサン（美徳の貸付）と呼ばれるが，篤志家たちが出資してファンドをつくり，働く意欲とアイディアはあっても原資のない人々に無利子で資金を貸し付ける。対象は零細な商売への出資がほとんどだが，その貸付金の返済にあたっては寸志の形で余分に返済し，今度はそれがファンドへの出資金となって，資金を求める人々へと循環していく。

5 社会的公正と社会的責任

イスラームは，来世における個人の救済のみを目的とはしていない。人々は現世において，社会的公正を実現する行為を日常においてなさなくてはならない。グローバル社会において顕著となり全世界的に問題となっている貧富の格差問題は，イスラーム社会においても深刻な問題である。個々人は財を獲得する能力に相違があることから，その所得に格差が生じることは当然である。しかし富裕者たちは自分たちの潤沢な資産をただ貯めおいて退蔵してはならない。

セーフティ・ネット：サーカスの空中ブランコの演技の際，落下しても安全なように張られている網と同様の機能を社会において果たす制度をさす。例えば生活保護や障害者支援など，社会的弱者の保護を行う制度，公的な保険制度，年金制度など，国民全員が安定的に生活できることをめざす制度，金融機関が破綻した場合でも預金を保護する制度等，救済を必要とする人々を社会全体が救済することを保障する仕組みをいう。

社会的な投資や喜捨を行うことが，重要な義務である。ワクフと呼ばれる寄進は，資産家がモスクや病院，学校，バーザールなどの公共の施設そのものやその建設のための用地を寄付する。

また投資においても収益性はもちろんであるが，さらに公共性や社会貢献度の高いものが選択される。2008年6月にUAE（アラブ首長国連邦）のアブダビ首長国の政府系ファンドが，神戸の高度医療機関のファンドに100億ドルの出資を決定したと大きく報じられたが，イスラーム圏においては医療や教育に対する投資は，社会的責任投資の1つとして長い歴史をもっている。

消費社会においては，消費者の社会的責任はほとんど問われることがない。しかしイスラームでは消費者も社会の一員である限り，社会的公正の担い手の一員とみなされる。企業の社会的責任が強調される昨今であるが，他方では，消費者の過度の要求に応えようとするあまり，生産価格を不当に安く抑えられ過酷な労働を強いられる生産者や労働者がいたり，偽装を行ったりする場合もあり，企業のコンプライアンス違反の遠因には，安ければ安いほどよいという消費者の姿勢もあることは見逃してはならないだろう。社会的公正の確立のための社会的責任を担うビジネスの遂行には，顧客や消費者も交えた合意形成がなくてはならない。

6 調和と中道

イスラームに対しては一般的に過激なイメージがつきまとっているが，イスラームにおいて社会的公正が実現されている状況は，極端を排除した，バランスのとれた状況をさす。例えば現在のグローバリズムの問題として浮上している中間層のいない所得格差は，極端な富裕者と極端な貧困者がいることを示しているが，これはイスラームでは不公正の象徴としてみなされる。これは所得分配が適切に機能していないばかりでなく，人間の実体的な労働では生み出すことが不可能な莫大な富が，ヴァーチャルな労働によって生み出されていることを示しているからである。

イスラームでは，退蔵・吝嗇も，放蕩・乱費のいずれも，認められない。「ほどほど」「中道」を歩むことが最善の生活であり，そこには身の丈にふさわ

しい収入と支出，等身大の経済が前提となっている。また社会のためといって，すべての私財をなげうって寄付することも良しとはされない。自分の遺産であっても，遺言で自由に寄付できるのは全体の3分の1であり，他はイスラーム法によって定められた配分率によって家族に遺さねばならない。堅実な働きと堅実な生活のバランスが重要なのである。

4　反グローバリズムとしての経営

　これまでイスラーム的な経営の特徴を概観したが，3節にあげた⬚1⬚～⬚6⬚の原則や目的は，何か特異なものであろうか。実体経済を重視し，責任ある取引を実行し，倫理を軽んじることなく，社会的公正とビジネスを直結させる経営を追求することは，どの文化圏においても共通であった。その根拠が，イスラームのようにアッラーから授けられた存在にあるのか，自然崇拝にあるのか，といった相違はあるが，究極的な意味で達成すべき目的に大きな違いはない。それは人々と自然が共存するための知恵であったともいえる。

　しかし現状ではいかがであろうか。「**ハイパー・インダストリアル経営**」とも表現しうる現在の企業経営の状況は，あらゆる関係を分断し，交換可能な状態に転換している。共存の絆は，市場における交換におきかえられ，社会の統合性はもちろんのこと，市場の統合性すら失われつつあり，社会全体，および人間個人も統合性を欠く状態となっている。

　例えば人間と自然の共存が困難となっている状況は，地球温暖化による異常気象や海水面の上昇などからも，日々実感されるものとなっている。人間間の共存は，「カネの切れ目は命の切れ目」のような状況となり，豊かな人々は，衣食住，医療，教育に加えて，安全，平和も享受できる一方で，貧しい人々は，そのすべてを得ることができず，さらに相互扶助といった絆さえ分断されている。

ハイパー・インダストリアル経営：バイオ-デジタル時代を迎え，近代性がさらに強化され，行為のみならず，精神，記憶，認識，感情までもが産業化された状況を，ハイパー・インダストリアルと呼び，その産業によって利潤最大化を推進する経営をさす。

第10章　グローバリゼーションと異文化経営

▶▶ Column ◀◀

喜捨の精神

　本章で紹介したように，イスラーム圏の人々は，信仰の義務として喜捨をしますが，その相手は神です。そして社会現象面としては，神へ喜捨された資金が一種の社会保障費となって社会的弱者への配分としてあらわれます。喜捨という信仰の義務によって最終的には神がセーフティ・ネットを敷いているという確信の連鎖が形成されるので，「困っている他人を助けても，私が困った時は助けてもらえないかも」という不安を解消しているのでしょう。

　日本の社会的セーフティ・ネットは，主に国家に依存しています。しかし新自由主義のもと構造改革を行った日本では，このセーフティ・ネットのかけかえが始まり，自己責任，自立，自助努力が強調される中，経済的に弱い人々の支えとなっていた社会保障費が削減されました。しかしそれは社会的弱者の経済的問題だけでなく，その人々の孤立・孤独を意味するものです。

　ところで皆さんは「情けは人のためならず」ということわざの意味をどのように理解していますか？「情け」は，思いやりの心や恵みをさしますが，問題は「人のためならず」の意味のとり方です。最近は世相を反映して，「下手に同情して恵みを与えたりすることは，かえってその人のためにならないからやめた方がよい」と理解されることも多くなりました。しかし原意は「人にかけた温情や恵みは，めぐりめぐっていずれは自分のもとに戻ってくる」ということをあらわすものです。

　さらにインターネットとデジタル機器の普及により，人とのつながりも直接的でなくなり，自ら機器と向き合うのみで，人とのつながりを絶っている人もめずらしくなくなりました。このように人間関係が，ブツブツに途切れている状態で，「めぐりめぐって」というアナログ的関係から自己を捉えることは不可能かもしれません。しかし社会的弱者が経済力を回復することで市場へも参加可能となって経済が活性化され，それが雇用を生むという好循環に転換される可能性もあるのです。直接的にセーフティ・ネットを必要としない人々こそが，めぐりめぐっての効果を念頭にその再構築に知恵を絞るべきではないでしょうか。

　企業も個人が個々に分断され，個別的に成長をめざし，競争に明け暮れた結果，全体としてバランスのとれた成長や**持続可能な発展**へ向かう力はきわめて弱くなった。メドウズたちの研究グループは，すでに後戻りのできない地球崩壊のプロセスに突入した可能性を示唆している。（ドネラ・H・メドウズ，デニス・L・メドウズ，ヨルゲン・ランダース／枝廣淳子訳〔2005〕『成長の限界　人類

の選択』ダイヤモンド社)。1972年に第一作目の『成長の限界』が出版されて以来，彼らの警告は続けられてきたが，それが受け入れられなかった背景には，経済至上主義とそれを支えてきた国家と企業の経営戦略がある。市場の拡大とそこからの収益最大化をめざす企業経営は，あらゆるものを分割，交換可能とし，モノばかりでなく，情報や芸術をはじめとして，感情や癒しの領域もビジネス化していった。そして実体経済の域を超えたヴァーチャル経済に活路を見いだし，バブルといわれる収益を上げる構造をつくり出していったのである。

利益を創出するならば何をもいとわない経営手法は，ヴァーチャル経済による実体経済の侵食を許し，自らの足元をも揺るがす事態を招いている。その解決のためには，小手先で企業の社会的責任といって美辞麗句のコンプライアンスを並べ立てたところで何の役にも立たない。人々の生活のための実体経済を見直し，人々の共存を可能とする社会全体の経営の一環としての「統合的な企業経営」を再構築する必要に迫られている。そのためにはこの膨張した経済を徐々に実体に近づけるためのシフト・ダウンが必要であり，そのための経営戦略が求められるのである。

数年前まで異文化経営といえば，グローバル企業が文化的差異から生じる摩擦をいかに減らし，経営効率を上げるかが主眼におかれた。しかし現状は，その効率化によって文化が画一化され，即応性はあっても真の柔軟性を失いつつあることで，人々の生活やビジネス環境そのものが疲弊してきている。これはきわめて速いスピードによって進行しており，この傾向を食い止めるには，まさに自文化に照らした倫理的経営を回復することが重要である。そのためには本章にて取り上げたイスラーム的経営のように，文化的・倫理的制約によってあえて成長を抑制し，社会全体のバランスとの関連を重視した異文化の経営手法に学ぶところは大きいのである。

持続可能な発展：経済成長最優先の開発が地球の環境破壊に甚大な影響を及ぼしてきたことから，生命体としての地球の保全を念頭に，開発と環境維持，先進国と発展途上国の利害，現世代と次世代のニーズ等のバランスを取りながら，経済のみならず社会全体が発展することをめざす。

第10章　グローバリゼーションと異文化経営

> [推薦図書]

櫻井秀子（2008）『イスラーム金融——贈与と交換，その共存のシステムを解く』新評論
　　イスラーム的経営の文化的特性を浮き彫りにする一方，グローバル金融市場の虚構性も照らし出している。

馬越恵美子（2000）『異文化経営論の展開』学文社
　　異文化経営論の学的形成を系統的に説明するとともに，文化と経営の関係を実証的に検証している。

ライシュ，ロバート・B.／雨宮寛・今井章子訳（2008）『暴走する資本主義』東洋経済新報社
　　資本主義的成長とそのグローバル展開の根源を探り，政治と経済が絡み合ったシステム再興の重要性を説く。

> [設　問]

1．自分の意識の中で，異文化に対して抱くエスノセントリズムの事例について考えてみよう。
2．日本的経営とイスラーム的経営の文化的共通点について考えてみよう。

（櫻井秀子）

第11章 グローバリゼーションと人権, 労働, 格差問題

多国籍企業を中心とするグローバリゼーションは, 発展途上国の工業化に大きく貢献してきましたが, 他方で先進国や途上国において様々な問題を引き起こしています。途上国の人権問題, 先進国に膨大なパートタイム労働, 請負, 契約など非正規雇用が増大しています。本章は, 経済のグローバリゼーションが人権, 労働, 賃金, 所得, 資産にどのような影響を及ぼしているのかを明らかにします。

1 経済のグローバリゼーション

経済のグローバリゼーションとは一般的に商品, 資本, 貨幣・金融が国境を越えて世界化することである。今日の経済のグローバリゼーションの特質は, 多国籍企業, 国際金融資本を中心として展開されている点にある。しかし, 多国籍企業は単にある国から他の国へ生産と資本が移動する, すなわち資本の活動舞台が国境を越えて他国へと広がっていくという形で進んでいるのではない。多国籍企業は世界市場での利潤獲得をめざして, 世界的規模での資本蓄積運動を繰り広げている。また, 今日の経済のグローバリゼーションの特質は, 多国籍企業の生産過程それ自体がグローバル化しているという点にある。製品間分業というのは, 本国と進出先国の製造工場の間で製品別の分業が行われる場合である。これには同種製品を海外子会社で製品する場合と, 異種製品を生産させる場合とがある。製品差別化分業は同種製品に属するがデザイン, 品質, 価格で差別化を図る企業内国際分業がある。これに対して, 工程間分業というのは本国と進出国の製造工場との間で工程別の分業が行われる場合である。多国籍企業は**国際下請生産**やアウトソーシングを展開している。アウトソーシングとは, 開発, 製造, 購買, 販売などの事業活動を内部化するのではなく, 市場

取引を通じて行うのでもなく，独立した外部の企業の経営資源を利用することである。多国籍企業は，これまで自社内に統合してきた企業活動を外部化したり，現地の契約企業に製品や部品を製造委託することで戦略的提携を行っているのである（夏目啓二〔2006〕『アメリカの企業社会――グローバリゼーションとIT革命』八千代出版，131-133 頁）。

　また，今日の経済のグローバリゼーションの歴史的特質は，多国籍企業の競争が 1990 年代以降の IT 革命に支えられて進展しているという点にある。今日の経済のグローバリゼーションの歴史段階が，IT 革命という生産力段階のものだということである。IT 革命は，インターネットを基礎にした情報技術の革新であり，情報技術と通信技術と放送技術を融合するところに本質がある。具体的には，世界中のコンピュータやパソコンが通信網（ネットワーク）を通じてつながり，個人や企業や団体との間で多様な情報の共有と交換が瞬時にかつ安価に行えることにある（夏目〔2006〕4 頁）。

　さらに，今日の経済のグローバリゼーションの特質は，グローバリズムに支えられて進展しているということである。グローバリゼーションとグローバリズムはしばしば同義語として使用されたりしているが，両者は異なる概念である。というのは，グローバリゼーションは世界化過程であるのに対し「グローバリズムとは――グローバリゼーションの概念に新自由主義的な価値と意味とを与えるイデオロギー」だからである（M. B. スティーガ／櫻井公人・櫻井純理・高嶋正晴訳〔2005〕『グローバリゼーション』岩波書店，120 頁）。新自由主義的グローバリズムは，多国籍企業の世界市場での自由活動を保障するイデオロギー，運動，思想である。IT 革命という生産力段階の現代のグローバリゼーションは，新自由主義的グローバリズムによって支えられている。70 年代以降，大きな政府を標榜してきたケインズ主義的経済運営が挫折する。80 年代以降には，イギリス，アメリカ，日本は「小さな政府」政策のもとで，市場原理を基礎とした規制緩和と民営化を両輪とする新自由主義的経済運営を推進しているのである。

国際下請生産：多国籍企業の親会社が自ら生産を行うかわりに，オーダーの一部または全部を海外下請業者である途上国の地場企業に請け負わせる生産方法である。

2　多国籍企業による人権侵害

　これまで，経済のグローバリゼーションの進展に伴って80～90年代のIT革新，インターネットの普及により，世界経済は豊かになるといわれてきた。たしかに，多国籍企業の途上国への海外直接投資や技術移転を通して，途上国の工業化，経済発展が進んだ。この側面は正当に評価しなければならない。しかし，他方で多国籍企業は途上国や先進国を問わず，海外子会社や現地の契約企業で人権，労働，環境等の面で様々な問題を引き起こしている。ナイキ，ウォルマート，トイザラス，リーボックなどの世界ブランド企業は，こうした問題でNGOから厳しい批判やボイコットを受けている。ここで人権侵害で世界の非難を浴びたナイキを取り上げ，多国籍企業が途上国の労働や人権でどのような影響を及ぼしているのかをみてみよう。

　靴シューズメーカーのナイキ社は，プロ仕様のアスレチックフットウェア，アパレル，器具アクセサリーなど幅広くスポーツ用品を提供し，デザイン，販売普及においても世界有数のリーディング企業である。2004年の収益合計額は122億5300万ドルであった（http://www.mergentonline.com/compdetail. 2008年11月6日アクセス）。「販売実績は，米国市場が47％，海外市場が53％を占めている。従業員はナイキ社だけの世界合計が2万4219人，その内アジア地域が3282人である。ナイキ社製品を製造するサプライヤーである契約企業は800企業を超え，サプライヤーを含む契約企業での従業員数は65万人に達している」（労働政策研究・研修機構〔2005〕「グローバリゼーションと企業の社会的責任――主に労働と人権の領域を中心に」『労働政策研究報告書』No.45, 137-138頁）。

　ナイキ社は，統合的な一貫生産設備は所有していない。同社の特徴は「大規模な垂直的機能統合と下請け業務」，つまり多国籍企業の国際下請生産に組み込まれている点にある。ナイキ社は，下請け企業の幾層にも及ぶ複雑なネットワークによって成り立っている。本社および研究機能はアメリカのオレゴン州ビーバートンに置かれている。ナイキ社本社は製造のまとめ役の役割を果たす。

同社の下には3タイプの一次提携企業がある。先進的提携先で最も高価で最新の主力製品を生産する企業，発展途上国企業で育成途上にある企業，規格製品を量産する企業が，第1層を形成する。第2層は原材料・部品下請けを担当し，第1層の製造を支援する。生産はすべて東南アジアで行われる（P. ディッケン／宮町良広監訳，今尾雅博・鹿嶋洋・宮樫幸一訳〔2001〕『グローバル・シフト――変容する世界経済地図』上，古今書院，302-303頁）。

ナイキ社が途上国の契約企業でどのような人権侵害を引き起こしているのかを具体的にみることにしよう。

第一は，労働時間，時間外労働時間をめぐる問題である。ベトナムのナイキ工場で働く従業員の90％が女性であり，そのほとんどが15歳から28歳である。日給で1.6ドルの給料を受け取り，労働時間が1日10～11時間。法定限度を超える時間外労働，最低賃金を下回る賃金が横行している（アジア太平洋資料センター編〔1998〕『NIKE: Just DON'T do it. 見えない帝国主義』月刊オルタ増刊号，通巻251号，43頁）。また，ほとんどのベトナムのナイキ工場で働く従業員は，年間で500～600時間の残業を強要されている。もしも残業を拒否したら警告を受け，その警告が3回になれば解雇されてしまう。休息時間も割り当てられた8時間のシフト中に，1回しかトイレ休憩がとれず，水を飲むための休息をとっていいのは2回だけである（アジア太平洋資料センター編〔1998〕46-47頁）。

第二は，賃金問題である。アジアの靴製造労働者の大部分は10代から30代までの未婚の女性労働者であった。インドネシアではひどい場合には時給15セントの女子従業員を使って1足あたり5ドル60セントで作られている。ところが彼女らが作った靴は欧米で73ドルから135ドル以上の価格で販売されている。また，マイケル・ジョーダンは92年に，ナイキのCMに出て2000万ドルのギャラを得たといわれるが，これはインドネシア工場でナイキのシューズを作っている労働者全員の年収総額よりも多かったという（D.コーテン／西川潤監訳，桜井文訳〔1997〕『グローバル経済という怪物』シュプリンガー東京，143頁）。また，ベトナムのナイキの下請企業の労働者の賃金はもっと低く，時給で20セントか，または日給で1.6ドルであった（アジア太平洋資料センター

編〔1998〕44頁)。

　第三は,労働条件である。換気は悪く,従業員は汗をかき,脱水状態になり,埃が絶えず鼻をふさぐ。水を飲みにいく場合,トイレに行く場合には,許可を受けなければならない。誰でも1日に1, 2回以上出ることが許可されないため,保安官が社員証をいつでもチェックする。工場は汚く,トイレットペーパーもない上,飲料水は浄化されていない状態である (K.ベルナー,H.ハンス・バイス/下川真一訳〔2005〕『世界ブランド企業黒書——人と地球を食い物にする多国籍企業』明石書店,207頁参照)。

　第四は,児童労働や強制労働である。ナイキが90年代半ば,マスコミやNGOから批判されたのは,1995年からパキスタンではブランドのボールが児童労働で生産されていたからであった。パキスタンには児童労働や奴隷労働を禁止する法律があるが,パキスタン政府はこうした労働を黙認してきた。国際労働機関は1973年に**児童労働の禁止**を第138号で採択したが,児童労働は厳然と残っていたのであった。インドネシアやパキスタンでも,児童労働は法律で禁止されているが,法執行が適切に行われていないために事実上,容認されている状況である。ナイキ,アディダス,リーボック,その他の有名ブランド企業向けのボールを作っている子どもの数は数万に上る。これらの子どもの多くが,奴隷として雇い主に売られ,牛のように焼印を押されている。児童労働,強制労働,暴力,若い女性労働者に対するセクハラに関する様々な報告がなされている。特に,多国籍企業が自らのブランド商品を製造させているスウェットショップ,「汗にまみれた搾取的労働が行われている工場」での労働条件に関する報告も多々ある (ベルナー,バイス〔2005〕209頁)。

　では,なぜ途上国のナイキ社の契約工場でこうした人権侵害が行われるのであろうか。それは次のような理由による。第一に,多国籍企業がグローバル競争に打ち勝つために,低い労働条件に基づくコスト削減を世界的規模で繰り広げているからである。多国籍企業による「底辺に向けての競争」,すなわち雇

児童労働の禁止:ILOの条約や勧告に定められた基本的な労働条件である国際労働基準の1つである。ILOでは,①強制労働の禁止,②結社の自由,③雇用,職業における差別禁止,④児童労働の禁止,4点を中核的基準としている。

用と投資を求めるグローバル競争が激しく展開されているからである（J. ブレッカー，T. コステロ／加地永都子監訳〔1999〕『世界をとりもどせ』インパクト出版会，32頁）。多国籍企業のグローバル生産は，発展途上国の現地生産企業との間で国際下請生産体制を構築した。ナイキ，アディダス，リーボックなどの世界ブランド企業はコストを縮減して最大限の利潤獲得をめざした。第二に，多国籍企業を積極的に誘致して工業化，経済発展をもくろむ途上国政府の多国籍企業誘致政策がある。多国籍企業の誘致のためなら，少々労働者の基本的人権が侵されても黙認することがある。途上国政府の誘致政策が，途上国の労働者の労働・雇用条件や賃金条件の切り下げをもたらしている。第三には，多国籍企業から契約を勝ち取ろうとする輸入業者，代理業者，ライセンス生産者などの契約企業が激しい競争を繰り広げ，格安の入札価格を提示しているからである。それは，労働条件，最低賃金，労働者の基本的人権をきちんと配慮したものではなかった（オックスファム・インターナショナル／渡辺龍也訳〔2006〕『貧富・公正貿易・NGO——WTOに挑む国際NGOオックスファムの戦略』新評論，261頁）。

3　グローバリゼーションの労働市場への影響

1　産業の空洞化

　多国籍企業の海外生産は，日本本国での産業や雇用にどのような影響を及ぼしているのであろうか。海外生産比率は，1985年度に比べて1990年代初頭には，製造業の海外進出企業において約2倍増加して15％超になった。1990年代後半には，電気機械産業が20％に迫り，輸送機械産業が20％超になった。2005年度には，化学産業と精密機械産業が15％に迫り，輸送機械産業が37％に上昇し，情報通信機械が急伸しつつあった広義の電気機械産業は実に45.9％になった。一方，逆輸入比率は1990年代前半以降10％超を続けている。日本から現地法人の調達比率は1990年代前半に10％超，2000年代に入ると30％超になって，2005年度には33.7％になった。日本の多国籍企業の企業内貿易が確実に増加してきている（海保幸世〔2008〕「経済のグローバリゼーションと国

民経済」秋山誠一・吉田真広編『ドル体制とグローバリゼーション』駿河台出版社，180-181頁）。

　日本の製造業における対外直接投資と多国籍企業化は1989年から2005年の16年間に急速に進行している。とりわけこの時期の前半の1990年代において主に本格的に展開した。その結果，一方では，現地従業員数は1989年度から2005年度までに270万人増加した。その60％強が1989年度から1999年度までに生じた。これに対して国内では製造業における産業の空洞化が進行し，国内企業の従業員数は1989年度から2005年度までに315.8万人減少した。この減少，つまり産業の空洞化が2000年代に入ってから大きくなっているのである（海保〔2008〕185頁）。

2　労働法制の規制緩和

　多国籍企業の海外生産，それによる低価格商品の逆輸入が国内産業に対する圧迫をもたらすとともに，海外からの低コスト化の圧力が国内企業に非正規雇用を増やす方向に作用している（伍賀一道〔2005〕「雇用と働き方の戦後史」『経済』No.123, 112頁）。それと同時に1990年代のグローバリゼーションのもとでの国際競争が進展する中，日本では労働法制の規制緩和政策がとられた。

　非正規雇用の中で最大の比率を占めているのはパートタイム労働者である。非正規雇用の特徴は，①通常の労働者より短い時間で働く「短時間」労働，②期間の定めがおかれた雇用，③第三者に対する労務の提供を内容とする雇用の間接的性質にある（中野麻美〔2006〕『労働ダンピング――雇用の多様化の果てに』岩波新書，46頁）。厚生労働省の『労働経済白書』によれば，正規雇用者数は1997年の3812万人（76.8％）を境に減少傾向を示し，2007年には3393万

非正規雇用：パートタイム労働，アルバイト，派遣労働や請負労働などがある。派遣労働とは，派遣元（人材サービスを含む会社など）が，自己の雇用する労働者（派遣労働者）を，他人（派遣先のメーカーなど）の指揮命令の下に派遣し，派遣先のために労働に従事させる労働形態である。労働者は派遣元に雇用され派遣先で使用される。これに対して請負労働は，受注者（人材サービス会社など）が，発注者（メーカーなど）に依頼された仕事を完成させ，その結果を引き渡して報酬を得る。労働者は受注者に雇用され受注者の指揮命令の下で働く労働形態で，発注者に使用されることはない。

人（66.3％）まで減っている。非正規雇用の割合は1997年の23.2％から2007年には33.7％へと増大している。この間に非正規雇用者数は1152万人から1726万人に増加している。非正規雇用の中で大きな割合を占めているのがパートタイム労働者で1997年の945万人（19.0％）から2007年1165万人（22.8％）へと増加している。特に90年代後半以降の増加が著しい。そして，21世紀に入って派遣，請負，契約社員など，パートタイム労働者以外の非正規労働者は97年の207万人（4.2％）から2007年には561万人（11.0％）と3倍弱と大幅に増えているのである（厚生労働省〔2008〕『平成20年版 労働経済白書』27頁）。

このように，一方で正規雇用が減少し，他方でパートタイム労働者，アルバイター，契約社員，派遣労働者，請負労働者などの非正規雇用が増大しているのである。特筆すべき点は非正規雇用の増加が1990年代以降に急増し，正規雇用と非正規雇用の二極分化が生じているということである。

近年における非正規雇用の増大は，90年代における経済のグローバリゼーションと雇用・労働分野の規制緩和，とりわけ労働者供給事業の規制緩和に伴う派遣労働者の増大によって後押しされてきたことに起因している（森岡孝二編〔2007〕『格差社会の構造――グローバル資本主義の断層』桜井書店，30頁）。

そして，派遣の規制緩和の流れをみる上で見過ごせないのが，1995年に出た日経連の『新時代の「日本的経営」――挑戦すべき方向とその具体策』である。この報告書は，労働力をA「長期蓄積能力活用型グループ」（長期雇用の正社員），B「高度専門能力活用型グループ」（有期雇用の契約社員など），C「雇用柔軟型グループ」（パート，アルバイト，派遣，請負など）の3種類に分け，Aグループを成果主義賃金管理のもとに置いて大幅に絞り込み，BグループとCグループを大幅に増やし，労働力の流動化と人件費の引き下げを推し進める雇用戦略を打ち出した。2003年に労働者派遣法の改定においては，製造現場への派遣も解禁され，それまで段階的に拡大してきた労働者供給事業がほぼ全面的に自由化されるに至った。その結果，派遣労働者は2004年62万人（1.3％）となり，2007年には121万人（2.4％）へ増加したのであった（厚生労働省〔2008〕27頁）。

このように，グローバリゼーションと規制緩和政策が，正規雇用の削減と非正規雇用の増加という雇用格差，雇用の二極分化をもたらしているのである。

4 グローバリゼーションと格差の拡大

1 日本の場合

日本の国際収支で，海外へ投資した資本から上がる**海外投資収益**が90年代以降，急増し始めている。所得の受取には証券投資収益と直接投資収益があるが，2006年の所得の受取は，19兆2831億円と大幅に増加し，過去最高となった。一方，所得の支払についても証券投資収益の増加等により5兆5372億円と増加基調にある。この結果，2006年の日本の所得収支黒字は13兆7457億円に達し，過去最高を更新した。このような好調な所得収支の拡大の結果，2005年には初めてわが国の所得収支が貿易収支を上回った。こうした所得収支黒字拡大の背景として，証券投資収益の受取が拡大していることに加えて，日本多国籍企業のグローバル展開に伴い海外子会社の収益が拡大していることが挙げられる。所得の受取のうち，直接投資収益の受取は4兆827億円と約21％のシェアを占めるまでに拡大している（経済産業省『通商白書2007』207-208頁）。

このように，所得収支が貿易収支を上回った。このことは，日本経済が，貿易立国化から「投資立国化」へ移行しつつあること，日本経済の利潤の源泉が1990年代中頃を境にして国内から海外へと移行していること，日本経済が海外への寄生性を深めていることを意味している。換言すれば，このことは，日本企業が「輸出主導型蓄積の多国籍企業型蓄積への転換」（二宮厚美〔2007〕『格差社会の克服』山吹書店，122頁）を図りつつあることを実は意味しているのである。

日本多国籍企業の海外からの巨大利潤獲得につれて，海外投資収益が大企業役員の報酬の源泉となっている。**労働分配率**とは，いわゆる付加価値における労働側への分配率を示すものである。資本金が「1000万円未満企業労働者は93

海外投資収益：企業や個人が海外に投資した株式や債券などの証券投資から得られた利子・配当などの収益と，直接投資から得られた利潤について，受取から支払いを差し引いた収支尻のことである。

第11章　グローバリゼーションと人権，労働，格差問題

年度に1人あたり266万7000円をピークとして，2004年には220万3000円にまで低下しているが，同じ時期に，10億円以上の大企業役員の報酬は，1409万9000円から2271万6000円に増大している。いわば鋏状に格差が拡大している。」また，資本金1000万円未満の中小零細企業の労働者と10億円以上の大企業の役員報酬との間の格差は94年には5.75であったが，2004年には10.31にまで拡大している。「この格差は90年代末ごろから拡大傾向にある」（友寄英隆「所得格差の拡大をどう検証するか」『経済』No.130，2006年7月号，69-72頁）。このように，大企業役員の報酬と一般の労働者の賃金格差，すなわち労資間の階級的な所得格差が拡大しているのである。

　また，労資間の階級的な所得格差に随伴して，労働者相互間の階層的な所得格差も拡大している（二宮厚美〔2007〕27-32頁）。「男性一般労働者を100とした女性一般労働者の賃金は，近年縮小傾向にあるとはいえ，なお70を下回っている。格差がとりわけ大きいのは，一般（フルタイム）とパートで，男性一般を100とした男性パートの一時間当たり賃金は，1990年代の初めに57—58であったが，最近では50前後まで下がっている。女性パートとの差はもっと大きく，1988年から2004年の間，ずっと43—45の水準にあった」。「全労働者のうち，年収300万円未満の割合は，男性では31%であるのに対し，女性では76.8%に達している。また，700万円以上の者は，男性で18.2%であるのに対し，女性では2.5%にすぎない」（森岡〔2007〕29頁）。「1997年から2002年までの5年間で年間所得100万円未満の階層は82万人，200万円未満層は実に188万人も増えた」。「200万円未満を『ワーキング・プア』と定義するならば，その8割近くをパートタイム労働などの非正規雇用が占めている」（伍賀一道〔2005〕「雇用と働き方から見たワーキング・プア」『ポリティーク』第10号，46頁）。このような労働者相互間の階層的な所得格差，正規雇用と非正規雇用との賃金格差の拡大の背景には，雇用の二極分化，労資間の階級的な所得格差がある。

労働分配率：付加価値のうちどれだけが人件費に分配されるかを示す指標で，労資間の所得分配格差をあらわすものである。労働分配率は通常，分母に企業の経常利益＋人件費＋支払い利息などの合計を，分子に人件費をおいて，百分率で算出したものである。

第Ⅲ部　反グローバリズムの潮流

表11-1　所得再配分による十分位階級別所得構成比の変化

当初所得 十分位階級	構成比（％）		累積構成比（％）	
	2005年	1996年	2005年	1996年
第1・十分位	0.0	0.0	0.0	0.0
第2・十分位	0.0	1.4	0.0	1.4
第3・十分位	1.4	3.9	1.4	5.3
第4・十分位	3.7	5.9	5.1	11.2
第5・十分位	6.3	7.7	11.4	18.9
第6・十分位	9.0	9.5	20.4	28.4
第7・十分位	12.0	11.4	32.4	39.8
第8・十分位	15.8	13.7	48.2	53.5
第9・十分位	20.1	17.2	68.3	70.7
第10・十分位	31.7	29.3	100.0	100.0

（出所）　厚生労働省『平成8年所得再分配調査結果』（http://www.mhlw.go.jp/toukei/h8syotoku_4/kekka-b.html　2009年1月4日アクセス）、『平成17年所得再分配調査報告書』（http://www.dbtk.mhlw.go.jp/toukei/kouhyo/data-kou6/data17hou.pdf　2009年1月4日アクセス）より作成。

　さらに，所得分配・再分配における国民内部の階層的な所得格差に目を向けてみよう。現代日本の所得格差を示す全体像が**ジニ係数**である。

　厚生労働省の「所得再分配調査結果」（3年おきに実施）によれば，所得の不平等が確認できる。**表11-1**からもわかるように，2005年における数値（構成比）をみると，最高所得を得ている第10十分位階級は，世帯数全体のたった10％なのに，全所得の3割（31.7％）を独占している。上位20％の階級は，実に半分以上（51.8％）を占めている。ところが，所得の最も低い第1十分位階級から第5十分位階級は，世帯数で全世帯の半分を占めているのに，所得（累積構成比）は全所得の僅か11.4％でしかないのである。70％の世帯でも32.4％の所得しか得ていない。このように所得の不平等は明らかである。1996年から2005年までの所得（構成比）の推移をみると，上位20％の階級は29.3％から31.7％へと所得を拡大させているのに対して，所得の最も低い第1十分位階級から第5十分位階級までの所得は，18.9％から11.4％へと所得を減

ジニ係数：所得の平等・不平等度を示す0から1までの数値のことであるが，0の場合は完全平等，1の数値は1人の者が全所得を独占する極限的不平等をあらわす。したがって，ジニ係数が高まることは格差・不平等が拡大していることを意味する。

らしているのである。この9年間の間に所得再分配における国民内部の階層的所得格差がますます拡大していることは明らかである。

　90年代後半からの日本多国籍企業のグローバル化が貿易収支を上回る海外投資収益を獲得し，大企業の役員に高額の報酬を保障している。他方では正規雇用の削減と非正規雇用の増大をもたらし，賃金コストの切り下げを図っている。世界市場における日本多国籍企業の競争と労働法制の改革が労資の階級的な所得格差の拡大を，労働者相互間の階層的な所得格差を，さらには資産格差の拡大，資産の不平等の拡大をもたらしているのである。

２　アメリカの場合

　アメリカ多国籍企業の海外直接投資は，アメリカ国内の所得，資産にどのような影響をもたらしているのであろうか。アメリカ多国籍企業の途上国への生産工程の国際移転により，アメリカの全労働者に占める製造業労働者の比率が相対的に低下ししている。これに対してサービス部門における低賃金労働者は増加している。その結果，1970年と2000年における製造業部門の労働者の割合は33.3％から1980年の28.4％，1990年の17.7％，2000年には19.5％へと減少している。製造業部門における労働者の割合は1970年の27.3％から，1980年の22.4％，1990年の17.4％，2000年には13.9％へと低下している（Berch Berberoglu〔2003〕*Globalization of Capital and the Nation-State, Imperialism, Class Struggle and the State in the Age of Global Capitalism*, Rowman & Littlefield Publishers, inc, p.101）。このように，アメリカ多国籍企業の海外生産によりアメリカ国内の製造業部門の労働者が減少し，産業の空洞化が生じているのである。

　アメリカ多国籍企業の海外からの海外投資収益が，巨大企業の最高経営責任者などの役員の報酬の源泉となっている。大手証券，ゴールドマン・サックスの最高経営責任者（CEO）が2006年に5400万ドル（約65億円），メリルリンチのCEOが4800万ドル（約57億円）もの巨額報酬を得ている。米大手350社のCEOが05年に受け取った報酬の平均は，一般社員の平均年収の411倍に上る。このようにCEOと一般社員との間の階級的な所得格差は10年前の180倍からさらに拡大している（『日本経済新聞』2007年7月1日付）。

また，アメリカの所得格差も拡大している。労資間の所得格差をあらわす労働分配率の推移をみると，「1992年の景気回復から1994年までのジョブレス・リカバリーといわれた時期において労働報酬が対GDP比は56%前半まで低下し，賃金・給与は45%前半まで低下した。1995年以降，雇用拡大と失業率低下がみられたにもかかわらず，賃金・給与が若干改善したものの，労働報酬全体で1997年までに56%台で推移した。労働報酬が1980年代はじめの59%台に回復するのはようやく2000年にはいってからであり，失業率の低下が労働市場の逼迫をもたらし，ついに労働報酬の改善に結びつかなかったかに思われた。ところが，2001年のリセッションによって再び労働分配率は低下しはじめ，2006年には1990年代の最低水準にまで後退したのである。……2000年から2006年には実質所得が上昇したのは上位20%の高所得者層のみであり，低所得者層になるほど実質所得の低下が拡大した」（井上博〔2008〕「アメリカ経済と『アフター・ニュー・エコノミー』」井上博・磯谷玲編著『アメリカ経済の新展開』同文舘出版，8-9頁）。

　所得分配における国民内部の階層的な所得格差も拡大している。2001年に公表された議会予算局（CBO）の『実効連邦税率報告』によれば，税引き前の家計所得の五分位を1979年から2000年までの期間では次のようになっている。「家計の八割までの所得の分配率は年々減少する一方，とくに97年以降については，最上位1%の増加が著しい。実数値を示すと，2000年の分配率は，第1五分位－4.0%，第2五分位－8.6%，第3五分位－13.5%，第4五分位－19.6%となり，その第5五分位の分配率は，全体では54.8%を占め，さらに，この最上位20%の家計内部の分配率は，最上位1%層が17.8%，そのつぎの4%層で12.9%，その下の5%層で9.9%，残り10%が14.2%となっている。所得がもっとも多い1%の家計が，全家計の所得のおよそ20%を手中にするという驚くほどの所得独占である」（大塚秀之〔2007〕『格差国家アメリカ――広がる貧困，つのる不平等』大月書店，30-31頁）。

　2003年の「五分位階級別の税引き後の家計所得の分配」でも，「一番下の20%（第1・五分位）が所得の5.0%しかなく，一番上の20%（第5・五分位）は48.8%を占めている。さらにその内訳をみると，トップ10%が所得の33.9%，

トップ5％が24.2％，トップ1％が12.2％を占めるという，所得の一部への著しい集中と格差がみられる」（大塚秀之「格差と貧困の拡大をどうみるか・5つの論点」『経済』No.130, 2006年7月, 23頁）のである。

さらに，資産格差についてみておこう。「金融資産だけに限ってみると，上位集中は一層顕著になる。トップ1％がほぼ4割を押さえ，上位5％で3分の2を押さえているから，残り95％の世帯持ち分はさらに小さくなる。これは大半の世帯の主要資源が，持ち家であることを反映している。だから上位20％の金融資産シェアは91.3％に達し，次の20％の持ち分7.8％を足すと99.1％になる。つまり全世帯の上位40％がほぼすべての金融資産をもっているわけで，残る60％には金融純資産は全くなく，あるのは借金のみということになる。さらに，金融資産の中から，年金や生命保険などの収入予備的な資産を除き，投資としての金融証券に限定してみると，トップ1％のシェアは58.0％，次の9％のシェアが30.6％で，トップ10％の持ち分は実に88.6％に達する」（小林由美〔2006〕『超・格差社会　アメリカの真実』日経BP社, 51-52頁）。

このように，多国籍企業のグローバルな資本蓄積運動によって，国内に労資間の階級的な所得格差，労働者間での階層的格差，資産格差が拡大しているのである。多国籍企業による生産過程の海外移転は，アメリカに産業の空洞化，失業者の増大，賃金の切り下げをもたらしている。こうした世界的規模での蓄積過程の矛盾は，国内に産業の衰退，所得の二極分化や資産の格差拡大をもたらしている。一方の極には何百万のアメリカの勤労者が生活水準の低下で貧困に喘ぎ，他方の極には少数の企業富裕層が資本主義の世界的規模での拡大から獲得された富と財産を蓄積しているのである。

3 南北格差の拡大

経済のグローバリゼーションは世界的規模での社会的格差と社会的再生産の危機を急速に押し進めた。ほとんどの国々では，世界市場に統合されグローバルな消費者になっている人々が，この10年間で激増している。

国連開発計画の『人間開発報告』は世界の不平等の実状を詳細に示している。1998年時点で世界における200人の最富裕層の資産は，世界人口の41％の総

所得よりも多かった（国連開発計画〔1999〕『人間開発報告書——グローバリゼーションと人間開発』50頁）。その時点における3人の大富豪は，Bill Gate, Warren Buffett, Paul Allenであり，1560億ドルの総資産を保有しており，その総資産は最も開発の遅れた国43カ国の人口6億人のGDPを上回った。1999年には，超富裕層の間に富がますます集中し，人口の富裕層の20%が世界の富の85%を占め，残りの80%が世界の富の15%を占めている。グローバリゼーションは，このシステムから利益を得ている人々や国々と，グローバリゼーションの受動的影響を受けた人々や国々との間での，奇怪で危険な二極分化をもたらしている。グローバルな富裕層とグローバルな貧困層との間の格差がこれまで以上に拡大し，かつて経験したことのない比率で拡大しているのである（William I. Robinson〔2004〕*A Theory of Global Capitalism*, The Johns Hopkins University press, p.153）。

　2000年における世界の不平等をみると，世界人口の最上位20%の平均所得は，最下位20%の平均所得の約50倍となっている。世界の所得分配はシャンパングラスに似ている。最上位の面積が広いところで，人口の最富裕層20%が世界の総所得の4分の3を保持している。グラスの一番下の最も細いところにいる最貧層40%は世界の総所得の5%，最貧層20%は1.5%を得ているにすぎない。この場合の最下層40%とは，1日2ドル未満で生活している20億人にほぼ相当する（国連開発計画〔2005〕47頁）。

　最貧層20%の地域別構成は，どのように変遷してきているのであろうか。南アジアの割合は，全体の半分を占めていたが，1980年から今日の3分の1へと急激に縮小した。最貧層20%に占めるサハラ以南アフリカの割合は，20年間にわたり平均所得が低下したことを反映して増加している。1980年以降，この地域の割合は15%から36%へと2倍以上に増え，依然として増加している。現在，サハラ以南アフリカの2人に1人が，世界の所得分配における最貧層20%に属しているが，東南アジアでは5人に1人，南アジアは4人に1人である。当然のことながら，最上層20%の大部分は富裕国が占めている。富裕国では10人中9人が最富裕層20%に含まれている。最富裕層10%の所得の85%は，経済協力機構（OECD）諸国が占めているのである（国連開発計画

第11章 グローバリゼーションと人権，労働，格差問題

> ▶▶ *Column* ◀◀
>
> **アメリカにおける不平等と保健医療**
>
> 　アメリカの保健医療支出は世界最高です。1人あたりの保健支出では OECD 諸国の平均値の2倍に上り，国民所得の 13% を占めています。しかし，アメリカより保健医療支出がかなり少ないにもかかわらず，国民が健康的な国もあります。アメリカの公衆衛生の指標は，所得，健康保険加入率，人種，民族，そして地域によって異なる保健医療へのアクセスに起因する深刻な不平等が存在することから，低下しています。
>
> 　アメリカでは保健医療の成果が上がっていないことがあります。一生を通じたアメリカ市民の健康状態には，極端な格差があります。例えば，人種間，民族間での格差が存在します。それは，健康保険への加入率，所得，言語，教育をはじめとする様々な要因の違いから結果としてい生じています。
>
> 　保健医療の不平等を引き起こす要因には数多くあります。大きな影響力をもつ要因の1つが健康保険への加入率です。アメリカは富裕国の中で唯一国民皆保険制度が存在しない国です。雇用事業者が保険者である民間健康保健と公的健康保険が混在しており，国民全員が加入するには至っていません。2003年の場合，人口の半数以上が雇用事業者の健康保険に加入しており，高齢者のほぼ全員がメディケアに加入していますが，非高齢者のアメリカ人（4500万人）のうち6人に1人以上が健康保険に加入していません。貧困線を下回る世帯の3分の1以上（36%）は健康保険に未加入です。ヒスパニック系アメリカ人の健康保険の未加入率（13%）の2倍以上もあり，またアフリカ系アメリカ人の 21% は健康保険に加入していません。
>
> 　健康保険未加入者の 40% 以上は，病気になったときに治療を受けるかかりつけの医師がいません。3分の1以上は，2004年の1年間で，自分や家族の中に高い医療費が原因で，勧められた治療や調剤薬などを含む，必要な治療を受けられなかった人がいました。
>
> 　健康保険への不平等なアクセスは，人種に関係した健康格差に大きな影響を及ぼしています。1人あたりの保健医療支出の高さは，この国の最先端の医療技術と治療を反映しています。しかし，社会的不平等が保健医療への不平等な予算割り当てと相互に影響し合い，医療の進歩の恩恵を多くの人々が受けるのを妨げています。

〔2005〕47頁）。

　このように，経済のグローバリゼーションは世界的規模での社会的格差と社会的再生産の危機を急速に押し進めた。南北格差は先進資本主義国の多国籍企

業が途上国に安い労働力求め，労働力を搾取し，途上国市場の支配によって拡大しているのである。

⬜推薦図書

森岡孝二編（2007）『格差社会の構造——グローバル資本主義の断層』桜井書店
　　本書は，「格差社会」と「グローバリゼーション」の視点から，勤労者の格差，貧困の実態を読み解いたものである。

大塚秀之（2007）『格差国家アメリカ——広がる貧困，つのる不平等』大月書店
　　本書は，ここ数年のアメリカの格差と貧困の構造，医療保険制度の問題点，人種差別問題を明らかにしたものである。

スーザン・ジョージ／杉村昌昭・真田満訳（2004）『オルター・グローバリゼーション——もうひとつの世界は可能だ！　もし』作品社
　　本書は，新自由主義的グローバリゼーションの正体を明らかに，もう1つのグローバルジャスティス運動を論じたものである。

⬜設　問

1．多国籍企業は発展途上国の労働者の基本的人権をどのようにして侵害しているでしょうか。
2．経済のグローバリゼーションは，先進国・途上国での労働，雇用，所得，資産の格差にどのような影響を及ぼしているでしょうか。

（杉本良雄）

第12章

グローバリゼーションとグローバル・コンパクト

　先進国主導のグローバル経済に乗じ成長してきた多国籍企業は，経済成長による生活水準の向上というメリットを部分的にもたらした一方で，環境や労働，人権，そして賄賂や汚職といった分野で多くの問題を発生させています。そこで国連のグローバル・コンパクトという視点が，企業や市民にどのような影響をもたらすのでしょうか。

1　グローバル・コンパクトとは何か

　企業活動のグローバル化は，知識や技術の移転，雇用の創出などを通じて様々な国の経済発展に貢献してきた一方で，企業活動に起因する諸問題もグローバルな規模で引き起している。例えば，国境をまたいで生じている大気汚染などは，その典型である。また，より良い条件を求めて工場やその他の事業拠点の海外移転を進める多国籍企業を引き留める，あるいは誘致するため，各国や各地域で競うように労働に関する規制が緩和（規制緩和）され，その地域の雇用に不安が生じることもある。

　さらに，フランス政府がミャンマーへの投資の凍結を自国企業に訴えたという事例もある。これは，企業のミャンマーでの操業が，軍事政権との癒着につながるというフランス政府の懸念を反映したものであるが，同国の石油大手企業はこの決定に反発している（『朝日新聞』2007年10月9日付）。ブリティッシュ・ペトロリアム社は，チベットの人権問題に配慮しペトロ・チャイナへの出資を引き揚げる議題を，株主総会に諮った（『日経産業新聞』2001年5月5日付）。

　環境や労働問題だけではなく，賄賂や汚職，人権の問題もまた，もはや1国，1企業だけでは解決しえないものとなっている。そこで，このような規模の問

題に関する取り組みについて，**国連**の役割が注目される。本章で中心的に取り上げるのは，1999年1月の**世界経済フォーラム**の会議で国連の**コフィー・アナン元国連事務総長**が提唱し，2000年に発足したグローバル・コンパクト（Global Compact, 以下 GC）である。その柱となる10原則は，以下に示すとおりである。

【人権】
1. 企業はその影響の及ぶ範囲内で国際的に宣言されている人権の擁護を支持し，尊重する。
2. 人権侵害に加担しない。

【労働】
3. 組合結成の自由と団体交渉の権利を実効あるものにする。
4. あらゆる形態の強制労働を排除する。
5. 児童労働を実効的に廃止する。
6. 雇用と職業に関する差別を撤廃する。

【環境】
7. 環境問題の予防的なアプローチを支持する。
8. 環境に関して一層の責任を担うためのイニシアティブをとる。
9. 環境にやさしい技術の開発と普及を促進する。

【腐敗防止】
10. 強要と賄賂を含むあらゆる形態の腐敗を防止するために取り組む。

この10原則は取り扱う問題の範囲も広く，その文言はあいまいさを多分に

国連：国際連合（United Nations）とは，1945年に創設された国際機関であり，発足時の加盟国は51カ国であったが，現在は190カ国を超える。その中心機関である総会では，1国1票原則が導入され，国の大小に関わらず，各国は1票ずつ投票権をもつ。

世界経済フォーラム（World Economic Forum）：スイスのジュネーブを本拠地として1971年に発足した国際組織。各界のリーダーの結束により，世界が抱える問題に取り組んでいる。

コフィー・アナン元国連事務総長：コフィー・アナン（Kofi Annan　ガーナ出身）は第7代目の事務総長であり，1997年から2006年までその職務を務めた。本章に示す GC の提唱者であり，中心的な役割を果たした人物である。2008年現在の事務総長は潘基文（韓国出身）。

含んでいる。しかしながら，企業に関する各国および各地域の規制，さらにはNGOや産業団体，あるいは企業自身による行動綱領やガイドラインが盛んに作成されていく中で，GCは正当性ある国際機関が示す国際社会の合意として，企業行動のあるべき方向性を示す1つの重要な指針となりうる。

では，そのGCの原則において，なぜ人権，労働，環境，腐敗防止の4分野が選択されたのだろうか。

発案者であるアナン元国連事務総長は，これら4分野での問題を放置することは多角的な貿易体制に悪影響を及ぼすという点，4分野がすでに各種の国際的な合意や宣言の中で重要性が認められている点，さらには，NGOなど様々な利害関係者集団が，これら分野の十分な基準を確立することによって，貿易体制や投資協定に制限を課すよう求めている点などを，その理由として挙げている（SG/SM/688 I/rev.I ; Kofi Annan〔2004〕"An appeal to world business," Malcolm Mcintosh, Sandra Waddock and George Kell eds., *Learning to Talk-Corporate Citizenship and the Development of the UN Global Compact*, Greenleaf Publishing, p.29. ただし，発足時には腐敗防止を除く3分野であった）。

GCでは，これら10原則を具体化する方法として，以下の4つを挙げている。

(1) 政策対話（Policy Dialogues）：企業や国連機関，労働組合，NGOなどが設定されたテーマについてノウハウを共有し，問題解決への道を開く場を設ける。
(2) ラーニング（Learning）：ウェブ・ポータルを通じ企業の実践体験を共有する。
(3) ローカル・ネットワーク（Local Networks）：参加者のネットワークを構築する。
(4) パートナーシップ・プロジェクト（Partnership Project）：**ミレニアム開発目標**の達成をめざすパートナーシップ・プロジェクトへの参加を奨励す

NGO：非政府組織（Non Governmental Organization）とは，市民が中心となり，環境や人権問題等の多様な問題を取り上げ，活動する非営利の民間組織。1970年代頃からITの発展とともに発足したものが多く，その後もその数は増加傾向にある。

る。

(国際連合広報センター〔2003〕『国連グローバル・コンパクト 世界経済における企業のリーダーシップ』)。

　GC はグローバル化した世界経済が引き起こしかねない様々な問題を解決するために，企業が一致団結して，地球市民としての立場からその責務を推進することを求めている。アナン元国連事務総長の理念である「より持続可能な，かつ，包括的な世界経済」の実現は，民間企業が市民社会と手を組むことで可能になる（国連広報センター〔2003〕『国連グローバル・コンパクト 世界経済における企業のリーダーシップ』)。そこで，GC は，「協働プラットフォーム」という，参加者である企業や政府，国連機関や NGO が協働する場を提供している。ここでは，各参加者がそれぞれの強みを活かし弱みを補い，様々な問題の解決に取り組んでいる。5つの国連機関と政府，労働者団体に市民社会組織が加わり，2008 年 7 月までに 5600 以上の組織が参加する世界最大のイニシアティブとなっている（国連 GC ホームページ　http://www.unglobalcompact.org　2008 年 8 月 21 日アクセス)。

　GC に企業が参加しなければならない義務はない。しかし，2008 年 6 月までに 120 カ国 4300 以上もの企業が自発的に参加している。日本についてみれば，2008 年 12 月現在 71 社が参加している（国連広報センターホームページ　http://www.unic.or.jp　2008 年 8 月 21 日アクセス)。

　相次ぐ不祥事による企業に対する社会からの信頼回復が，大きなその誘引となっている (United Nations Global Compact Office〔2007〕*UN Global Compact Annual Review 2007 Leaders Summit*, United Nations Global Compact Office, p.11)。また，それは，諸問題の解決を企業とともに進めたい国連と，CSR (Corporate Social Responsibility：企業の社会的責任) 活動を活発化し，社会的な信頼や評価を得たい企業の思惑と結びついたものでもある。

ミレニアム開発目標：2000 年の国連ミレニアムサミットで採択された。「絶対的貧困，飢餓の撲滅」「子どもの死亡率の削減」「初等教育の完全普及」「ジェンダーの平等と女性のエンパワーメントの達成」「妊産婦の健康の改善」「疾病の蔓延の防止」「持続可能な環境の形成」「グローバルパートナーシップの構築」という 8 項目がある。

このように大規模な活動となったGCは，以下に示すような問題点も指摘されている。まず，NGOによれば，10原則遵守を約束した後，企業による説明責任のメカニズムがないことが指摘されている（ジェレミー・ホッブス〔オックスファム・インターナショナル〕，アイリーン・カーン〔アムネスティ・インターナショナル〕，マイケル・ボズナー〔人権のための法曹委員会〕，ケネス・ロス〔ヒューマン・ライツ・ウォッチ〕著「国連グローバル・コンパクトへの懸念を表明するルイーズ・フレシェット副事務総長宛て書簡」2003年4月。http://www.unic.or.jp/globalcomp/news/030701_1.htm　2008年8月21日アクセス）。それは，途上国も憂慮するように，GCが参加企業に対する一切の法的規制を求めないこと（大泉敬子〔2004〕「グローバル化の進む世界と国連──『グローバル・コンパクト』の意味を問う」『世界法年報』第23号, 24頁）とも関連している。企業が原則を実際に守っているのかという疑念は解消されておらず，守っていなかった場合の罰則もない。GCは，あくまで参加組織の自発的な活動とされている。

また，そうしたGCに参加するNGOについて，批判表明のためには過激なことも臆せず行う怖いもの知らずの行動力が弱まる危険性を指摘する声もある（笠原重久〔2005〕「国連グローバル・コンパクト──この官・民パートナーシップの意義に関する一考察」日本国際連合学会編『市民社会と国連』国際書院，54頁）。

さらに，国連と企業の関係についていえば，特に企業が国連の旗を掲げることで企業イメージの浄化に利用され，逆に，国連のイメージが企業犯罪者によって汚されるという批判がある（大泉〔2004〕25頁）。すなわち，GC参加が企業のイメージアップに使われ，本来的な意義が失われてしまうのではないかという問題である。

このようなGCメカニズムの厳格さや参加主体間の関係についての問題は，今後もGCにおいて検討されるべきものであるが，ジョン・ジェラード・ラギー（John Gerard Ruggie）はこれに関する1つの「回答」を下記のように示している。それは，なぜアナンが規制ではなく，監視もコンプライアンスのメカニズムももたないこのアプローチをGCに採用したのかというものである。

上記したGCに関する問題は，自発的なイニシアティブではなく，厳格な規制によって，解決できるものも多いかもしれない。しかしながら，国連総会で

そのような規制が承認される見込みはゼロであること，グローバルに活動する企業とそのサプライ・チェーンや，1国内の中小企業が原則に違反していないかを監視するための能力や資金は，国連のロジスティクスと財務状況を上回ること，そして，国連が規制を課そうとすれば，産業界が反対するだけでなく，進歩的なビジネスリーダーを反規制連盟へと押しやることになるかもしれない（John Gerard Ruggie〔2001〕"global governance net：The Global Compact as Learning Network," *Global Governance*, Oct–Dec, Vol.7, No.4, p.373）。

2　GC 発足の経緯

　前節で述べたように積極的な CSR 活動への取り組みを一因として，GC に参加する企業が増えている。日本でも，GC 活動の強化のために常設組織が発足した。しかしながら，GC は近年高まるこの活動の一行動綱領として，唐突に生まれたものではない。国連とこれを構成する国家，多国籍企業との歴史的な関係の中で生まれたものである。

　国連においては，国家の経済政策と多国籍企業の投資が果たす役割に対する認識の変化をみることができる。したがって，各国の合意で決議される国連の多国籍企業に対する姿勢もまた，そうした変化に連動してきている。

　大泉敬子によれば，第二次世界大戦後しばらくは，多国籍企業に対する規制は個別国家によるもので，国際組織が関与しない時代が続いたが，1970 年代になり，企業による資源の乱開発や環境破壊，途上国における新植民地主義が国際的な問題として表面化すると，途上国側が新たな秩序を求めるようになった。その結果，国連の経済社会理事会で，1972 年に多国籍企業の行動を監視する決議が採択され，74 年に多国籍企業センターと多国籍企業委員会が発足した（大泉〔2004〕34-35 頁）。この時代に国連が多国籍企業の経済活動に対し，監視や規制を行っていこうとする傾向が強まった。

　しかしながら，1980 年代になると，こうした企業に対する規制の議論は弱まってゆく。その理由として，第一に資本市場・金融市場のグローバル化が進展するに伴い，企業に対する国家の規制力が全体として脆弱化していったこと

が挙げられる（ジェフリー・ジョーンズ／安室憲一・梅野巨利訳〔2007〕『国際経営講義　多国籍企業とグローバル資本主義』有斐閣，290 頁）。第二に，多国籍企業が国家経済の「成長のエンジン」としてみられたこともある。すなわち，海外から企業を受け入れ，国内よりも進んだ知識や技術の移転によって，自国の経済成長を促そうとする政策である。したがって，企業の海外直接投資については，規制するよりむしろ歓迎する（規制緩和）という政策へ転換していった。

　それ以後，多国籍企業の活動をグローバルな単位で規制していこうとする流れは弱まってゆく。馬橋憲男によれば，規制の議論が高まった 1970 年代に国連で始まった「多国籍企業行動綱領」は，1992 年になると行動綱領の 80％ について合意されていたにもかかわらず，アメリカの主張により同綱領に関する交渉は中止され，上記した多国籍企業センターも解体され，以来多国籍企業を監視する公的機関は存在しなくなった（馬橋憲男〔2004〕「国連と市民社会・NGO」臼井久和・馬橋憲男編著『新しい国連──冷戦から 21 世紀へ』有信堂，170 頁）。

　アナンが発案した GC は企業を規制するのではなく前記した 10 原則を具体化する方法を通じ，企業や国連機関，NGO などが共に問題の解決策を模索する「協働プラットフォーム」という形式を採った。実際，国連にとって，多国籍企業の厳格な規制を決議することは，歴史的背景から考えると，ラギーの指摘にもみられるように，現実的とは思われない。加えて，国連は財政難にあり，国連国際協力基金の事務局長でさえ，開発を効率的に進めるためには，企業に援助を求める必要があると言わざるをえないほどであった（『日本経済新聞』2000 年 9 月 3 日付朝刊）。また，国連にその参加が正式に認められるまでに影響力をもち始めた NGO を無視し，従来通り国家間における決議のみで進める情勢でもなかった。

　2000 年に発足した GC の現代的意義として，梅田徹は 2 つの意味での大きな転換点であったと指摘する。すなわち第一は，国連側に企業は「パートナー」であるという認識が強まったことであり，第二は，企業を「上から」規制しようとするのではなく，企業の自発性を尊重することによって「上から」規制した場合と同様の秩序ある企業行動を導くことをめざしているという点であ

る（梅田徹〔2008〕「国連グローバル・コンパクトの発展と現状」江橋崇編著『法政大学現代法研究所叢書29　グローバル・コンパクトの新展開』法政大学出版局，32頁）。

　第一の点については，国連が初めて企業に直接呼びかけたものがGCであるという点から明白であろう。GCにおいて，国連は企業を規制対象ではなく，協働相手とみなしている。また，第二についても，前述のように，法的拘束力をもった規制は，もはや現実的ではなく，企業が自ら行動綱領を示したり，NGOと対話したりするなどの活動を通じて「自発性」に期待する方向がみて取れる。

　アナンは，以下のように述べている。すなわち，「工業化した国々は，つらく犠牲の大きい世界大恐慌を体験している。社会的な調和や政治的安定性を回復するために，これら国々では，経済の変動性を制限し，市場の失敗の埋め合わせをしようとするソーシャル・セーフティ・ネットを採用した。……（中略）……今日の我々の挑戦は，同様の契約（compact）をグローバル規模で考案することであり，それは新しいグローバル経済を支持するためである。もし，我々がそれに成功するなら，我々は第二次大戦後の工業化した国と同様のグローバルな繁栄の時代の基礎を築くだろう。」（SG/SM/688 I/rev.I.；Kofi Annan〔2004〕op. sit., p.29）。

　原則として，国家がその力を行使できる範囲は国境内に限られるが，多国籍企業は文字通り国境を越えて活動を行う。この活動に起因する問題は，個々の国家政策の手に余るものであり，特に途上国においてこれは顕著である。そこで，決して強制的なものではないものの，一定の基礎をなすグローバルな原則を国連が示し，その原則のもとに各組織が国境を越えて協働し，諸問題の解決に取り組むというのが，上記アナンのいう「ソーシャル・セーフティ・ネット」を具現化するGCである。

　したがって，前節に示したように改善すべき問題を抱えつつも，企業と国連，そして国連を構成する国家との関係の中で，現実的に可能な範囲で立ち上がったのが，GCであると考えられる。

3 GCとグローバル・ガバナンス

　経済の持続可能な発展のためには，企業の社会的責任を強化することが不可欠であるという認識が，GCの前提となっている。そこでは，従来の**コーポレート・ガバナンス**の要素に，人権・労働・環境・腐敗防止に関する国際規範を盛り込むことが必要であるという主張が強調されていると考えられる。

　GCでは，グローバル化時代の企業の社会的責任という公共性のある問題を，各国政府がそれぞれの国内法で規制して対処するという方式ではなく，国連諸機関，企業，各種団体NGOなどが自発的なネットワークの中で対処していく方式がとられている。公共性のある問題を政府のみに任せるのではなく，国際組織という「官」，企業，NGOという「民」が協議して解決を図るシステムがGCである。つまり，従来のグローバル・ガバナンスを超えたところにある新たなコーポレート・ガバナンスの一形態がGCのめざすものであるといえよう。では，GCによってコーポレート・ガバナンス機能がグローバル・ガバナンス機能とどのようにリンクするのかを検討していこう。

　企業のステークホルダーは，現在では，株主や取引企業，消費者のみならず，社会全体となっている。そのため，企業への制裁の有効性は，規制という強制力に加えて，規範と非難というパワーにもあることを忘れてはならない。

　GCでは，企業が10原則の尊重を宣言し，NGOがそれを監視するというケースも仮定されている。企業は市場での厳しい競争にさらされているため，政府以上に10原則からの逸脱によるNGOからの指摘を回避すると考えられる。このように，GCの特徴は，学習と実践を通じた社会化，社会的制裁，市場メカニズムを組み合わせて企業活動を制御するという点にあるといえよう。

　GCの10原則が，企業活動に組み込まれれば，それらの遵守が習慣化される。さらに，法的規制は企業が守るべき最低水準であるが，10原則に従った

コーポレート・ガバナンス：狭義には，企業の主権者である株主の専門経営者に対する監視・チェック機能のことであり，企業統治と訳される。企業は株主以外にも多くの利害関係者に囲まれており，この広い視点からの経営者に対する監視・チェック機能を広義のコーポレート・ガバナンスという。

グット・プラクティスは，企業活動から実践される最高の活動水準である。結果として，利潤と社会的責任を同時に追求したモデルを確立した企業は先進企業という評判を得られるため，企業自らの活動を自発的に改善しようとするインセンティブが生まれる。

　GCは，学習に基づいた独自のアプローチによって規制的枠組みを補完し，グローバル・ガバナンスの一助となりうる。さらに，10原則は，普遍性が高く，企業の社会的責任に関するほとんどのイニシアティブと整合的であるため，コーポレート・ガバナンスのグローバルスタンダードとなる可能性が大きい。

　ガバナンスとは，「個人と機関，公と私とが共通の問題に取り組む方法の集まりである。相反する，あるいは，多様な利害関係の調整をしたり，協力的な行動をとる継続的なプロセスのことである。承認を強いる権限を与えられた公的な機関や制度に加えて，人々や機関が同意する，あるいは自らの利益に適うと認識するような，非公式の申し合わせもそこには含まれる。」（グローバル・ガバナンス委員会編／京都フォーラム監訳〔1995〕『地球リーダーシップ』NHK出版，28-29頁）。地球規模で，このような意味合いをもつガバナンスがグローバル・ガバナンスであるというよう。グローバル・ガバナンスにおいて，国連の役割は必要不可欠で中心的なものではあるが，そのすべての仕事を遂行できるわけではない。しかし，国連の機能を中心として各国政府が相互の共同姿勢で臨み，社会その他のセクターもグローバルな問題の多極的な運営に関わるという形はとりうるという考え方は，まさにグローバル・ガバナンスにおけるGCの存在意義を明確にする。

　GCの特徴として，組織間ネットワークをあげることができる。これは，①強制的ではなく自主的な参加，②反復的，定型的ではなく，学習に基づく実験的・革新的な活動，③垂直的・階層的ではなく水平的・非階層的な統治という意味である（John Gerard Ruggie〔2002〕"The Theory and Practice of Learning Networks : Corporate Social Responsibility and the Global Compact," *Journal of Corporate Citizenship*, issue 5, pp.27-36）。

　企業が組織間ネットワークに参加する意義は，単独では実現できない共通の目標を達成するためであり，企業は組織間ネットワークを通じて各種の資源を

第12章　グローバリゼーションとグローバル・コンパクト

交換することができる。

　GCへの参加は，排他的ではなく，幅広い参加を求める，アクセスしやすいフォーラムである。以下では，その参加の手順をまとめてみよう。
〔Ⅰ〕GCとその10原則を支持することを表明し，GCを周囲に広めていく。具体的には，(a) GCについて社員，株主，顧客および仕入先に知らせる。(b) GCと10原則を自社の人材養成・研修プログラムに組み込む。(c) GCの原則を自社の経営指針の中に取り入れる。(d) 年次報告書などの文章にGCへの公約を盛り込んでいく。(e) その公約を公表するために，報道機関に情報提供する。
〔Ⅱ〕1年に1回10原則を実践する上で，自社が達成した成果と，学んだ教訓の具体例を国連本部のGC事務局に報告する。
〔Ⅲ〕参加企業が，GCの原則や国連の幅広い活動をより積極的に支援したいと希望する場合は，GCの枠組みの中で，国連とパートナーシップを組みながら様々なプロジェクトを立ち上げることも可能である（妹尾靖子〔2002〕「国連の新たな試み：グローバルコンパクト―グローバルコンパクトへの参加は，重要な企業戦略」『世界の労働』52巻11号，28頁）。

　GCは，参加しやすい体制になっているが，参加することによって企業は何を得ることができるのだろうか。これについてもまとめてみよう（妹尾〔2002〕28頁）。
①社会の一員として責任ある行動を通じて，リーダーとしての地位を示すことができる。
②同じ志をもつ企業や組織の間で，経験や教訓を共有する機会が得られる。
③他の企業，国際組織，政府機関，労働界，NGOなどと関係を築くことができる。
④国際労働機関，人権高等弁務官事務所，国連環境計画，国連開発計画などの国連機関とのつながりができる。
⑤企業のビジョンに社会的な側面を加えるとともに，責任ある経営の方針と業務を実行することによって，事業のチャンスを最大限に活かすことができる。

⑥紛争地域における企業の役割や，**持続可能な開発**など，世界が直面している重要な問題についての意見交換の場に参加する機会が得られる。

このように，企業がGCに参加することは，自主的なそして能動的な側面が大きい。結果として，コーポレート・ガバナンスの延長線上にグローバル・ガバナンスという大きな達成目標がみえてくるのではないかと考えることができる。

4　組織間ネットワークと相補性

GCは，企業が国連機関や市民社会組織とともにミレニアム開発目標の2015年までの達成をめざすパートナーシップ・プロジェクトに参加することを推奨している。

このように，グローバル・ガバナンスの達成を個々の企業に任せるのではなく，多様な組織の協働によってそれを達成することがGCの特徴である。多様な組織が多様な考えや情報をもち寄ることによって，多様性の吸収をする場がGCのプラットフォームである。多様性の吸収という考え方は，相補性概念に密接に結びついている。「相補性は，異なった要素が一緒になって，はじめて完全な全体が形成されるという意味を持つ。相補性の考え方を応用すると，自分にないものを持っている相手と連動することによって，新しい全体を構築することが可能になる。」（奥長弘三〔2001〕「企業の健全性評価軸」海老澤栄一編著『経済価値を超えて』同友館，96頁）。相補性の視点では，「多様性の吸収における主体間の関係では，一方が他方の犠牲の上に成り立つものではなく，両者の目的を同時に実現することが求められる。」（奥長〔2001〕97頁）。

海老澤栄一は創造性の発現について次のように述べている。「製品や市場創造を頭に描いても，従前の考え方では，トップマネジメント，経営企画，製品

持続可能な開発：国連の環境と開発に関する世界委員会が1987年，「持続可能」という考えを提唱した。「将来の世代のニーズを満たす能力を損なうことなく，今日のニーズを満たすような開発」と説明されている。資源の浪費や生態系への負担を抑えて，長期的に利益を得られる経済・社会システムの実現をめざす。02年の持続可能な開発に関する世界首脳会議（環境開発サミット）でまとめられたヨハネスブルグ宣言には目標達成のため，企業の社会的な行動責任が明記された。

企画など特定の専門家集団に任されていた。しかし，専門家集団が常に新規性に富むアイデアを持っているという保証はない。むしろ，素人の発想や顧客からの提案，社会全般の動きなど多様な範囲からの情報収集が望まれているのである。決められた枠をこわして，しばりを解くことに関係者すべてがかかわることによって，新鮮な創造性との出会いがあるのではないだろうか。異なった空間，多様な結合，連続する時間の中で多様な価値を認め合うことから増分型創造性が生まれてくるように思う。」(海老澤栄一〔1999〕『地球村時代の経営管理』文眞堂，194頁)。つまり，多様性を求める創造性の発現には一元的な思考ではなく，相補性の概念が不可欠なのである。

多様性を追求するということは，相補関係にあるそれぞれの考え方の異質性を認め合うことであると思われる。行時博孝は創造するシステムの原則の1つとして異質性の原則を挙げている。「一般的創造活動は異質な外部情報や資源を積極的にとりこむことによって実現可能となる。創造性のキーワードに異質同型性の発見がある。これはゆらぎをあえて取り込む勇気があってはじめて実現する。ゆらぎを体験した後に本来の意味での和が生まれる。」(行時〔1999〕「組織における知恵と創造活動」海老澤栄一・寺本明輝・行時博孝共著『知恵が出る組織』同友館，53頁)。和はある部分が全体を凌駕することによって起こる同質化とは異なり，主体性のある異なる性質の調和によって生み出されると考えることができる。相補性概念の特徴は，(1)異なった要素が1つになって完全な全体になること。(2)異なった要素のそれぞれの異質性が尊重されていること。(3)完全な全体を形成する両者が主体的に目的を同時に達成することなどである。

5 GCの課題と今後の展望

GCのリーフレットには「GCは，規制の手段でも，法的に拘束力のある行動規範でもありません。企業の経営方針や実践を管理するためのものでもありません。しかしその一方で，GCは，企業が真剣な取り組みを怠り，結果を示そうとせずに，形だけの参加を許すような隠れみのでもありません。GCは，各企業が責任ある創造的なリーダーシップを発揮することによって，社会の良

表12-1　GCへの参加の価値

直接的に	間接的に
重要課題について他企業，NGO，労働界，政府とグローバルに，そしてローカルに対話，連携する機会が生まれる。	ビジネス実践が普遍的価値に基づいていることで，特に開発途上国での正当性と受容性が高まる。
難題に対する実際的な解決策と戦略に着想を与える経験と規範例を分かち合うことができる。	特に社会的期待が変化する中で，消費者と投資家に対する評判とブランド価値が向上する。
開発問題に関する国連の幅広い知識を活用できるきっかけが生まれる。	従業員のやる気と生産性が高まり，優秀な社員の採用と確保が可能になる。
政府，企業，市民社会などのステークホルダーに対する国連のグローバルな影響力と招集能力を活用できる。	原材料の利用改善や廃棄物管理などを通じ，事業効率が改善する。
	プログレス（進捗状況）を報告することで，アカウンタビリティと透明性が確保できる。

（出所）　国連資料『グローバル・コンパクト関与の手引き』5頁。

表12-2　GCの基本的性格

グローバル・コンパクトとは	
持続可能な開発を促進し，よき企業市民を育てる自主的なイニシアティブである。	法的拘束力を持たない。
普遍的に受け入れられた原則に基づく一連の価値である。	企業行動を監視し，コンプライアンスを強制する手段ではない。
企業とその他のステークホルダーのネットワークである。	標準でも，マネジメントシステムでも，行動規範でもない。
学習と経験交換のためのフォーラムである。	規制機関ではない。
	広報手段ではない。

（出所）　国連資料『グローバル・コンパクト関与の手引き』4頁。

き一員として行動を促すとともに，持続可能な成長を実現するための世界的な枠組み作りに参加する『自発的なイニシアティブ』なのです」と述べられているが，自発的に参加する企業にとってのメリットを再検討してみよう。

　表12-1によると，直接的には，ネットワークへの参加によって，一企業だけでは対処できない課題に対して，知識を得ることができるという参加への価値と，間接的には，経営効率の向上と，企業経営の透明性の確保によって，ステークホルダーに対する説明責任を確保しやすくなるという価値があるといえよう。

しかしながら，**表12-2**に示されているとおり，法的拘束力をもたず，また，監視の機能ももたず，自主的なイニシアティブに任されているという面で，実効性に問題点があることも否めない。それよりも，GCは，ネットワークによる学習効果を前面に押し出し，**プログレス**という，状況報告の強制によってGCの成果を計ろうとしている。国連は，10原則を明確にしたという点では評価できるが，その原則の履行が企業の自主性に任されているという点では，国連の労力および影響力は，規制という方法に比べて明らかに軽減されている。

一方，企業側にとっては，メリットがあるため，GCに参加する企業が増えている。社会的責任，特に，多国籍企業にとっては，国際的な社会的責任を果たすことがステークホルダーにとっては好ましいことなので，コーポレート・ガバナンスの一環としてGCへの参加を検討する企業が多くなってくるのではないだろうか。

温暖化や貧困，テロといった地球規模の課題が多く浮上している現状を踏まえ，企業や個人，NGOなどの各セクターが，国境を越えたグローバルな問題に対処する意識をもち，それぞれが社会的責任を果たすべきだとする考え方，つまり，GSR (Global Social Responsibility) が問われる時代になっている。

多国籍企業は自社の経営をみつめ直し**GSR戦略**を立て，それを推進しようとする組織を整備することによって，多国籍企業の社会へ対する「良い経営」を表現できるようになる。そのものさしとして，GCの10原則が有効に活用できるであろう。GCの10原則に強制力がないという問題点を先に示したが，今や，CSRやGSRの追求は，多国籍企業の優先課題となっているがゆえに，GCへの参加はその存在理由を示す大きな効果をもっている。自主性を表明できない企業は取り残されてしまい，その存続さえ危うくなってしまう。競争戦

プログレス：GC10原則の進捗状況のことである。GCに参加する企業は，事業活動で，10原則の実施をどれだけ進めたかをGC事務局を含めたステークホルダー（消費者，従業員，労働団体，株主，メディアなど）に伝えなければならない義務がある。進捗状況の報告は，GC参加企業の誠実性実現の一要素となっている。

GSR戦略：世界の社会的な共通課題に対処する戦略である。企業を中心として，政府，市民が国境を越えて協働する体制で実施される。具体的には，地球の生態系に大きな影響を与える気候変動問題への対応，それに伴う食糧不足，感染症の蔓延などへの対応がある。

▶▶ Column ◀◀

キッコーマンとリコー：労働・人権に関する実践

　ダボス会議に毎年参加していたキッコーマンの茂木社長（当時）は，アナン事務総長の呼びかけに賛同し2001年に1月に，GC参加への表明する手紙を国連に提出しました。キッコーマンは日本企業第1号として国連GCに参加した企業です。GC参加後，社長のメッセージが社内，関係会社，グループ全体に発信され，GC理念の意識の徹底が図られました。キッコーマンは経営理念の1つに，「地球社会にとって存在意義のある企業を目指す」ことを掲げています。GCへの参加は，まさに，経営理念の体現につながっています。

　キッコーマンの海外での事業は先進国が多く，人権，労働問題に対する直接的に大きな問題となるようなケースは少ない。原材料は，強制労働や児童労働によって生産されたものではなく，製品の製造・出荷工程は機械化されているため，こうした形態の労働が介在する余地はありません。また，国内外を問わず，法令に則り，人種，宗教，性差による雇用差別を排除し，人種的マイノリティ・身体障害者の雇用を促進しています。

　リコーでは，2002年4月，桜井社長（当時）が国連事務総長宛にGCへの参加を表明した書簡を送りました。GCの趣旨や考え方が，循環型社会形成に貢献していくというリコーの方針に合致していることから，GCへの参加が決定されました。

　人権・労働分野について，リコーの社員に対する基本的な考え方（ビジネス行動規範）において，「基本的人権の尊重」が謳われており，次の二項目が規定されています。それらは「一切の差別を排除する」と「個人のプライバシーを保護する」という規定です。また，「個を生かす職場環境の提供」，「働きやすい環境づくりに努める」という規定があります。

　これら人権に関する行動規範は，GC原則の①「企業はその影響の及ぶ範囲内で国際的に宣言されている人権の擁護を支持し，尊重する」，②「人権侵害に加担しない」を直接的に体現しています。

〈参考資料〉

清水和生（2004）「グローバルコンパクト──キッコーマンの取り組み」『労働の科学』59巻1号。

中丸進（2002）「企業の社会的責任とグローバル・コンパクト──㈱リコーの取り組み」『世界の労働』52巻11号。

略と同じくらい重要な多国籍企業の GSR 戦略を後押しするフォーラムが GC であるといえよう。

[推薦図書]

功刀達朗・内田孟男編著（2006）『国連と地球市民社会の新しい地平』東信堂
　　国連がグローバル・ガバナンスの中でどのような役割をみつけ，発揮できるかを国連の視点，地球市民社会の視点で解説している。本書では，世界が直面する深刻な課題克服のために，国連がその加盟国や他の国際機関に加えて，民間企業の活力や創造力を活用しようとしている点について述べられている。

江橋崇編著（2008）『法政大学現代法研究所叢書 29　グローバル・コンパクトの新展開』法政大学出版局
　　日本における最初の本格的な GC に関する研究書である。GC の現状や過去，将来についての分析や，GC と企業，GC と政府の関係，あるいは GC と CSR の接点について議論されている。

明石康（2006）『国際連合　軌跡と展望』岩波新書
　　元国連事務次長自らが国連について解説を行った書である。国連の歴史や現状，将来への展望がわかりやすく示されている。

[設　問]

1．GC を通じて，国際社会が企業の何を問題視しているのか，そして企業はどのようにこれに応えるべきかを述べてください。
2．持続可能な開発に向けて，国連グローバル・コンパクト（GC）がどのような機能を果たすかを述べてください。

　　　　　　　　　　　　　　　　　　　　　　　　（井上善博・根岸可奈子）

終　章

グローバリゼーションと21世紀企業のビジネスモデル

　情報通信技術（ICT）の飛躍的発展を背景とした現代グローバリゼーションは，企業経営のみならず社会の構造を根本的に変容しつつありますが，それには，プラスの側面とマイナスの側面とが混在しています。グローバリゼーションのプラスの側面がわれわれにとって有効に機能するための条件，換言すれば，現代社会をより良いものに前進させるための処方箋はどのように描かれるべきでしょうか。終章は，対話と共生をキーワードにしてこの問題を考察します。

1　グローバリゼーション

　現代社会の特徴を表現するとき，「グローバリゼーション（Globarization）」という用語が頻繁に用いられるようになった。政治行動や経済活動が，国家という枠組みを越えて地球規模で相互に影響を及ぼしあう状態をグローバリゼーションという。しかし，この用語の意味する社会現象は，インターネット世界の拡大，多国籍企業の相互投資や企業内国際貿易の深化，"マックワールド"と称される消費行動の同質化，あるいは地球環境の悪化，など実に多岐にわたるものであり，それらの現象についての解釈もまた様々である。こうした概念や解釈をめぐる混乱した状態が，それらがもたらす社会現象の複雑さとともに，その本質をみえにくくしている。

　グローバリゼーションの開始時期についても様々な解釈がある。ウルリッヒ・ベック（Ulrich Beck）によれば，資本主義世界システムの登場，あるいは

マックワールド：ファストフード店の世界的な事業展開は，栄養価が低く，脂肪分が多いため深刻な健康問題を引き起こすと批判されているが，それだけではなく，そのマニュアル化された経営手法があらゆる創造的営みを奪い，画一的な行動を強いる危険性を孕むとする考え方の総称。

「経済のグローバル化」に限った場合でも，植民地主義が始まった16世紀にまで遡るとする説もあれば，国際的コンツェルンの登場にその起源を見いだす説，あるいは固定為替相場の廃止とともに始まったとする説，など様々である（ウルリッヒ・ベック／木前利秋・中村健吾監訳〔2005〕『グローバル化の社会学――グローバリズムの誤謬――グローバル化への応答』国文社，45頁）。

　本章では，1980年代末における社会主義諸国に起こった一連の社会変革が，世界の構造をグローバリゼーションの方向に一気に駆り立てる引き金になった点を重視する。なぜなら，現代のグローバリゼーションが，第二次世界大戦後の，いわゆる「米ソ冷戦構造」といわれた資本主義諸国と社会主義諸国の二大陣営を軸とした世界システムの構造的変化を伴うとともに，このような構造転換をICT（Information and Communication Technology）革新が強力に後押ししてきたことをその特徴としているからである。

　冷戦構造の消滅とともに，ポスト冷戦の新たな世界構造が「徹底した市場経済化」という形で急速に構築され，ポスト冷戦の行動原理となった「グローバルな市場経済体制」のもとで，経済主体間の地球規模での効率をめぐる競争が開始された。いわゆる「グローバル資本主義」ないしは「大競争（mega competition）」時代の幕開けである。このように，企業，家計などの経済主体が市場を媒介して経済的基準としての効率を地球規模で追求するという意味でのグローバリゼーションにおいては，市場における効率性こそが唯一の評価基準とされるため，"非効率"とみなされるものはことごとく市場からの退場を宣告される。こうした市場原理に基づく効率至上主義を社会が容認する場合，企業に対する事業評価においても，時間的効率性や費用的効率性こそが最重要な評価基準とならざるをえなくなる。

　効率指向それ自体は否定されるべきではないし，社会発展の原動力にもなりうる。しかしながら，現代社会における効率至上主義がもたらす問題の核心は，ICTの飛躍的発展をその原動力とする現下のグローバリゼーションがその到達すべき社会像を明示できないことにあり，したがって，今日の急激かつ構造的な経済システムの変化に耐えきれないものとの間に深刻な格差をもたらしていること，さらには優勝劣敗を是とするがあまり，敗者（現代社会における弱

者）に対する社会的救済制度（セーフティネット）が理念的にも実践的にも欠落していること，にある。

「**ナブダニア（九つの種子）運動**」で著名なヴァンダナ・シヴァ（インドの活動家）が，グローバリゼーションを「貧しい国々や豊かな国々の貧しい人々に訪れた新種の企業植民地」と定義づけている＊ように，敗者は豊かな国の中にも急増している。わが国の非正規雇用者の群れと格差社会化，アメリカにおける「反バックオフィース法案」をめぐるインドとの（事務労働者間の）確執，などに顕著にみられるように，グローバリゼーションがもたらす社会的弱者の増大は決して貧しい国に固有の問題ではなく，この点も現代のグローバリゼーションの大きな特徴となっている。

> ＊ *Economist*, 23 June, 2001, p.13.；ジョン・マクミラン／瀧澤弘和・木村友二訳（2007）『市場を創る――バザールからネット取引まで』NTT出版，304頁。

ビジネス・エシックスの研究者として名高いリチャード・T・ディジョージ（Richard T. DeGeorge）によれば，アメリカにおける経済システムは，競争，プラグマティズム，効率という3つの価値基準をもっているが，その中で，「公正な競争は，最も効率的であった者，すなわちより低い価格で競争相手と同等の，あるいはそれ以上の品質の製品を生産できる人々に報酬を与える」＊ものとされている。しかしながら，ディジョージも認めるように，「公正な競争」はその反面において，非効率な弱者ないしは敗者が常に大量に生み出される競争でもある。効率指向の経済システムにおける競争は，無慈悲かつ不平等な格差を生み，それを助長するシステムであるといえる。

> ＊ リチャード・T・ディジョージ／麗澤大学ビジネス・エシックス研究会訳（1995）『ビジネス・エシックス――グローバル経済の倫理的要請』明石書店，24-25頁。

ナブダニア（九つの種子）運動：遺伝子組み換え作物の生産等にみられる，多国籍企業による農業の工業化と市場支配に対する抵抗運動であり，生物多様性を守り，種子を保存し，独占的支配のない農業を維持するための社会運動である。種子銀行と有機農業の推進をインド農業に普及させることが運動の目的である。

2 対話と共生：グローバリゼーションのプラスの側面を引き出すための条件

　グローバリゼーションは，様々な人間の営みが国境を越えて拡大する現象であり，その結果として，時間的距離と空間的距離が圧縮される現象であると考えるのであれば，それは現代世界に固有の特徴とはいえない。例えば，スザンヌ・バーガー（Suzanne Berger）は，1870〜1914 年を「第 1 次グローバル化」の時代と位置づける。それをもたらしたものは，輸送と情報伝達分野における技術革新であった。輸送面では，1776 年のアメリカ独立戦争当時，ベンジャミン・フランクリンのフランスまでの船旅は 42 日間を要したが，1912 年になると，同行程は 5 日半まで短縮された。他方，情報伝達面では，大西洋横断ケーブルが敷設された 1860 年代までロンドン―ニューヨーク間の株価情報の伝達には 3 週間を要したが，1914 年には世界中の金融センターが電信と電話回線で結ばれたため，現在とほぼ変わらない速度で情報交換が可能となった。その結果，大西洋をはさむ英米の金利差はみるみる縮小したのである（スザンヌ・バーガー，MIT 産業生産性センター／楡井浩一訳［2006］『グローバル企業の成功戦略』草思社，第 1 章）。

　このように，グローバリゼーションに共通する特徴が時間的距離と空間的（地理的）距離の圧縮にあるとすれば，いつの時代のグローバリゼーションも，その推進力としての輸送と情報伝達面における技術革新を確認することができる。今日のグローバリゼーションも，輸送面においては航空輸送の高速化とハブ空港の建設による**グローバル都市（global city）**を結ぶ輸送ネットワークの拡大がヒトとモノの移動の利便性を飛躍的に高めている。他方，情報伝達面では，インターネットの普及，および"**グローバル・メディア・コンプレックス**"とでも呼ぶべきインターネット，人工衛星，テレコミュニケーションなど

グローバル都市（global city）：国家の政治活動と経済活動の中心地である世界都市（world city）に類似する概念ではあるが，多国籍企業の管理業務や国際金融市場向けの専門サービス業が集積された経済空間を特にグローバル都市という。1990 年代以降，サスキア・サッセン（Saskia Sassen）等を中心に研究が進められている。

が複雑に絡み合った，情報コンテンツを瞬時に伝達するツールがわれわれの行動様式を根本から変えたのである。

　ただ，この点と関連するきわめて重要な問題は，時間的距離および空間的距離の圧縮という物理的距離の変化と，われわれ個々人がもつ"内面的距離ないしは精神的距離"とが著しく乖離していることである。なぜ，このことが重要であるかといえば，この両者の距離の隔たりがあるために，グローバリゼーションが本来有する"プラスの側面"を社会発展に役立てられずにいるからである。

　そもそも，時間的距離および空間的距離の圧縮は，これまで国境やその他の政治的区分で分断されてきたローカルコミュニティ（地域共同体）がヒトやモノ，さらには情報や文化の交流を通じて物理的距離を超えて連結されていくことを意味しており，その意味では分断状態から生じる偏見や差別といった，コミュニティ間の対立と紛争を生む人間感情や意識を変えるきっかけになることが期待できる。換言すれば，それは，「対話（dialogue）」への道を開く可能性をもつということにほかならない。対話は，人間社会を平和的かつ安定的に維持するためのコミュニケーション・ツールであり，言語，文化，あるいは宗教などの点で異質性をもつヒトが他者との相互理解を深める営みにほかならない。

　対話に関するデヴィッド・ボーム（David Bohm）の言説によれば，対話によって，「一種の意味の流れが生じ，そこから何か新たな理解が現れてくる可能性」がもたらされるという。すなわち，対話とは，ボームのいう「意味」や「新たな理解」を生むための創造的営みであり，「何かの意味を共有することは，『接着剤』や『セメント』のように，人々や社会を互いにくっつける役割を果たしている」のである。さらに，ボームは，ディスカッションとの違いを説くことで，対話のもつ重要性をより鮮明に描いている。すなわち，ディスカッションがピンポンのように自己の考えをあちこちに打つことによって相手に勝

グローバル・メディア・コンプレックス：文化帝国主義と形容されるように，現代のグローバリゼーションは，グローバル・メディア・コンプレックスによって各国に浸透している。それは，エンターテインメント，ニュース，テレビ，映画などの文化産業で世界市場を支配する巨大多国籍企業グループの台頭によるものであり，各国の社会や文化を画一化するものと批判されている。

とうとするのに対し，対話においては，勝利を得ようとする者はなく，あるいは，独自の意見を通そうとする者もなく，「お互いに満足のいくゲーム」がめざされるのである。ボームのこのような理解に従えば，国連における議論でさえ"対話らしき行動"がとられているものの，それは貧弱なものでしかなく，対話というよりは，ディスカッション，もしくは取引か交渉のレベルでしかない（デヴィッド・ボーム／金井真弓訳〔2007〕『ダイアローグ』英治出版，45-46 頁）。

　このように，対話は，他者との相互理解を進めるための重要なコミュニケーション・ツールであり，グローバリゼーションという歴史的過程をわれわれにとって意味あるものにするためには，他者との対話が大いに活用されなければならない。

　このような「グローバリゼーションのプラスの効果を高めるための対話」をとりわけ重視する理由は，現実の世界においては，グローバリゼーションのマイナスの側面のみがクローズアップされ，実際にわれわれの経済活動や日常生活が悪化しつつあるからにほかならない。グローバリゼーションは，自ら，あるいは自分を取り巻く社会状況にとって「好機（チャンス）」ではなく「脅威」であるとする声が強い。その象徴的出来事として，反グローバリズム運動を想起してみるとよいだろう。これは，運動の主体である NGO（非政府組織）＊と，批判の対象である先進国の政治指導者，あるいは多国籍企業の CEO（最高経営責任者）との間に対話を介して良好な関係が成立していないということを意味している。

　＊　現代のグローバリゼーションにおける NGO の役割に関しては，德重昌志・日髙克平編著（2003）『グローバリゼーションと多国籍企業』中央大学出版部，第 10 章，271-309 頁，を参照されたい。

　対話がグローバリゼーションのプラスの効果を引き出すための「手段」であるとすれば，対話を通じてめざされるべき企業と社会の関係とはどのようなものなのか。次に，この問題について共生思想を援用して考えてみよう。

　「共生（きょうせい）」とは，もともと生物学の symbiosis を語源とし，「異なる種の生物が生活を共有すること」を意味している。また，その場合，お互いが利益を得る「相利共生（mutualism）」と，一方は利益を得るが他方は利益も

害も受けない「片利共生（commensalism）」とが区別されるとともに，それらは「寄生（parasitism）」とも対比される（矢口芳生・尾関周二編〔2007〕『共生社会システム学序説――持続可能な社会へのビジョン』青木書店，18頁）。

それ以外の用法としては，仏教用語としての「共生（ともいき）」という解釈もあり，その場合は「人々が共に助け合い共に生きること」となる。この場合も，相反する二物が同等かつ差別のないことを意味する「即」と，2つの相対立するものが相互に融合しあうことによって一体化することを意味する「相即」との概念的区分がある。

また，こうした共生思想と関連する経営原則もある。「スチュワードシップ原則（stewardship principle）」は，企業経営者の任務を「管財人（steward）」と規定している。すなわち，企業経営者は，「公共の福祉の財産管理人ないしは受託者として行動し，企業の決定によって影響を受ける社会の全てのメンバーの利害のために行動すべきである」とする考え方である（日本経営倫理学会編〔2008〕『経営倫理用語辞典』白桃書房，155頁）。

この原則が，いわゆる企業社会責任（CSR : Corporate Social Responsibility）とも不即不離の関係にあることはいうまでもない。企業経営の中に共生思想を組み入れるということは，企業が手掛ける事業の中の共生の対象と範囲を定めることを意味する。それらは，企業社会責任の対象と範囲とも重なり合うものである。そうであるとすれば，共生型ビジネスは，企業経営にとって実利がもたらされなければならず，あくまでもそれを条件とした社会との共生関係の構築というものでなければならない。その点で，慈善事業や奉仕活動とは全く性質の異なるものである。

以上のことから，「共生型ビジネスモデル」とは，実業の中に社会との共生思想に合致する事業対象を明確化し，相利共生をめざして事業内容を設計し，組織し，管理運営するための処方箋を描くこと，といえよう。

3 ダイムラー・ベンツ社の共生型ビジネスモデル

ここでは，共生型ビジネスモデルの具体的事例として，ダイムラー・ベンツ

社の取り組みについて考えてみたい。クライスラー社と合併する以前のダイムラー・ベンツ社が，交通システムの中での大型乗用車と小型乗用車との理想的な共生関係を「コンパティビリティ（Compatibility）」と表現したことがある。これは，大型乗用車と小型乗用車が衝突した場合，大型乗用車の方がより大きく潰れる（潰れ代を十分に確保し，衝撃吸収材の使用を前提に車体設計を施す）ことによって，小型乗用車側の乗員の身体的ダメージを軽減しようという技術的発想である。具体的には，同社の小型乗用車と大型乗用車が衝突した場合，小型乗用車側の乗員傷害値を大型乗用車のそれと同等のものになるよう設計することで相互共存をはかる，というものである（清水和夫〔1997〕『クルマ安全学のすすめ』日本放送協会，第4章）。

また，ダイムラー・ベンツ社は，アマゾン流域でも共生型ビジネスモデルを展開してきた。これは「ポエマ計画」として知られる社会開発プロジェクトで，アマゾン流域における農民の生活向上と環境保全の両立をめざしたものである。同計画は，**アグロフォレストリー**や天然素材の産業利用を進めることにより，農村の貧困解消と環境保全の両立をめざすため1992年に開始されたものであり，その事務局はパラ連邦大学に置かれている。

この計画の生みの親であるパラ連邦大学のトマス・ミトシャイン教授によれば，ポエマ計画の理念は「対話と協力」であり，「考え方や立場のちがう人間との対話こそが，環境保全や持続可能な開発を達成していく糸口である」という信念に基づいている。その理由について，同教授は，「貧困や環境といった問題はすべてのプレイヤーが複雑にからみあって生じている問題であることに，疑いはない。それならば，すべてのプレイヤーが相互に協力しあう以外に，決して解決しない」からであるという（泊みゆき・原後雄太〔1997〕『アマゾンの畑で採れるメルセデス・ベンツ』築地書館，49頁）。

同計画の一部は，主としてトラック製造を担当するメルセデス・ベンツ・

アグロフォレストリー：種の多様性を維持しつつ農業生産性を高める手法。アマゾンのような地域においては，生態系に多様性があるため，いわゆるモノカルチャー農業では生態系を破壊する危険性を伴う。そのため，このような地域におけるビジネスは，多種類の農産物栽培を前提としなければならず工夫を要する。

ド・ブラジル社との共同事業であり，同社はこのプロジェクトで様々な天然素材を自動車部品に加工し活用している。例えば，ヘッドレストはココナッツ繊維，トラックの天井の内貼りはジュート，ドア内貼りはひまし油製のポリウレタンに綿やジュート，サイザル麻を混合したものが，使用されている。こうした天然素材を原料とするプラスチック部品の代替品は「テクノミクス」と命名され，様々な部品に応用されている。

また，同社は，ポエマ計画で得た天然素材の加工技術をドイツ本国の工場にも導入し，南アフリカではサイザル麻の利用プロジェクトを開始するなど共生の範囲を広げることにも成功している。サイザル麻は，一般的に自動車部品として使用されるグラスファイバーと比較して，費用面で20％程度安価で，軽量，リサイクル可能という特性をもち，さらには事故の際にも人体に突き刺さるグラスファイバーと異なって安全であるという（泊・原後〔1997〕32-33頁。また，NPO法人バイオマス産業社会ネットワークのホームページ，JBN（Japan-Brazil Network）ニューズレター，なども参照されたい）。

フィリピンでは，バナナの一種であるアバカ（学名ムサ・テクスティリス）をグラスファイバーの代替品として実用化している。アバカと熱可塑性樹脂を組み合わせた素材を乗用車用スペアタイヤの収納カバーに採用し，そうすることでレイテ島の島民に安定収入をもたらすと同時に，同島の土壌浸食を防いでいる（ダイムラークライスラー社『360°サステナビリティレポート2006』87頁）。

4　遺伝子組み換えビジネスは共生型ビジネスか

世界人口が急増している中で，食糧をどのようにして確保していくのかが深刻な問題になっている。この問題の"効率的な"解決策として，農業へのバイオテクノロジーの応用が主張されている。それを推進するアメリカ多国籍企業モンサント（Monsanto）社のCEOである，ロバート・シャピロ（Robert B. Shapiro）によれば，害虫駆除のために化学物質を散布するこれまでの方法に代えて，植物の遺伝子暗号情報を人工的に操作することによって，農薬散布量を劇的に減らすことができ，その結果，土壌汚染を回避しつつ生産量を飛躍的に

高めることが可能だという。したがって，このようなバイオテクノロジーの活用による「生物的生産」は，従来の化学物質依存型生産に比べ"より効率的"である，ともいう（ジョーン・マグレッタ編／DIAMONDハーバード・ビジネス・レビュー編集部訳〔2001〕『戦略と経営』ダイヤモンド社，381頁）。

　遺伝子組み換え作物による農作物の供給ビジネス，すなわちバイオアグリビジネスは，このように有望視されている反面で，様々な問題点も指摘されている。

　第一に，遺伝子組み換え作物の安全性，についてである。2000年11月，クラフト（Kraft）社は遺伝子組み換えコーン"スターリンク（Star Link）"を使用したタコシェルを市場から回収した。その理由は，"スターリンク"の「Cry 9Cタンパク質（Cry 9C Protein）」がヒトにアレルギー反応を引き起こす疑いがもたれたから，であった。反応検査の結果，数百トンもの"スターリンク"が実際に廃棄処分された（J. E. Post, A. T. Lawrence & J. Weber〔2002〕*Business and Society : Corporate Strategy, Public Policy, Ethics*, Tenth Edition, McGraw-Hill, p.183）。

　第二は，バイオアグリビジネスがもたらす伝統的な農業や農家への深刻な影響，についてである。ヴァンダナ・シヴァによれば，"種子"というものは「人々の食糧を生産するために農民が何千年もかけて進化させ，繁殖させ，使用してきた，ユニークで貴重な自然の恵み」であり，「農民は良質な作物から最高の種子を選んで保存し，次の耕作期に再びそれを植えつける」ものであるという。したがって，このような伝統的な「種子の選択―保存―再植え付けというサイクル」を維持することこそ，貧しいインドの農業に適した農法であり，バイオテクノロジーを用いた工業化されたアグリビジネスは，そのような伝統農法を破壊するとともに，高額の遺伝子組み換え種子を買わされることにより，貧しい農民から生産手段を剥奪する悲劇を生むことになる，と批判している（ヴァンダナ・シヴァ／浦本昌紀監訳，竹内誠也・金井塚務訳〔2006〕『食糧テロリズム――多国籍企業はいかにして第三世界を飢えさせているか』明石書店，177頁）。

　第三は，穀物の国際需給をめぐる投機的な動きと，国際取引価格の乱高下の問題，についてである。国際的な石油価格が高騰した場合，その値動きに連動

して石油代替燃料となるエタノールの原料として遺伝子組み換えによる大豆やトウモロコシの国際取引価格が高騰し，これらの食物を主食としている人々の家計を圧迫している。これは，本来，食糧として利用されるべき穀物が燃料として使われることの是非，投機的市場取引の是非，など倫理的な問題でもある。

したがって，遺伝子組み換えビジネスは，"共生型"ビジネスモデルではない。この種のビジネスは，遺伝子組み換え技術を利用することによる「農業の工業化」によって，工業国と農業国との関係（通常それは先進国と発展途上国間の関係，あるいは南北問題などとも称される関係である），遺伝子組み換え企業と農業従事者との関係（これには，企業と農民との間の支配―従属関係という社会的関係と，遺伝子組み換え農法と長い時間をかけて農民が培ってきた伝統農法との技術的関係，の両方が含まれる），および農業と自然との共生関係（すなわち，自然の生態系を壊すことなく農作物を収穫していく知恵と工夫により，人間の営みを自然界の秩序と調和させてきたという関係性）のすべての面で，対立関係を生み，それゆえ共生関係の確立を困難にするからである。

5　共生社会に向けて

ピーター・シンガー（Peter Singer）は，グローバリゼーションの進展によるコミュニケーション革命の結果として出現した「グローバルな聴衆」が，「新たな道徳のための物質的な土台」となるという。また，そのような変化の中で，「富裕な国がグローバルな倫理的観点をとらなかったということは，長い間，重大な道徳的不正を犯していたということ」にほかならないとして富裕国の責任を厳しく問う（ピーター・シンガー／山内友三郎・樫則章訳〔2005〕『グローバリゼーションの倫理学』昭和堂，16頁）。

資本主義諸国と社会主義諸国が共存した冷戦時代は，緊張関係は常にあったものの，一種の秩序が機能していた時代でもあった。それは，それぞれの体制に属する諸国家が統治機能を発揮していたからである。しかしながら，冷戦体制が終わった後のグローバリゼーションの時代は，現在までのところ，きわめて不安定な状況下にある。その理由の1つは，前時代のように国家が機能しな

▶▶ Column ◀◀

BOP市場における共生型ビジネス

　プラハラッド（C. K. Prahalad）は，第三世界の貧困や経済システムの遅れを多国籍企業が解決する可能性について論じています。プラハラッドによれば，世界人口の65％にあたる40億人が年収2000ドル以下の経済状態に置かれています。これらの人々は，「所得ピラミッドの底辺（Bottom of the economic pyramid, BOP）」を形成していますが，このBOP市場こそ，多国籍企業が未開拓のまま放置してきた巨大市場です。したがって，ここに多国籍企業のもつ活動範囲の広さや規模，効率的サプライチェーンなどの利点を活用すれば，貧困の緩和と経済発展に寄与すると同時に，多国籍企業自体にとっても新市場の獲得やイノベーションの機会がもたらされます。プラハラッドは，この点について次のように主張しています。

　　「そしていま，40億人の人が陥っているこの貧困を緩和する以上に差し迫った課題があるだろうか。主要な多国籍企業は豊富な技術と才能を持っている。それをピラミッドの底辺で本当に求められているものの生産―そして本当のビジネスチャンス―に向けず，従来の製品のバリエーションの増殖に使うほうがよいという意見に，果たして説得力があるだろうか。」（C. K. プラハラッド，アレン・ハモンド／松本直子訳『ダイヤモンド・ハーバード・ビジネス・レビュー』January 2003, 38頁）。

　プラハラッドは著書の中でBOP市場向けビジネスモデルを紹介しています。例えば，発展途上国では，2億人以上の子どもが知的障害や甲状腺腫をもたらすヨード欠乏症を患っていますが，そのうちの7000万人以上がインドに居住しているといわれています。ヨード欠乏症を解決するには毎日の食事で摂取される食塩にヨードを添加する方法が採られますが，しかしながら，ヨード添加食塩はインドに流通している食塩の20％にすぎません。こうしたインド固有の社会状況を改善した企業として，プラハラッドは，ユニリーバ（Unilever）社のインド子会社である「ヒンドウスタン・リーバ・リミテッド社」を取り上げています。同社は，"K15（カリウム，15 ppm）" という分子レベルでのカプセルを製造し低価格で販売することによって，この問題を解決する画期的技術革新を成し遂げたのです（C. K. プラハラッド／スカイライトコンサルティング訳〔2005〕『ネクスト・マーケット――「貧困層」を「顧客」に変える次世代ビジネス戦略』英治出版，258頁）。

終　章　グローバリゼーションと21世紀企業のビジネスモデル

くなったことに求められる。国家に代わって，NGO の活動が世界的に注目を集めていることがその証左である。また，市民生活の基盤となる自治に関する意識と権利を規定するローカルコミュニティの再設計も期待されるところである。それらの新たな活動基盤が有効に機能するために，対話と共生の思想が今こそ尊ばれなければならない。

[推薦図書]

マンフレッド・B・スティーガー／櫻井公人・櫻井純理・高嶋正晴訳（2005）『1冊でわかる　グローバリゼーション』岩波書店

　　グローバリゼーションに関する著作は膨大な数がすでに出版されている。その中で，本書はグローバリゼーションの定義や時代区分，さらには4つの次元（経済的次元，政治的次元，文化的次元，イデオロギー的次元），などが要領よく，かつ平易に解説されている。

ヴァンダナ・シヴァ／浦本昌紀監訳，竹内誠也・金井塚務訳（2006）『食糧テロリズム──多国籍企業はいかにして第三世界を飢えさせているか』明石書店

　　著者のシヴァは，バイオアグリビジネスのグローバリゼーションがインドの食糧供給体制，生態系と生物多様性を破壊していることを本書で鋭く批判している。世界人口の増加に伴う食糧供給のあり方という人類の最も基本的な問題を考えるための良書。

スチュアート・L・ハート／石原薫訳（2008）『未来をつくる資本主義──世界の難問をビジネスは解決できるか』英治出版

　　持続可能な社会を実現するために，資本主義をどのように転換させるべきか，また，現代企業はそのビジネスモデルをどのように再構築すべきか。本書は，低所得者市場（BOP 市場）向けビジネスの展開など，持続可能な資本主義構築のための経営論が豊富な実例とともに論じられている。

[設　問]

1．グローバリゼーションは，企業経営にどのような影響を与えているのか。企業経営に対するプラスの側面とマイナスの側面について，それぞれ具体的に論じてください。
2．企業と社会の共生をめざしたビジネスモデルとしてどのようなものが考えられるか。具体的な事例を示してください。

　　　　　　　　　　　　　　　　　　　　　　　　　　　　　（日髙克平）

索　引

あ　行

アーキテクチャ　27
IIT　128
ILO　12
アイケングリーン, B.　203
ICH　80
ICT　2, 4
ICT革命　30
IGファルベン　85
ITアウトソーシング　26, 33
ITインフラストラクチャ　27
IT革命　17, 18, 35, 235
IT企業　31
ITコンサルティング　25, 34, 35
ITサービス　23-25, 34, 131
ITサービス企業　26
ITサービス産業　24
ITサービス・ネットワーク　18, 23, 27, 29, 35
　-37
IT人材　30, 31
　──の国際移動　31
IT大企業　23
IT-BPO産業　128
IBM　27, 30, 34, 128, 134
アウトソーシング　60, 127, 234
アグリビジネス　210
アグロフォレストリー　276
アジア債券市場育成イニシアティブ　69
アジア通貨危機　55
新しい寡占的構造　36
アナン, K.　252
アプリケーション・アウトソーシング・サービス　29
アメリカの産業構造　82
アメリカン・グローバリズム　197
アルセロール・ミタル　3
EU　8
EU域内市場の統合　38
移行諸国　146
異質性の原則　263
異質同型性　263
イスラーム　222
イスラーム金融　226
イノベーション　100, 187
イノベーション活動　181, 183
異文化経営　216, 219
インターネット　7, 44
インダストリアル・コンドミニアム　166, 175, 177, 178, 180, 187
インド系IT企業　30, 32-35
インド系移民　125
インフォシス・テクノロジーズ　133
ヴァーチャル　225, 229, 232
ウィプロ　133
ウイルキンズ, M.　7
ウィンドウズ95　45
ウォルフェンソン, J.　7
ウォルマート　4
ウォルマート・ストアーズ　5
AIDs　12
エーザイ　96
AT&T　6
ADSL　46
エクソン・モービル　4, 5
エスノセントリズム　217

283

NGO　255, 257
FTグローバル500社　4
FDI　144
M&A　92
OEM　63
OBM　63
オザワ, T.　167, 169
オフショア・アウトソーシング　31
オフショア会社　161
オフショアリング　31, 32, 130

か行

海外投資収益　242, 245
改革開放　105, 109
会計制度　78
外国人労働者　85
ガイドライン　253
ガスプロム　5
寡占的構造　18, 19, 21, 22
漢方医学　90
漢方抹殺論　91
企業の社会的責任（CSR）　254, 265, 275
企業内貿易　60
喜捨　227, 228
規制　255, 256
規制緩和　251, 257
逆貿易型直接投資　166, 169, 172
共生　269, 274
共生型ビジネスモデル　275
強制労働　238
競争優位　147, 182
共存　227
巨大多国籍企業　4
ギルピン, R.　213
金融業肥大化　21
グッド・プラクティス　260
クライスラー　2
クリー, G.H.　8

グローバリズム　192, 235
グローバリゼーション　1, 9, 17, 35, 191,
　　　219
グローバル・ウェッブ　219
グローバル企業　17, 19, 30, 35, 36
グローバル・コンパクト　12
グローバル資本主義　2, 52
グローバルスタンダード　77, 181
グローバル生産　11
グローバルソーシング　175
グローバル都市（global city）　272
グローバルな産業　17-19, 36
グローバルな市場競争　7
グローバルな聴衆　279
グローバルに統合された企業　30
グローバル販売　11
グローバル・メディア・コンプレックス　272
グローバル・ロジスティクス　208
グローバル企業　18
軍需産業　72
経営戦略　232
経済のグローバリゼーション　234
経済連携協定（EPA）　57
ゲイツ, B.　248
系列サプライヤー　114
ケインズ, J.M.　194
CATV　46
健康格差　249
原子爆弾　73
原子力発電所　73
現地化　63, 114
現地調達率　64, 113, 114
コアコンピタンス　182
交換価値　226
工程間分業　234
行動綱領　253
合弁　115
合弁会社　115
合弁事業　109

索　　引

コーテン，D.　211
コーポレート・ガバナンス　159
ゴールドマン・サックス　9
国営通信事業者の民営化　38
国際下請生産　234
国際電気通信連合（ITU）　79
国際電気標準会議（IEC）　79
国際標準化　79
国際標準化機構（ISO）　79
国際労働基準　238
国内総生産（GDP）の成長率　41
国民皆保険制度　249
国連貿易開発会議（UNCTAD）　146
国家主権　98
国家総動員法　73
コ・デザイン　181, 184
雇用格差　241
雇用のインフォーマル化　186
コンサルティング　28, 34
コンパティビリティ　276
コンプライアンス　224

さ　行

サイバー資本主義　2
サクセニアン，A.　136
SAP　49
サティヤム・コンピュータ・サービシズ　130
サブプライムローン問題　81, 192
サプライ・チェーン　48, 166, 207
サプライチェーン・マネジメント　29, 180, 187, 208
三角貿易構造　56, 65
産業クラスター　38, 50, 107, 108
産業の空洞化　85, 239, 240
三大コンツェルン　11
GE　4
CSR　→企業の社会的責任
GM（ゼネラル・モーターズ）　1, 5, 12

G6　9
CDS　11
シヴァ，V.　271, 278
JCペニー　208
ジェネリック薬　97, 123
シェブロン　5
塩野義製薬　96
資産格差　247
資産拡大活動　184
資産拡大戦略　186
市場原理主義　17, 194
市場の役割　193
システム・インテグレーション　25, 29, 34, 35
持続可能な発展（開発）　231, 262
失業率　41, 42
実体経済　220, 230, 232
シティグループ　4
自動車工業産業政策　111
自動車産業集積地　113, 117
自動車部品共通補完協定（BBCスキーム）　56
児童労働　12, 238
　　――の禁止　238
ジニ係数　244
シピオ，A.D.　8
資本蓄積運動　234, 247
資本逃避　161
資本の集積・集中　3
社会主義市場経済　6
社会的公正　229
社会の責任　159, 232, 265
社会的責任投資　229
社会民主主義路線　42
シャリーア・コンプライアンス　222
自由港　59
自由貿易協定（FTA）　56, 58
シュンペーター，J.　100
順貿易型直接投資　166-168, 170
証券投資収益　242

285

少子高齢化　84
消費者　229
情報サービス事業　48
情報スーパーハイウェイ構想　45
情報通信産業　38
ジョージ，S.　107
ジョーダン，マイケル　237
食のグローバリゼーション　214
所得格差　243, 245, 247
所得収支　242
所得ピラミッドの底辺（BOP）　280
シンガー社　7
人権侵害　237, 238
新興市場諸国　150
新自由主義　17, 35
新自由主義政策　42, 224
新自由主義的グローバリズム　235
随伴進出　116, 117
スウェットショップ　238
スチュワードシップ原則　275
スティグリッツ，J.E.　198, 206
ステークホルダー　259, 264, 265
ストレンジ，S.　213
頭脳循環　68, 136
頭脳流出　136
生産ネットワーク　58, 65, 117
成長　231, 232
製品間分業　234
製品差別化分業　234
政府系ファンド　229
セーフティ・ネット　228
セー法則　194
世界人権宣言　12
世界ブランド企業　236, 239
責任　225, 226, 230
　　──ある経営の方針　261
石油メジャー　148
ゼネラル・エレクトリック　4

先願主義　77
潜在的比較優位産業　167
戦争の「民営化」　74
先発明主義　77
戦略的アウトソーシング　28, 34
相互扶助　227
増分型創造性　263
相補性概念　262
組織間ネットワーク　260
ソフトウェア開発工程　131
ソフトウェア事業　48
ソフトウェア製品・エンジニアリングサービス　131
ソリューション　29
損益公正配分　227

た　行

第一三共　96
大競争　270
第三の道　42
ダイムラー・クライスラー　2, 3
ダイムラー・ベンツ　2
大量生産型システム　186
対話（dialogue）　269, 270, 273, 276
武田薬品　97
多国籍化度　151
多国籍企業　3, 165, 172, 179, 184, 256
　　──の生産ネットワーク　106
タタ　126
タタ・コンサルタンシー・サービシズ　128
ダニング，J.　167, 169
WTO　6, 99, 105
ダブルスタンダード　99
多様性の吸収　262
地域主義（ローカリズム）　213
チェンマイ・イニシアティブ　69
地球環境問題　12
知的労働　225

中国　*122*
中国工商銀行　*4*
中国自動車部品産業　*118*
中道　*229*
朝鮮族　*120*
直接性　*225*
直接投資収益　*242*
通貨バスケット　*69*
通信機器貿易　*42*
通信事業の自由化　*38*
TiE　*136*
ティア1部品企業　*176, 177, 180*
テキサスインスツルメンツ（TI）　*129*
デジタル・デバイド　*12*
電子商取引　*46*
伝統経済　*222*
天然資源　*144*
ドイツ・テレコム　*40*
24/7（twenty-four seven）　*4*
投機マネー　*203*
統合技術サービス　*28*
投資発展経路　*169, 170*
トータル・マネジメント　*224*
トービン税　*203, 212*
特許政策　*123*
特許制度　*77*
飛び地　*140*
トヨタグループ　*11*
トヨタ式ジャストインタイム　*175*
トヨタ自動車　*1, 5, 11*
ドル・ペッグ　*66*

な　行

ナイキ　*208, 236, 238*
NASSCOM　*25, 33, 34, 128*
ナブダニア（九つの種子）運動　*271*
ナローバンド　*45*
南北格差　*247, 249*

ニート　*39*
肉体労働　*225*
日本の産業構造　*83*
日本の産業別就業人口　*83*
ネットワーク　*264*
農業の工業化　*279*
KD（ノックダウン）　*109*
KD認定制度　*113, 118*

は　行

パートナーシップ　*226, 261*
パートナーシップ・プロジェクト　*262*
バールティ・エアテル　*127*
バイエル　*85, 87*
バイオアグリビジネス　*278*
発展途上諸国　*146*
ハネウェル　*3*
パラダイムシフト　*12*
バランス　*229*
ハリバートン　*76*
反グローバリズム　*212*
反バックオフィース法案　*271*
萬有製薬　*89*
BASF　*87*
BMW　*2*
BOP市場　*280*
BPO　*25, 33*
比較優位　*174*
比較優位産業　*186*
比較優位部門　*165-168*
比較劣位部門　*166, 168, 169, 172*
東アジア共同体　*56*
非関税障壁　*106*
ビジネス変革・アウトソーシング　*28*
非正規雇用　*240, 241*
ビッグスリー　*76*
ヒューレットパッカードインド　*134*
現代（ヒュンダイ）自動車　*108, 115*

287

ヒル, C. 8
貧困・格差問題 12
ファイザー 89, 90
ファイバー・トゥー・ザ・ホーム（FTTH） 46
フェアウェザー, J. 7
フェアトレード 221
フォーラム 261
部門別投資経路 171
フラット化 35
　——する世界 17, 19
プラハラッド, C.K. 280
ブランド 67
ブランド化 219
フリードマン, M. 194
BRICs 5, 9, 12, 18, 19, 21, 22, 30, 31, 122, 144, 165
ブリティッシュ・テレコム 44
フレキシビリティ 180
フレックス・エンジン 183
ブロードバンド 46
米中戦略経済対話 66
ヘキスト 87
北京オリンピック 6
ペトロチャイナ 5
ペトロブラス 5
ペニシリン 74
貿易摩擦 56
ボエマ計画 276
ホワイトカラー化 186

ま 行

マイクロソフト 4
マクロ的投資発展経路（IDP） 167, 170
マックワールド 269
マルチ・スズキ・インディア 127
ミタル・スチール 2
ミドリ十字 96
ミニ多国籍企業 3

ミンスキー, H. 202
民族解放運動 98
メインテナンス 28
Meso-IDP 167, 170, 171
メルク 88
モジュール（化） 62, 175, 180
モジュール・コンソーシアム 166, 177-180, 187

や・ら・わ 行

薬害 101
輸出加工特区（EPZ） 58
要素賦存状況 169, 174
ライシュ, R. 206
ラグマン, A.M. 107
リージョナル化 68
リージョナル生産ネットワーク 107
リーマン・ブラザーズ 11, 81, 95
リーン生産 174
リオ宣言 12
利子 223
リッター・カー 183
リライアンス 126
リリエンソール, D. 8
倫理 224, 230
労働 225, 226
労働者派遣法 241
労働生産性 51
労働分配率 242, 246
ローカルソーシング 175
ローカルな特有化 181
ローバー 2
ロジスティクス 207
ロシュ 98
ワーキングプア 1
「Y2K」問題 129
ワシントン・コンセンサス 198

執筆者紹介 （所属，執筆分担，執筆順，＊は編者）

＊赤羽新太郎（専修大学商学部教授，序章）

＊夏目啓二（龍谷大学経営学部教授，第1章）

齋藤　敦（徳島文理大学総合政策学部専任講師，第2章）

林　尚毅（龍谷大学経営学部准教授，第3章）

儀我壯一郎（故人・元大阪市立大学名誉教授，第4章）

孫　榮振（中央大学商学部非常勤講師，第5章）

石上悦朗（福岡大学商学部教授，第6章）

加藤志津子（明治大学経営学部教授，第7章）

田中祐二（立命館大学経済学部教授，第8章）

青木俊昭（東京情報大学総合情報学部教授，第9章）

櫻井秀子（中央大学総合政策学部教授，第10章）

杉本良雄（立命館大学非常勤講師，第11章）

井上善博（淑徳大学国際コミュニケーション学部准教授，第12章）

根岸可奈子（中央大学大学院商学研究科博士後期課程，第12章）

＊日髙克平（中央大学商学部教授，終章）

〈編著者紹介〉

赤羽　新太郎（あかはね　しんたろう）
　　1949年　生まれ
　　　　　　明治大学大学院商学研究科博士後期課程単位取得退学
　現　在　専修大学商学部教授，博士（経営学）
　主　著　『経営の新潮流』（編著）白桃書房，2007年
　　　　　『国際企業経営者論』文眞堂，2005年

夏目　啓二（なつめ　けいじ）
　　1948年　生まれ
　　　　　　立命館大学大学院経営学研究科博士課程修了
　現　在　龍谷大学経営学部教授，博士（経営学）
　主　著　『アメリカの企業社会』八千代出版，2004年
　　　　　『アメリカIT多国籍企業の経営戦略』ミネルヴァ書房，1999年

日髙　克平（ひだか　かっぺい）
　　1956年　生まれ
　　　　　　駒澤大学大学院経営学研究科博士後期課程満期退学
　現　在　中央大学商学部教授
　主　著　『グローバリゼーションと多国籍企業』（編著）中央大学出版部，2003年
　　　　　『経営管理方式の国際移転』（編著）中央大学出版部，2000年

	現代社会を読む経営学②
	グローバリゼーションと経営学
	──21世紀におけるBRICsの台頭──

2009年4月30日　初版第1刷発行　　　　　検印廃止
2010年8月20日　初版第2刷発行
　　　　　　　　　　　　　　　　　定価はカバーに
　　　　　　　　　　　　　　　　　表示しています

　　　　　　　　　　赤　羽　新 太 郎
　　　編著者　　　夏　目　啓　　二
　　　　　　　　　　日　髙　克　　平
　　　発行者　　　杉　田　啓　　三
　　　印刷者　　　藤　森　英　　夫

発行所　株式会社　ミネルヴァ書房
　　　　607-8494　京都市山科区日ノ岡堤谷町1
　　　　　　　　　電話代表（075）581-5191番
　　　　　　　　　振替口座　01020-0-8076番

　　©赤羽，夏目，日髙ほか，2009　　亜細亜印刷・藤沢製本

ISBN978-4-623-05420-6
Printed in Japan

現代社会を読む経営学

全15巻
（Ａ５判・上製・各巻平均250頁）

① 「社会と企業」の経営学　　　　　　　國島弘行・重本直利・山崎敏夫 編著
② グローバリゼーションと経営学　　　　赤羽新太郎・夏目啓二・日髙克平 編著
③ 人間らしい「働き方」・「働かせ方」　　黒田兼一・守屋貴司・今村寛治 編著
④ 転換期の株式会社　　　　　　　　　　細川　孝・桜井　徹 編著
⑤ コーポレート・ガバナンスと経営学　　海道ノブチカ・風間信隆 編著
⑥ CSRと経営学　　　　　　　　　　　　小阪隆秀・百田義治 編著
⑦ ワーク・ライフ・バランスと経営学　　遠藤雄二・平澤克彦・清山　玲 編著
⑧ 日本のものづくりと経営学　　　　　　鈴木良始・那須野公人 編著
⑨ 世界競争と流通・マーケティング　　　齋藤雅通・佐久間英俊 編著
⑩ NPOと社会的企業の経営学　　　　　　馬頭忠治・藤原隆信 編著
⑪ 地域振興と中小企業　　　　　　　　　吉田敬一・井内尚樹 編著
⑫ 東アジアの企業経営　　　　　　　　　中川涼司・髙久保　豊 編著
⑬ アメリカの経営・日本の経営　　　　　伊藤健市・中川誠士・堀　龍二 編著
⑭ サステナビリティと経営学　　　　　　足立辰雄・所　伸之 編著
⑮ 市場経済の多様化と経営学　　　　　　溝端佐登史・小西　豊・出見世信之 編著

──── ミネルヴァ書房 ────

http://www.minervashobo.co.jp/